평강의 주께서 친히

때마다 일마다

평강을 주시기를 기도하며

특별히 ____________________ 님께

이 소중한 책을 드립니다.

극동방송 / 방송성경공부

어떻게 믿고 섬겨야 하는가? 1

SOURCE OF LIGHT 지음

극동방송
나침반출판사

구원을 확신하고, 진리를 배우십시오!

"하나님은 모든 사람이 구원을 받으며 진리를 아는 데 이르기를 원하십니다."
(디모데전서 2장 4절)

저는 청소년 시절 예수 그리스도를 구세주와 주님으로 영접한 후 평생을 섬기고 있습니다.

날이 갈수록 그분의 사랑이 새롭고 너무나 놀랍다는 진리를 체험하고 있습니다.

이 복은 구원의 확신을 가진 후 진리를 알기 위해 성경을 체계적으로 공부한 결과라고 생각합니다.

저는 극동방송의 모든 청취자들이 구원을 받고 진리를 알기를 간절히 기도하고 있습니다. 그리고 배운 말씀으로 복음 전도자가 되고 성경 교사가 되어 세계 복음화에 쓰임 받기를 갈망하고 있습니다. 그 일을 위해 우리는 이처럼 체계적이고 단계적으로 성경을 가르치는 방송 성경연구 과정을 개설했습니다.

이 과정이 구원의 확신과 진리를 알아 가는 데 아주 좋은 길잡이가 되고, 각 교회를 부흥케 하는 데 크게 쓰여져 하나님께 영광이 되길 기도 합니다.

김장환
극동방송 / 사장

차례

제 1 과

하나님은 어떤 분이신가?

"여호와의 이름에 합당한 영광을 돌리며…"(시편 29 : 2)

당신은 이런 의문들을 품어보신 적이 있읍니까?

- 하나님은 존재하시는가?
- 하나님은 어떤 분이신가?
- 하나님께 대한 것을 어떻게 알 수 있는가?

이런 의문들은 매우 중요한 것들인데 이제 이런 의문들에 대한 해답을 얻게 될 것입니다.

실제로 하나님은 존재하시는가?

그렇습니다. 참되시고 살아계신 하나님께서는 분명히 존재하십니다. 바로 그 하나님께서 세상의 모든 것들을 창조하셨읍니다. 이 세상뿐만 아니라 이 세상에서 살고 있는 우리들도 만드셨읍니다.

우리의 마음 속 깊은 곳에 가만히 귀 대고 들어보면, 하나님은 분명히 계시고 또한 그분을 마땅히 섬겨야 한다는 소리를 들을 수 있을 것입니다.

하나님에 대한 것을 어떻게 알 수 있는가?

우리는 성경이라 불리우는 신기한 책을 통하여 하나님에 대하여 더욱 자세하고 분명하게 알 수 있읍니다. 이 책은 하나님의 거룩하신 말씀입니다. 당신은 이 책을 누가 기록했고 어떻게 이 책이 세상에 존재하게 되었는가 하는 문제에 대하여 궁금하게 생각할 것입니다.

성경의 진짜 저자는 하나님이십니다. 그러나 하나님께서는 이 책의 각 부분들을 기록하는 데 많은 사람들을 사용하셨읍니다. 하나님께서는 그들에게 무엇을 기록해야 할 것인지를 가르쳐 주셨읍니다. 이런 기록들이 성경-하나님의 거룩한 말씀-으로 알려진 이 책을 구성하고 있는 것입니다.

성경은 다음과 같이 말씀합니다.
"오직 성령(하나님의 신)의 감동하심을 입은 사람들이 하나님께 받아 말한(기록한) 것임이니라"(베드로후서 1 : 21).

하나님께서 이처럼 우리에게 귀중한 책을 주셨으므로, 우리는 진리에 대하여 알 수 있읍니다. 이 성경은 우리에게 하나님에 대한 진리와, 우리 인간 자신들에 대한 진리와, 그리고 어떻게 우리가 하나님 앞에서 의로울 수 있는가 하는 문제에 대한 진리를 가르쳐 줍니다.

하나님은 어떤 분이신가?

하나님은 너무나 위대하시고, 너무나 놀라운 분이시기 때문에, 우리는 그분에 대한 모든 것들을 결코 알 수 없읍니다. 그러나 하나님께서는 우리에게 성경을 주셨고, 따라서 하나님께서는 이 책을 통하여 자신에 대한 많은 것들을 우리에게 가르쳐 주십니다.

성경을 통해 우리는 진실하시고 오직 한 분이신 하나님께서 계시다는 것을 알고 있읍니다. 어떤 사람들은 자기의 신(神)들을 나무로, 혹은 돌로, 혹은 기타 어떤 재료들로 만듭니다. 그리고 이 듣지도 못하고, 보지도 못하고, 자기들을 도와 줄 능력도 없는 우상 앞에 자기들의 소원을 빕니다. 그러나 우리는 우리를 굽어보시고 우리의 기도를 들으시며, 우리를 도와 줄 수 있는 참되시고 살아계신 하나님을 알기 원합니다.

살아계시고 참되신 하나님은 오직 한 분이십니다. 그러나 그분은 삼위(三位)-성부, 성자, 성령-로 존재하십니다. 즉, 성부 하나님, 성자 하나님, 성령 하나님이십니다. 그러나 이 성삼위(聖三位)는 세 분 하나님이 아니라, 한 분 하나님이십니다. 우리는 삼위로 계시나 한 분이신 하나님에 대하여 이해할 수 없지만, 하나님의 거룩하신 말씀을 통하여 이것이 진리라는 것을 배웁니다.

하나님은 한 분이시지만, 성부와 성자와 성령이라는 삼위로 존재하십니다.

성경은 참되신 하나님에 대한 여러 가지 다른 사실들을 가르쳐 줍니다. 그 중 몇 가지를 살펴봅시다.

● 하나님은 영(靈)이시다

당신은 우리가 하나님을 볼 수 없다는 것에 대하여 이상하게 생각할지 모르겠읍니다. 우리가 하나님을 볼 수 없는 것은 하나님은 영이시기 때문입니다.

성경은 다음과 같이 말씀합니다.

"하나님은 영이시니 예배하는 자가 신령(영)과 진정(진리)으로 예배할지니라" (요한복음 4 : 24).

당신은 눈에 보이는 육신(肉身)을 가지고 있으며, 또한 눈에 보이지 않는 영(영혼)도 가지고 있읍니다. 다른 사람들이 당신의 육신은 볼 수 있지만, 당신의 영(영혼)은 볼 수 없읍니다.

하나님은 **온전히** 영이십니다. 그분은 우리가 가지고 있는 것과 같은, 볼 수 있는 육신은 없으시지만, 항상 우리를 보고 들을 수 있는 살아계신 인격체이십니다.

● 하나님은 거룩하시다

이것은, 하나님이 참 빛이시고 영광이시다는 것을 뜻합니다. 그분은 죄가 없으십니다. 성경 여러 곳에서 어둠은 죄를 뜻합니다.

성경은 하나님에 대하여 다음과 같이 말씀합니다.

"하나님은 빛이시라 그에게는 어두움(죄)이 조금도 없으시니라"(요한일서 1 : 5).

하나님은 온전히 영광스러운 분이십니다. 이것은, 하나님은 거룩하시고 비할 데 없이 찬란하시다는 것을 뜻합니다. 하나님의 영광은 너무나 찬란하기 때문에, 아무도 그분을 쳐다볼 수 없읍니다. 이것은 밝은 태양을 쳐다보면 눈이 손상을 받기 때문에 볼 수 없는 것과 같은 이치입니다.

하나님의 영광은 태양보다도 훨씬 더 크고 훨씬 더 빛납니다. 그래서 아무도 하나님을 볼 수 없읍니다.

"본래 하나님을 본 사람이 없으되…"(요한복음 1 : 18).

한번은 선지자 이사야가 이상(異像) 중에 하나님의 말씀을 들었읍니다. 이상이란 꿈과 비슷한 것입니다. 이사야는 이상 중에 보좌에 앉으신 하나님을 보았읍니다.

하나님의 보좌 주위에는 많은 천사들이 있었읍니다. 천사들은 다음과 같이 하나님을 찬송하였읍니다.

"거룩하다 거룩하다 거룩하다 만군의 여호와여 그 영광이 온 땅에 충만하도다"(이사야 6 : 3).

참되시고 살아계신 하나님은 거룩하신 하나님이십니다.

이사야가 그 이상을 보았을 때, 하나님의 거룩하심을 목격했기 때문에 그는 크게 두려워하였읍니다. 이사야는 자기 자신이 매우 죄가 많다는 것을 깨닫고, 거룩하신 하나님 앞에 그의 얼굴을 조아리고 이렇게 외쳤읍니다.

"화로다 나여 망하게 되었도다"(이사야 6 : 5).

이상(以上)에서 하나님은 매우 찬란하시기 때문에 우리가 감히 바라볼 수 없다는 것을 살펴보았읍니다. 그런데 하나님의 거룩하심은 찬란함 그 이상의 것을 의미합니다. 즉, 하나님은 순전(純全)하십니다. 또한 하나님은 완전하십니다. 하나님은 죄나 부정의 어떠한 오점도 없는 분이십니다. 하나님은 거룩하시기 때문에, 죄를 미워하십니다. 사악한 것이나 죄된 것은 절대로 하나님께 가까이 갈 수 없읍니다. 그런 것들은 하나님의 거룩하심과 영광에 의하여 소멸되고 말 것입니다.

우리가 얼마나 죄가 많은 사람인가를 생각하고 또 하나님은 얼마나 순전하고 거룩하신 분인가를 알 때, 우리는 우리의 상태 이대로는 도저히 하나님 앞에 가까이 갈 수 없다는 것을 깨닫게 될 것입니다. 그러나 하나님께서 우리를 사랑하셔서, 우리를 용납하시기 위한 한 길을 마련해 주셨읍니다.

● 하나님은 어디에나 계신다

하나님은 이 우주 어느 곳에나 다 계십니다. 하나님은 너무나 위대한 분이십니다. 성경에서 하나님은 그 자신에 대해 이렇게 말씀하셨읍니다.

"나는 천지에 충만하지 아니하냐" (예레미야 23 : 24).

우리가 어디에 있든지 혹은 어디를 가더라도, 하나님은 거기에 계십니다. 인간은 육신을 입어 살고 있기 때문에 한 시점에서 오직 한 곳에만 존재할 수 있을 뿐입니다. 하나님은 하나님이시기 때문에, 그리고 그분은 영이시기 때문에 동시에 모든 곳에 계실 수 있읍니다. 이것은, 하나님은 만물(萬物)이고, 만물(萬物)이 하나님이라는 것을 뜻하지 않습니다. 단순히 하나님께서는 우주 어느 곳에든지 현존해 계신다는 것을 뜻할 뿐입니다. 어두운 곳에 혼자 있는 것을 두려워하는 어린이에게는 이렇게 말해 줄 수 있읍니다.

"애야, 무서워하지 마라. 하나님께서 이 곳에 계신단다."

● 하나님은 모든 것을 아신다

이것은, 하나님은 모르시는 것이 없다는 것을 뜻합니다. 하나님은 과거에 일어난 일도 모두 아시고, 현재 일어나고 있는 일이나, 장차 일어날 일도 모두 아십니다.

하나님은 우리가 알 수 없는 일도 아시기 때문에, 하늘에 있는 별들의 숫자도 아시며 그 별들의 각각의 이름도 아십니다. 또한 우리들 모두의 이름도 아십니다. 하나님은 우리를 우리가 아는 것 이상으로 더 잘 아십니다. 그분은 심지어 우리들의 머리털의 수효까지도 아십니다.

사람들은 아무도 보는 사람이 없다고 생각하기 때문에, 자주 악한 일을 행합니다. 그러나 하나님은 항상 우리를 굽어보고 계십니다. 우리의 언행(言行) 일체를 알고 계십니다. 심지어 우리의 의중(意中)도 알고 계십니다. 모든 비밀을 아십니다. 하나님께는 아무것도 숨길 수 없읍니다. 성경은 다음과 같이 말씀합니다.

"오직 만물이 우리를 상관하시는 자의 눈앞에 벌거벗은 것같이 드러나느니라" (히브리서 4 : 13).

하나님은 모든 것을 다 아시기 때문에, 절대로 잘못을 범하는 일이 없으십니다. 하나님의 길은 완전합니다.

성경은 다음과 같이 말씀합니다.

"하나님의 도는 완전하고…" (시편 18 : 30).

● 하나님은 전능하시다

하나님의 능력은 한이 없읍니다. 하나님은

"전능하신 하나님"이십니다. 여기서 『전능』이란 말은 하나님이 원하시는 것은 무엇이든지 다 하실 수 있다는 뜻입니다. 하나님은 하늘과 땅의 모든 능력을 소유하신 분입니다. 하나님은 자신이 원하시는 모든 일을 하실 수 있읍니다.

"오직 우리 하나님은 하늘에 계셔서 원하시는 모든 것을 행하셨나이다"(시편 115 : 3).

하나님은 만물을 그 손 안에 쥐고 계십니다. 그분은 세상의 모든 나라들과, 모든 왕들과, 모든 지도자들을 다스리십니다. 세상에서 가장 권세 있는 사람도 하나님과 비교하면 아무것도 아닙니다.

성경은 다음과 같이 말씀합니다.

"땅의 모든 거민을 없는 것같이 여기시며 하늘의 군사에게든지 땅의 거민에게든지 그는 자기 뜻대로 행하시나니 누가 그의 손을 금하든지 혹시 이르기를 네가 무엇하느냐 할 자가 없도다"(다니엘 4 : 35).

● 하나님은 의롭고 공평하시다

이것은, 하나님은 항상 의로운 것만을 행하신다는 것을 뜻합니다. 하나님은 우주의 심판주이시며, 어느 날엔가는 모든 사람들이 하나님 앞에 서서 심판을 받게 될 것입니다.

"저가 임하시되 땅을 판단하려 임하실 것임이라…"(시편 96 : 13).

하나님은 의로우시고 공평하시기 때문에 모든 죄와 악을 분명히 징벌하실 것입니다. 하나님은 절대로 우리의 죄를 적당히 지나쳐 버릴 수가 없으며, 또한 그것들을 묵인하실 수도 없읍니다. 하나님은 불의한 것은 어떤 일도 하실 수 없읍니다.

성경은 다음과 같이 말씀합니다.

"여호와께서는 그 모든 행위에 의로우시며 그 모든 행사에 은혜로우시도다"(시편 145 : 17).

● 하나님은 신실하시다

이것은, 하나님은 말씀하신 것을 꼭 지키신다는 것을 뜻합니다. 하나님은 할 것이라고 말씀하신 것은 꼭 이행하십니다.

당신은 다른 사람과 약속을 해 본 적이 있읍니까? 당신은 그 약속을 늘 지켰읍니까? 우리는 우리의 약속을 늘 지키지 못한다는 것을 인정할 수밖에 없읍니다. 어떤 때는 그것을 잊어버리고, 어떤 때는 그것을 지킬 능력이 없을 때도 있읍니다. 그러나 하나님은 결코 잊어버리지 않으십니다. 하나님은 항상 자신의 약속을 지키십니다.

성경은 다음과 같이 말씀합니다.

"또 약속하신 이는 미쁘시니…"(히브리서 10:23).

하나님은 신실하시기 때문에 우리는 하나님을 신뢰할 수 있읍니다. 하나님은 자신이 말씀하신 것을 꼭 이행하신다는 것을 우리는 알고 있읍니다.

"여호와여 주의 이름을 아는 자는 주를 의지하오리니…"(시편 9:10).

●하나님은 자비로우시다

하나님은 의로우시고 공평하실 뿐만 아니라, 자비로우십니다. 이것은, 하나님은 모든 사람들에게 친절하시고 자애로우시다는 뜻입니다. 하나님은 그 자신에 대해서 이렇게 말씀하셨읍니다.

"여호와로라 여호와로라 자비롭고 은혜롭고 노하기를 더디하고 인자하고 진실이 많은 하나님이로라 인자를 천대까지 베풀며 악과 과실과 죄를 용서하나…"(출애굽기 34:6-7).

●하나님은 선하시다

성경은 "여호와께서는 만유(萬有)를 선대(善待)하신다"(시편145:9) 고 말씀합니다. 하나님은 모든 사람, 심지어 원수에게도 자애로우시고 은혜로우십니다. 또 성경은 하나님은 선한 사람에게나 악한 사람에게나 모두에게 햇빛을 비춰 주시고, 의로운 사람에게나 악한 사람 모두에게 비를 내리신다고 말씀하고 있읍니다. 비록 하나님은 모든 사람들을 다 선대하시지만, 하나님을 사랑하고 의지하는 사람들을 더욱더 기뻐하십니다.

"주를 두려워하는 자를 위하여 쌓아 두신 은혜 곧 인생 앞에서 주께 피하는 자를 위하여 베푸신 은혜가 어찌 그리 큰지요"(시편 31:19).

●하나님은 사랑이시다

성경은 "하나님은 사랑이시라"(요한일서 4:16)고 말씀합니다. 이것은, 하나님은 우리를 사랑하시고 우리에게 최상의 것을 베풀어 주고자 하신다는 것을 뜻합니다.

하나님은 비록 모든 능력과 엄위를 지니신 우주의 통치자이시지만, 우리를 사랑하시고 우리를 다정하게 대해 주십니다.

그분은 우리를 사랑하기를 원하시며, 우리를 친구로서 대하기를 원하십니다.

많은 사람들은 자기들의 죄 때문에 하나님이 자기들을 미워하신다고 생각합니다. 하나님은 의로우시고 공평하시기 때문에, 죄를 징벌하시는 것입니다. 또한 하나님은 사랑이시기 때문에, 우리의 죄를 사하시는 길을 열어 주셨읍니다. 하나님은 우리를 너무나 사랑하시기 때문에, 당신의 아들이신 예수 그리스도를 세상에 보내셔서 우리의 죄를 위한 희생 제물로 삼으셨읍니다.

성경은 다음과 같이 말씀하고 있읍니다.

"하나님이 세상을 이처럼 사랑하사 독생자를 주셨으니 이는 저를 믿는 자마다 멸망치 않고 영생을 얻게 하려 하심이니라" (요한복음 3 : 16).

이 구절은 우리가 하나님께 매우 귀중한 존재라는 것을 가르쳐 주고 있습니다. 하나님은 우리 개인 개인을 아시고 사랑하실 만큼 그렇게 세밀한 분이십니다. 당신은 하나님께 중요한 존재입니다. 하나님은 당신을 사랑하시기 때문에 그 아들 예수 그리스도를 보내셔서, 당신의 죄값을 치르기 위하여 십자가의 죽음을 당하도록 하셨읍니다.

하나님은 그 아들 예수 그리스도를 보내셔서 우리 죄를 위한 희생으로 죽게 하셨읍니다.

●하나님은 불변하시다

이것은 하나님은 절대로 변하지 않으시며, 앞으로도 그럴 것이라는 것을 뜻합니다. 하나님은 그 본성과 성품이 항상 동일하십니다. 하나님은 항상 거룩하십니다. 하나님은 항상 의로우십니다. 하나님은 항상 공평하십니다. 하나님은 항상 자비로우십니다. 하나님은 항상 신실하십니다. 하나님은 항상 선하십니다. 하나님은 항상 사랑이십니다.

현재의 하나님은 과거에도 그러했고, 앞으로도 그러실 것입니다. 하나님은 절대로 변하지 않으십니다. 하나님은 그 자신에 대하여 이렇게 말씀하셨읍니다.

"나 여호와는 변역지 아니하나니…"(말라기 3 : 6).

하나님이 얼마나 위대한 분이시고, 얼마나 우리를 사랑하시는지를 살펴볼 때, 우리는 그분께 경배하고 싶은 마음이 우러납니다. 그러나, 우리의 생각이나 방법을 따라서 그분께 경배할 수는 없읍니다. 하나님은 자신의 말씀(성경)을 통하여 자신을 경배하는 방법을 가르쳐 주셨읍니다. 그것은 "신령과 진리"로 경배하는 것입니다.

●깨달은 진리
하나님은 비록 우주의 통치자이시지만 우리 개개인을 아시며 또한 사랑하신다.

□ 확인 질문

●다음 질문에 맞는 내용의 답을 ( ) 안에 쓰십시오.

보기 하나님을 아는 가장 좋은 방법은 무엇입니까? (다)

(가) 하나님에 대하여 나름대로 생각을 가진 사람들에게 가서 묻는다
(나) 세상의 모든 종교에 대해 공부한다
(다) 성경책을 통하여 공부한다

1 우리가 하나님을 볼 수 없는 이유는 무엇입니까? ( )

(가) 실제로 하나님은 존재하지 않기 때문에
(나) 하나님은 우리와 너무 멀리 떨어져 있기 때문에
(다) 하나님은 영적 존재이시고 우리는 영적 존재를 볼 수 없기 때문에

2 하나님이 거룩하시다는 것의 의미는 무엇입니까? ( )

(가) 하나님은 우리보다 훨씬 선하시다
(나) 하나님은 죄가 없으실 뿐만 아니라 악한 것은 그분께 가까이 갈 수 없다
(다) 우리는 그분을 두려워하지 않아야 한다

3 하나님은 안 계신 곳이 없으시다는 뜻은 무엇입니까? ( )

(가) 하나님은 우리가 볼 수 있는 모든 것 속에 계신다
(나) 우리가 볼 수 있는 모든 것이 하나님이시다
(다) 하나님은 우주 어느 곳에나 현존하신다

4 하나님은 전지하신데 어느 만큼 우리를 아십니까? ( )

(가) 하나님은 과거, 현재, 그리고 미래의 모든 것을 아신다
(나) 하나님은 과거에 일어난 일은 아시나 미래에 되어질 일은 모르신다
(다) 하나님은 몇 가지의 비밀을 제외하고는 모든 것을 아신다.

5 하나님은 의로우시고 공평하시기 때문에 어떻게 하십니까? ( )

(가) 하나님은 우리가 온전케 되기를 바라지 않으신다
(나) 하나님은 우리의 죄를 눈감아 주신다
(다) 하나님은 모든 죄와 악을 징벌하신다

6 하나님이 신실하시다는 의미는 무엇입니까? ( )

(가) 하나님은 말씀하신 것을 항상 이루신다는 뜻
(나) 하나님은 약속을 잘 잊지 않으신다는 뜻
(다) 하나님은 대부분의 약속을 지키신다는 뜻

7 하나님은 사랑이시기 때문에 어떻게 하십니까? ( )

(가) 죄를 벌하지 않으신다
(나) 자기의 아들을 보내셔서 죄인들의 대속물로 삼으셨다
(다) 우리의 죄를 모르는 체하고 눈감아 주신다

8 하나님은 불변하신다는 의미는 무엇입니까? ( )

(가) 하나님은 본성과 성품이 항상 동일하시다는 뜻

(나) 하나님은 우리만큼 변함이 없으시다는 뜻

(다) 하나님은 대부분 동일한 뜻을 가지고 계신다는 뜻

9 십계명은 무엇입니까? ( )

(가) 오늘날 우리에게는 별로 중요하지 않다

(나) 하나님 보시기에 무엇이 옳고 무엇이 그른가를 가르쳐 주는 귀중한 것이다

(다) 그것은 오래 전에 주신 것이기 때문에 시대에 뒤떨어진 낡은 것이다

10 제 1 계명이 우리에게 가르쳐 주는 것은 무엇입니까? ( )

(가) 하나님은 우리 가정을 첫번째로 돌보셔야 한다

(나) 하나님은 우리의 사업을 첫번째로 중시하는 것을 이해하신다

(다) 우리는 그 어떤 사람이나 사물보다 하나님을 가장 사랑해야 한다

● 당신이 이 장에서 배운 가장 중요한 교훈은 무엇입니까?

제 2 과

천지 창조

"태초에 하나님이 천지를 창조하시니라" (창세기 1 : 1)

당신은 성경에서 첫번째 책이 왜 창세기라고 불리우는지를 이상하게 생각해 본 적이 있읍니까? "창세기"란 말은 "시작"(기원, beginning) 이라는 의미입니다. 그리고 창세기는 시작에 대한 이야기 책입니다. 이 책은 우리에게 우주의 시작, 지구의 시작과 인류의 시작을 말해 주고 있읍니다. 그렇지만, 창세기는 하나님의 시작(기원)에 대해서는 말해 주고 있지 않습니다. 그 이유는 하나님은 시작이 없는 분이시기 때문입니다.

하나님은 영원히 존재하신다!

우주에 어떠한 사물도 창조되기 전에 하나님은 그분의 모든 능력(전능)과 영광으로 존재하고 계셨읍니다. 성경에는 "태초에 하나님이…"라고 말하고 있읍니다. 어떠한 사물이 시작되기 전에 하나님은 계셨읍니다. 하나님은 얼마나 오랫동안 존재하셨을까요? 그분은 언제나 존재해 계셨읍니다. 하나님은 앞으로 얼마나 더 계실까요? 그분은 영원히 존재하실 것입니다. 성경은 이렇게 말합니다.

"…영원부터 영원까지 주는 하나님이시니라"(시편 90 : 2)

우주의 창조

우리는 굉장한 우주 속에 살고 있읍니다. 태양의 크기는 우리가 살고 있는 지구를 백만 개나 담을 수 있을 정도로 큽니다. 그리고 우주 공간에 있는 별들은 얼마나 큰지, 그 별들은 그처럼 큰 태양을 5억 개나 쉽게 집어 넣을 수가 있을 정도로 크다고 합니다.

거대한 별 안타레스(Antares)는 만약 그 별이 공(ball)처럼 속이 비어 있어서 태양과 지구가 그 속에 들어갈 수 있다면, 그 속에서 지구가 계속해서 태양 주위를 공전한다고 해도 그 안타레스(Antares) 별의 가장자리까지 반도 미치지 못할 정도로 큰 별이라고 합니다.

이렇게 어마어마한 우주라도 하늘의 질서는 기계의 정확한 작동처럼 얼마나 정확한지 우리는 일식이나 월식 또는 혜성의 방문 연도 등을 사전에 예견할 수가 있습니다. 그리고 우리는 언제라도 수학적인 정확한 계산으로 어떤 주어진 별들의 위치를 알 수가 있읍니다.
이와 같은 질서와 정밀함은 결코 우연한 생성물이 아닙니다. 그와 같은 별들을 존재케 하기 위해서는 어떤 믿을 수 없을 만큼 엄청난 힘이 있었어야만 했으며, 그것들을 운행하기 위해서도 믿을 수 없을 정도의 엄청난 힘이 있지 않으면 안 될 것입니다.

어떻게 우주가 존재하게 되었을까요? 하나님께서 창조하셨읍니다! 비록, 우주가 어떻게 존재하게 되었는가에 관하여 많은 생각들이 제시되어져 왔지만 하나님 외에는 어느 누구도 정확하게 아는 사람이

없읍니다. 하나님 그분만이 우리에게 그것에 관하여 말해 줄 수 있는 유일한 분이십니다.

성경은 위엄있는 선언으로 시작하고 있읍니다.
"태초에 하나님이 천지를 창조하시니라" (창세기 1:1).

이 구절은 아직 알려지지 않은 과거의 어느 시기, 하늘과 땅의 창조자로서 하나님을 나타내고 있읍니다.

하나님께서는 하늘과 땅을 어떻게 창조하셨을까요? 그분은 그것들을 그분의 말씀으로 창조하셨읍니다!
"여호와의 말씀으로 하늘이 지음이 되었으며 그 만상이 그 입 기운으로 이루었도다"(시편 33:6).

하나님의 말씀은 능력이십니다! 하나님의 말씀은 또한 창조적입니다! 이 창조적인 말씀이 명령하므로 그것들이 존재하게 되었읍니다.
"저가 말씀하시매 이루었으며 명하시매 견고히 섰도다"(시편 33:9).

하나님이 말씀하셨고 천상의 골격(본체, bodies)이 존재하게 되었읍니다. 그분은 명령하셨고, 그것들은 그분이 계획하셨던 그 궤도 안에 속속히 들어서게 되었읍니다.

하나님은 모든 사물을 창조하셨을 뿐만 아니라, 그것들을 그분의 무한한 능력으

지구의 창조

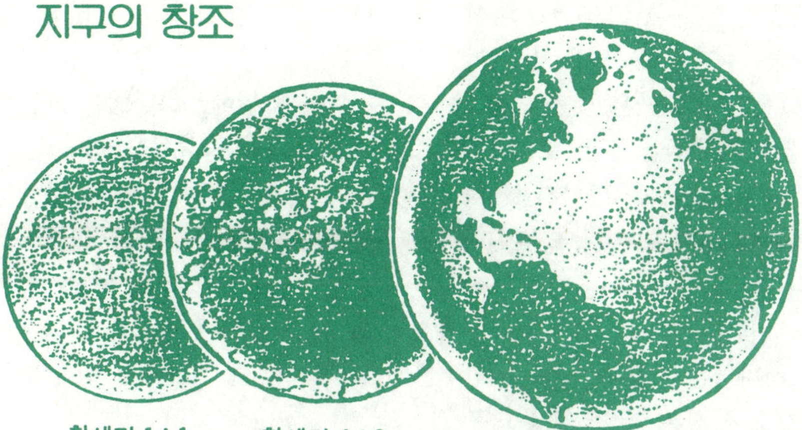

창세기 1 : 1　　창세기 1 : 2　　창세기 1 : 3－2 : 7

로 조정하고 계십니다. 성경은 "능력의 말씀으로" 그분이 모든 만물을 떠받치고 계신다고 말하고 있읍니다.

어떻게 우리는 이 일들을 알 수 있을까요? 우리는 하나님의 말씀 안에서 믿음으로 그것들을 알 수 있읍니다.
"믿음으로 모든 세계가 하나님의 말씀으로 지어진 줄을 우리가 아나니…"(히브리서 11 : 3).

우리에게 주어진 창조에 관한 성경에서의 설명이 매우 간결하지만, 하나님께서는 우리가 우주의 시작에 관하여 알아야 할 필요가 있는 모든 것을 다 말씀하셨읍니다.

지구의 창조

지구가 언제 창조되었는지를 아는 사람은 아무도 없읍니다. 하나님은 이것을 우리에게 계시하지 않으셨읍니다. 다만 창세기 1장 1절에서 "태초에 하나님이 천지(the heaven and the earth)를 창조하시니라"고 간단히 말하고 있을 뿐입니다. 이 때에는 지구가 어떻게 생겼었는지를 우리는 알 수 없지만, 이 구절에서는 모든 것이 하나님의 능력과, 그분의 지혜로움과 그분의 완전하심을 지적하고 있읍니다. 성경은 말합니다.
"새벽 별들이 함께 노래하며 하나님의 아들들이(천사들) 다 기쁘게 소리하였느니라"(욥기 38 : 4－7 참조).

창세기 1장 2절에서는 다른 장면이 나옵니다. 성경은 "땅이 혼돈하고 공허하며 흑암이 깊음 위에 있고 하나님의 신은 수면 위에 운행하시니라"고 말합니다. 어떤 이유 때문에, 어떤 방법으로, 어느 기간, 지구는 형태가 없고 공허한 상태로 있었읍니다. 얼마나 오랫동안 지구가 이와 같은 상태로 있었는지 우리는 알 수 없읍니다. 그러나 이 흑암 위를 하나님의 신(성령)이 덮고 계셨읍니다. 그리고 난 후 하나님께서 말씀하셨읍니다.

하나님이 "빛이 있으라"고 하셨고 즉시 빛이 있게 되었읍니다. 하나님은 빛과 어두움을 나누셨읍니다. 그분은 빛을 "낮"이라고 부르셨고 어두움을 "밤"으로 부르셨읍니다. 성경은 이것을 말하기를 "저녁이 되며 아침이 되니 이는 첫째 날이니라"고 했읍니다.

둘째 날에 하나님은 하늘과 구름을 만드셨는데 이것을 성경은 "궁창"이라고 부릅니다. 구름 속에 있는 물은 땅 위에 있는 물과 분리되어졌읍니다. 성경은 "저녁이 되며 아침이 되니 이는 둘째 날이니라"고 말하고 있읍니다.

세째 날에, 하나님은 땅에서 물을 분리시키셨읍니다. 그래서 마른 곳을 "땅"이라 부르시고 물이 모인 곳을 "바다"라고 부르셨읍니다. 하나님은 땅에 풀과 채소와 열매맺는 나무를 나게 하셨읍니다. 이 날을 성경은 "저녁이 되며 아침이 되니 이는 세째 날이니라"고 말씀합니다.

네째 날에, 하나님은 지구에 해와 달을 만드셔서 낮과 밤을 비추고 서로 다른 계절이 있게 하셨읍니다. "저녁이 되며 아침이 되는 이는 네째 날이니라"고 성경은 말씀합니다.

다섯째 날에, 하나님은 물고기와 새들을 지으셨읍니다. 하나님이 말씀하셨읍니다.
"물들은 생물로 번성케 하라 땅 위 하늘의 궁창에는 새가 날으라."
이 날을 성경은 "저녁이 되며 아침이 되니 이는 다섯째 날이니라"고 말씀합니다.

여섯째 날에, 하나님은 모든 동물과 땅위에 기는 파충류들을 창조하셨읍니다. 모든 일의 마지막에 그분은 사람을 창조하셨읍니다. 성경은 "하나님이 그 지으신 모든 것을 보시니 보시기에 심히 좋았더라 저녁이 되며 아침이 되니 이는 여섯째 날이니라"고 기록하고 있읍니다.

사람의 창조

하나님의 가장 훌륭한 창조물은 사람이었읍니다. 왜냐하면 하나님은 사람을 그분 자신의 형상과 그분 자신의 모양을 따라 지으셨기 때문입니다.
"우리의 형상을 따라 우리의 모양대로 우리가 사람을 만들고…"(창세기 1:26).

하나님은 그 첫번째 사람을 아담이라고 부르셨읍니다. 하나님은 아담을 위하여 아내를 만들어 주셨읍니다. 그리고 이름을 하와라고 하였읍니다. 아담과 하와는 진화의 발전 단계에 의하여 하등동물에서 진화되어 나온 것이 아닙니다. 그들은 하나님에 의하여, 하나님의 형상대로 창조되었읍니다.
"…하나님이 자기 형상 곧 하나님의 형상대로 사람을 창조하시되 남자와 여자를 창조하시고"(창세기 1:27).

하나님은 그분이 창조하신 모든 것으로 기뻐하셨고 이에 대하여 "심히 좋았더라"고 선포하셨읍니다.

창조주 하나님－모든 경배의 대상자

우리는 이 장에서 많은 중요한 진리들을 배웠지만, 이 중에서 가장 중요한 진리는 하나님이 모든 만물의 창조주라는 것입니다. 우주와 지구, 그리고 살아있는 피조물들은 스스로 존재하게 된 것이 아니라는 사실입니다. 하나님께서 그것들을 창조하셨읍니다. 이사야 45장 12절에서 하나님은 밝히 말씀하십니다.
"내가 땅을 만들고 그 위에 사람을 창조하였으며 내가 친수(親手)로 하늘을 펴고 그 만상을 명하였노라."

하나님이 모든 사물을 창조하신 이래로 그 모든 만물은 누구에게 속해 있어야 합니까? 그것들은 하나님께 속해 있어야 합니다! 모든 사물은 그것들을 지으신 이에게 속해야 합니다.

왜 하나님은 만물을 창조하셨을까요? 그분은 자신의 영광을 위하여 창조하셨읍니다. 우주의 창조에서, 땅에서 그리고 모든 살아있는 피조물에서 하나님은 그분의 능력과, 영광과, 지혜를 명백히 나타내셨읍니다.
"하늘이 하나님의 영광을 선포하고 궁창이 그 손으로 하신 일을 나타내는도다" (시편 19:1).

하나님이 모든 사물의 창조주이시기 때문에 그분만이 오직 모든 경배를 받아야 할 분이십니다. 경배란 무엇입니까? 경배란 하나님을 향한 사랑이며, 존경(숭배)이며 순종인 것입니다. 우리는 결코 어떠한 사람도, 천사도, 피조물이나 사물도 경배해서는 안 됩니다. 성경은 이렇게 말씀합니다.
"주 너의 하나님께 경배하고 다만 그를 섬기라"(마태복음 4:10).

왜 오직 하나님만 경배를 받으셔야 합니까? 그분은 창조주이시며 그분만이 모든 경배를 받기에 합당하시기 때문입니다.
"우리 주 하나님이여 영광과 존귀와 능력을 받으시는 것이 합당하오니 주께서 만물을 지으신지라 만물이 주의 뜻대로 있었고 또 지으심을 받았나이다"(요한계시록 4:11).

●깨달은 진리
만물을 창조하신 살아계신 하나님이 계신다. 오직 그분만이 모든 경배를 받기에 합당한 분이시다.

□ 확인 질문

1 성경은 [1]□ 가운데서의 인간의 완전한 [2]□□과 [3]□□□□ 안에서의 하나님의 완전한 [4]□□에 대한 이야기입니다.

2 성경에서 첫번째 책을 창세기라고 부르는데, 그것은 □□이라는 의미입니다.

3 하나님은 얼마나 오랫동안 존재하셨을까요? 그분은 [1]□□□ 존재해 계셨읍니다. 하나님은 앞으로 얼마나 더 계실까요? 그분은 [2]□□□ 존재하실 것입니다. "[3]□□부터 [4]□□까지 주는 하나님이시니라"(시편 90 : 2).

4 우리에게 우주의 시작에 대해 말해 줄 수 있는 유일한 존재는 누구입니까? □□□

5 성경은 위엄있는 선언으로 시작합니다. "태초에 [1]□□□이 [2]□□를 [3]□□하시니라"(창세기 1 : 1).

6 하나님은 천지를 그분의 □□으로 창조하셨읍니다. 어떻게 우리는 이 일들을 알 수 있을까요? 우리는 하나님의 □□ 안에서 □□으로 그것들을 알 수 있읍니다.

7 이 장에서 우리가 배운 가장 중요한 진리는 하나님이 모든 만물의 □□□라는 것입니다.

8 하나님께서 모든 만물을 창조하신 이유는 [1]□□의 [2]□□을 위해서입니다.

9 경배란 하나님을 향한 [1]□□이며 [2]□□이며 [3]□□입니다.

10 왜 오직 하나님만이 경배를 받으셔야 합니까? 그분은 [1]□□□시며 그분만이 모든 경배를 받기에 [2]□□하시기 때문입니다.

●당신이 이 장에서 배운 가장 중요한 교훈은 무엇입니까?

제 3 과

인간 창조

"하나님이 가라사대 우리의 형상을 따라 우리의 모양대로 우리가 사람을 만들고 그로… 모든 것을 다스리게 하자 하시고"
(창세기 1 : 26)

앞 장에서 우리는 하나님께서 만물, 즉 우주(세계)와 우주에 있는 모든 것을 만드신 창조주라고 배웠읍니다. 하나님은 모든 살아있는 피조물, 즉 새들, 물고기, 그리고 동물 등을 창조하시고 그들에게 "그 종류대로" 정해진 법칙에 따라 번식할 수 있는 능력을 주셨읍니다.
"그 종류대로"란 구절이 창세기 1장에서 8번이나 기록되어 있읍니다. 이 말의 의미는 모든 생물은 자기 자신과 같은, 오직 자신과 같은(닮은) 생물만을 낳을 수 있다는 것을 의미합니다. 어떠한 동물도 다른 종류의 동물로 변화될 수가 없읍니다. 이 법칙은 창조된 그때부터 오늘날까지 똑같습니다. 모든 생물은 자신과 같은 자손을 생산하게 되는 것입니다.

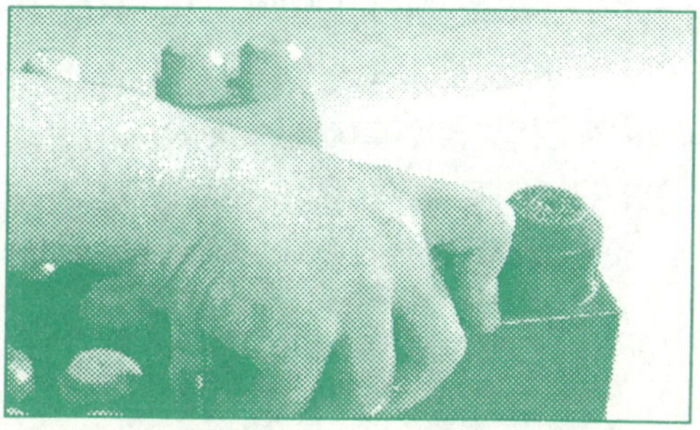

하나님의 가장 훌륭한 창조물은 무엇인가?

하나님의 가장 훌륭한 창조물은 사람이었읍니다. 사람은 하등동물 형태에서 진화되어 나온 것이 아닙니다. 하나님이 사람을 창조하셨읍니다.
"하나님이 가라사대 우리의 형상을 따라 우리의 모양대로 우리가 사람을 만들고…

"그 종류대로…"

모든 것을 다스리게 하자 하시고"(창세기 1:26).

● 왜 하나님은 사람을 창조하셨을까?

그분은 자신의 영광을 위해 사람을 창조하셨읍니다. 하나님은 그분의 형상, 그분의 모양과 같은 사람을 원하셨고, 그분은 이 사람이 하나님 밑에서 땅 위에 있는 모든 것을 다스려 주기를 원하셨읍니다. 하나님은 사람이 하나님을 영화롭게 하며, 경배하며, 사랑하며, 그리고 그분과 함께 교제를 갖기를 원하셨읍니다.
"하나님이 자기 형상 곧 하나님의 형상대로 사람을 창조하시되 남자와 여자를 창조하시고…"(창세기 1:27).
　이 첫번째 사람을 하나님은 아담이라 부르셨읍니다.

● 아담을 어떻게 창조하셨는가?

우리는 창세기 2장에서 그 답을 발견할

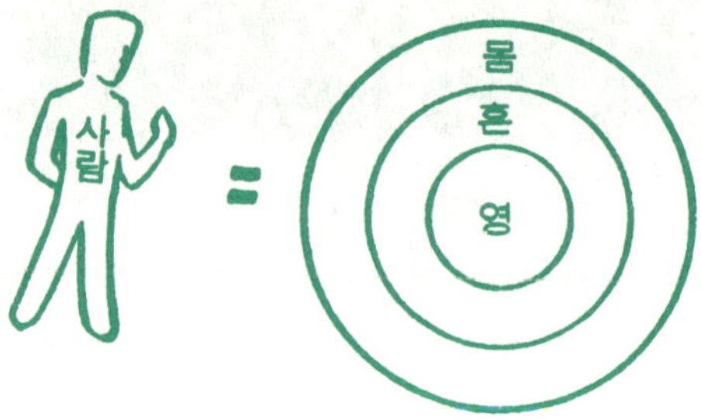

수 있읍니다. 하나님께서 능력으로 땅의 흙을 빚어서 아담을 창조하셨읍니다.
"여호와 하나님이 흙으로 사람을 지으시고…"(창세기 2:7).

아담은 어떻게 구성되었을까?

아담은 첫번째 사람이고, 따라서 인류 전체의 머리이므로 아담이 어떻게 구성되었는가를 아는 것은 매우 중요합니다. 아담은 세 가지 주요 부분으로 형성되었는데 그것이 곧 몸(육체)과, 혼(Soul)과 영(Spirit)입니다![1]
몸은 우리가 볼 수 있는 사람의 가장 바깥 부분입니다. 혼(soul)은 볼 수 없는 사람의 안쪽에 있으며, 영(Spirit)은 그 사람이 하나님과 이야기할 수 있는 사람의 가장 안쪽 부분입니다. 자, 이 세 가지를 하나씩 생각해 보기로 합시다.

아담의 몸(body)

아담의 본향은 흙이 되어야 했읍니다. 하나님은 흙을 재료로 삼아 아담의 몸을 만드셨던 것입니다. 그래서 성경은 "첫째 사람은 땅에서 나와 흙에 속하는…"이라고 말합니다. 육체로 사람은 볼 수 있고, 듣고, 만지고, 맛보기도 하며, 그리고 냄

새를 맡을 수 있읍니다. 그래서 그는 그를 둘러싼 세계와 접촉하게 됩니다.

하나님이 사람을 위하여 창조하신 육체는 정말로 놀라운 것입니다. 그것은 정말 많은 경이로움의 연합체인 것입니다.

●하나님은 사람의 귀를 만드셨다

이 귀는 그랜드 피아노보다 백만 배나 더 작고 백 배나 더 많은 현(string)을 가졌읍니다. 이들 신경들은 수천 가지의 갖가지 소리들을 구별해 낼 수 있읍니다. 얼마나 세밀한 청력기이며 얼마나 완벽한 작품입니까!

●하나님은 사람의 눈을 만드셨다

인류는 지금까지 이만한 카메라를 만들지 못했으며 앞으로도 만들 수 없읍니다. 이것은 불가사의 중의 불가사의라고 불리어 왔읍니다.

●하나님은 사람의 심장을 만드셨다

이 심장은 매일 십만 번씩 박동하며 혹 피곤해서 교대하자는 요구도 없이 목숨이 다할 때까지 일을 하는 것입니다.

●하나님은 두뇌를 만드셨다

사람의 이 위대한 두뇌는 세상의 어떠한 훌륭하게, 세밀하게 만들어 놓은 콤퓨터들도 감히 해낼 수 없는 분량의 어마어마한 일을 할 수가 있읍니다. 사람의 두뇌는 세상의 모든 전화선을 모두 모아 놓은 것보다 더 많은 신경선(Nerve Line)을 가지고 있읍니다. 그리고 이것의 무게는 고작 3파운드(pound)도 되지 않을 만큼 가볍습니다.

●사람의 육체의 모든 각 부분들을 만드셨다

이 부분들은 바로 그것을 지으신 그분의 무한한 지혜와 솜씨를 나타내 보여 주는 증거가 될 것입니다. 우리 함께 시편 기자처럼 찬양해 봅시다.
"내가 주께 감사하옴은 나를 지으심이 신묘막측하심이라 주의 행사가 기이함을 내 영혼이 잘 아나이다"(시편 139 : 14).

아담의 혼(Soul)

아담은 육체를 가지고 있었을 뿐아니라 그에게는 혼(Soul)도 있었읍니다. 그래서 성경은 이렇게 말하고 있읍니다.
"여호와 하나님이 흙으로 사람을 지으시고 생기를 그 코에 불어 넣으시니 사람이 생령(living soul)이 된지라"(창세기 2 : 7).[2]

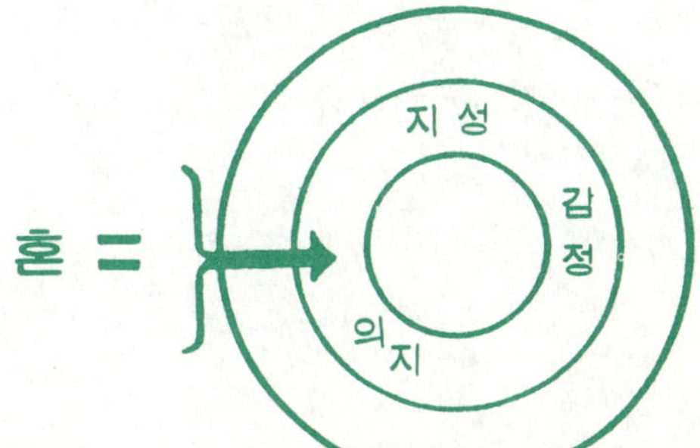

우리는 한 개인의 육체는 볼 수 있지만 그의 혼은 볼 수가 없읍니다. 그러면 그 혼은 어떻게 구성되었을까요? 사람의 혼은 세 부분으로 구성되었는데, 곧 지성(the mind), 감정(emotions), 그리고 의지(will)로 되어 있읍니다. 지성으로 아담은 생각할 수 있었고, 감정으로 그는 사랑할 수 있었으며, 그의 의지로는 선택할 수 있었읍니다. 생각하고, 사랑하고, 선택할 수 있었기 때문에 아담은 살아있는 혼(a living Soul : 생령)이었읍니다.

● 아담은 생각할 수 있는 지성을 지녔다

아담은 매우 높은 지능을 지닌 사람이었읍니다. 그에게는 명확하게 생각할 수 있는 능력과 자기의 생각을 말로 표현할 수 있는 능력이 있었읍니다. 의심할 여지없이 그의 지적인 능력은 매우 높았읍니다. 아담이 하나님의 형상대로 창조되었다는 것을 기억하십시오.

하나님은 아담에게 살아있는 모든 생물들의 이름 짓는 일을 맡기셨읍니다.
"여호와 하나님이 흙으로 각종 들짐승과 공중의 각종 새를 지으시고 아담이 어떻게 이름을 짓나 보시려고 그것들을 그에게로 이끌어 이르시니 아담이 각 생물을 일컫는 바가 곧 그 이름이라"(창세기 2 : 19).

● 아담은 사랑할 수 있는 감정을 지녔다

한 인격체로서, 하나님은 사랑하시고 그리고 자신의 사랑을 표현하십니다. 하나님은 아담을 감정적인 성질을 갖게 창조하셨는데, 그것은 아담 역시 사랑하고 또 그의 사랑을 표현할 수 있도록 하기 위해서였읍니다. 성경에서 우리는, 하나님께서 다른 감정들 또한 가지실 수 있다는 것을 알 수 있읍니다. 예를 들면, 그분은 죄를 미워하시는 것 따위를 말입니다. 아담에게도 역시 잘못된 것을 미워할 수 있는 능력이 주어졌읍니다.

● 아담에겐 선택할 수 있는 의지가 있었다

하나님은 자유 의지(free will)를 가지고 계시며, 하나님처럼 아담도 역시 그 속에 자유 의지를 가지고 있었읍니다. 그는 자기가 하고 싶은 일을 선택할 수 있는 선택권을 가지고 있었읍니다. 그는 하나님께 순종할 수도 불순종할 수도 있는 선택을 할 수 있었읍니다. 그는 그가 하고자 하는 것을 선택할 자유가 있는 반면에, 자신의 선택에 대한 책임도 져야만 했읍니다. 따라서 그는 누군가가 그의 의지에 위배되는 행동을 강요하였노라고 말할 수는 없었읍니다.

아담의 영 (Spirit)

우리는 아담이 육체와 혼(soul)으로 창조되었다는 것을 알았읍니다. 그런데 아담에겐 모든 다른 피조물과는 다른 어떤 것을 가지고 있었읍니다. 아담에게는 영(Spirit)이 있었읍니다.

"하나님은 영이시니 예배하는 자가 신령과 진정으로 예배할지니라"(요한복음 4:24).

하나님은 아담이 그분을 알 수 있고, 그래서 예배드리고, 교제하게 되기를 원하셨읍니다. 그래서 하나님께서는 영(Spirit)이 있게 아담을 창조하셨읍니다.

● 영이란 무엇인가?

영이란 하나님을 알 수 있고, 하나님의 생명을 받아들일 수 있는 사람의 한 부분입니다. 사람의 영은 하나님이 사람 속에 내주하시기 위하여 만들어 둔 좌소입니다. 우리는 영을 오직 하나님의 성령만을 위하여 계획된, 사람의 내부 깊숙히에 있는 방으로 생각할 수 있읍니다. 하나님은 사람을 영을 지닌 존재로 창조하셨기 때문에, 하나님의 성령이 사람 속에 거주할 수 있읍니다.

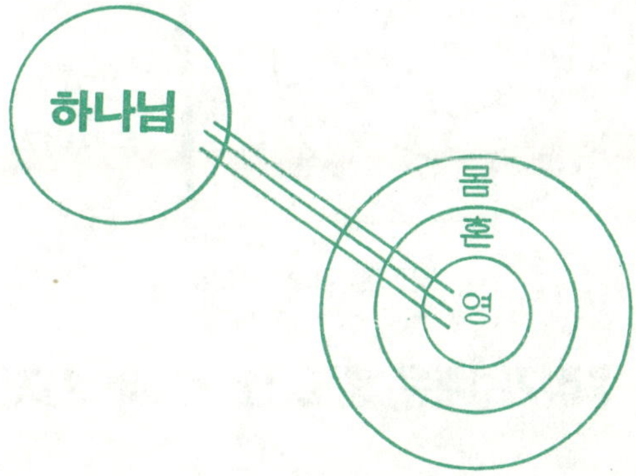

하나님은 자신의 영광을 위하여 사람을 창조하셨다는 것을 기억하십시오. 사람이 하나님을 영화롭게 할 수 있는 유일한 방법은 하나님의 성령이 그 사람 속에 내주하시게 하여 그 사람을 다스리시도록 하는 일입니다. 이것이 바로 하나님이 아담을 영이 있게 창조하신 이유인 것입니다. 하나님은 아담이 그분의 생명을 받고 그분의 성령에 의해 조정받게 되기를 원하셨읍니다. 이렇게 하지 않고는 아담은 결코 하나님의 목적을 만족시킬 수가 없었을 것입니다.

하나님은 아담을 보시고 "심히 좋았더라"고 하셨다

우리는 지금까지 하나님이 아담을 몸과 혼과 영의 세 부분으로 창조하셨다는 것을 보았읍니다. 그가 전능하신 하나님의 손에서 나왔을 때, 그는 완벽했으며 더할 나위가 없었읍니다. 무죄한 상태의 아담이 그의 창조자 앞에 서자, 하나님은 그를 보시며 "심히 좋다"고 선언하셨읍니다.

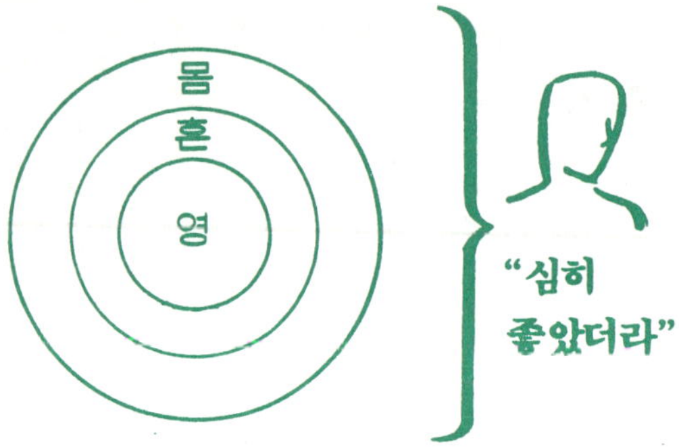

무죄한 상태의 아담

우리가 배운 중요한 것 세 가지

우리는 이 장에서 중요한 세 가지를 배웠읍니다.

1 우리는 하나님에 의해 창조되었다

사람은 "우연히" 생긴 게 아닙니다. 더군다나 사람은 소위 『진화』라고 하는 긴 과정을 통하여 생성된 하등동물계로부터 나온 것도 아닙니다. 진화론은 거짓된 것일 뿐만 아니라 그것은 또한 성경의 가르침과는 전적으로 반대되는 것입니다.
성경은 명확하게 진술하기를 첫번째 사람인 아담은 하나님에 의해 창조되었고, 하나님의 형상대로 지음받았다고 말씀하고 있읍니다. 주 예수님 자신도 마가복음 10장 6절에서 말씀하셨읍니다.
"창조시로부터 저희를 남자와 여자로 만드셨으니…"(마가복음 10：6).

우리들 개개인은 사람의 기원에 관하여 사람의 학설(theories)을 믿든지, 아니면 하나님께서 자신의 말씀 속에서 나타내 보이셨던 하나님의 말씀을 믿든지를 스스로가 선택해야만 합니다.

2 우리는 하나님을 영화롭게 하기 위해 창조되었다

하나님은 무엇을 하시든지 간에 그 일에는 목적을 가지고 계시는데, 역시 사람을 창조하실 때에도 목적을 가지고 계셨읍니다. 하나님은 자신의 영광을 위하여 사람을 창조하셨읍니다. 이사야 43장 7절에서 하나님은 사람에 관하여 말씀하십니다.
"내 영광을 위하여 창조한 자를…"(이사야 43：7).
우리는 하나님을 영화롭게 하기 위하여, 예배하고, 사랑하며, 그분과의 교제를 위하여 이 땅에 존재하고 있읍니다.

3 우리는 하나님 앞에서 결산해야 한다

아담이 자유 의지를 받았기 때문에 그는 자신의 선택에 대한 책임을 져야 했읍니다. 우리들 개인도 자유 의지를 물려 받았고, 우리 역시 우리의 선택에 대한 책임을 져야 합니다. 어느 날엔가는 지구상에 살았던 모든 사람들이 자신의 창조주 앞에 서

야 할 것이며, 그들이 살았던 삶을 하나님 앞에서 설명해야 할 것입니다.

"한번 죽는 것은 사람에게 정하신 것이요 그 후에는 심판이 있으리니"(히브리서 9 : 27).

●깨달은 진리

우리는 하나님의 가장 아름다운 창조품이며, 우리는 그분을 예배하고, 사랑하며, 그분께 순종하도록 창조되었다.

●참고 / 편집자 註

1 본문과 같이 인간의 구성 요소를 세 가지로 보는 것을 『삼분설』(三分說 / Trichotomy)이라 한다. 그러나 또한 폭넓게 지지를 받고 있는 설(說)이 있으니, 그것은 곧 『이분설』(二分說 / Dichotomy)이다. 이분설은 인간이 두 부분, 곧 육체(body)와 혼(soul), 혹은 영(spirit)으로 구성되어 있다는 설(說)이다.

이것은 인간의 자의식(自意識)과 조화를 이루는 것으로, 인간이 물질적 요소와 영적 요소로 되어 있다는 사실을 입증해 주고 있다. 그것은 또한 인간이 "육체와 혼"(마 6 : 25 / 10 : 28), 혹은 "육체와 영"(전 12 : 7 / 고전 5 : 3, 5)으로 되어 있다고 말하는 성경에 의하여 확증을 얻는다. "영"(靈)과 "혼"(魂)이라는 이 두 말은 사람에게 두 가지 다른 요소가 있음을 의미하는 것이 아니라 다만 인간의 한 영적 실체(靈的實體)를 나타내기 위해 사용되고 있을 뿐이다.

이 사실은 다음 몇 가지 점을 살펴볼 때 그 지지를 얻게 된다. ① 다음과 같은 성구(聖句)들은, 인간이 다만 두 부분으로만 구성되어 있음을 보여 준다(롬 8 : 10 / 고전 5 : 5 / 7 : 34 / 고후 7 : 1 / 엡 2 : 3 / 골 2 : 5). ② 죽음은 가끔 "혼"의 포기로 언급되었고(창 35 : 18 / 왕상 17 : 21 / 행 15 : 26), 또 어떤 경우에는 "영"의 포기로 언급되기도 하였다(시 31 : 5 / 눅 23 : 46 / 행 7 : 59). ③ 죽은 사람의 비물질적인 요소는, 어떤 때는 "혼"이라 불리워졌고(계 9 : 6 / 20 : 4), 또 어떤 때는 "영"이라 불리워졌다(벧전 3 : 19 / 히 12 : 23). 즉, 이 두 용어는 상호 교체적으로 사용할 수 있다는 뜻이다. 이 두 용어는 다만 인간의 한 영적 요소를 두 가지 다른 견지에서 표현했을 뿐이다.

히브리서 4장 12절에는 "혼", "영", "관절", "골수", "마음의 생각", "뜻"이 동시에 언급되는데, 그럼 이것을 문자적으로 취하면 육분설(六分說)이 되지 않는가? 마태복음 12장 30절은 "마음", "목숨", "뜻", "힘"이 언급되는데, 또한 이것을 문자적으로 취하면 사분설(四分說)이 되지 않는가? 문제는 성경을 어떤 관점으로 보며, 과연 어떤 것이 성경 전체의 흐름과 일치하는가가 관건이다.

2 창세기 2장 7절도 삼분설(三分說)의 지지 구절로 보기 힘든 점이 있다. 오히려 이분설(二分說)의 지지 구절이 될 수 있다.

"여호와 하나님이 …**생기**(생명의 기운) 〔기운의 원어 『니사맡』은 영(靈)의 원어 『루아크』와 동의어이므로 『루아크』도 본래 기운(氣運)의 뜻을 가진다〕를 그 코에 불어 넣으시니 사람이 생령〔히브리어로는 『네페쉬 하야』 = 생혼(生魂)이 있는 존재〕이 된지라."

이 구절의 문자적 해석대로 보면, 사람은 영(靈)의 불어넣음을 받아서 혼(魂)으로 되었으니, 그는 영인 동시에 혼이다. 그러므로 성경이 사람의 비물질적인 부분을 혹은 "영"이라 칭하고, 혹은 "혼"이라 칭하는 것은 적절한 어법(語法)이다.

□ 확인 질문

1 사람은 하등동물 형태로부터 진화되어 나온 것이 아니라 [1]□□□이 [2]□□하신 것입니다.

2 "하나님이 가라사대 우리의 [1]□□을 따라 우리의 [2]□□대로 사람을 만들고…모든 것을 [3]□□□□ 하자 하시고…"(창세기 1 : 26).

3 하나님께서는 자신의 □□을 위해 사람을 창조하셨읍니다.

4 하나님께서는 [1]□□으로 땅의 [2]□을 빚어서 아담을 창조하셨읍니다.
아담은 [3]□과 [4]□과 [5]□의 세 가지 주요 부분으로 형성되었읍니다.

5 사람의 혼은 세 부분, 곧 [1]□□과 [2]□□과 [3]□□로 구성되어 있읍니다.

6 아담에게는 [1]□□□□가 주어졌읍니다. 따라서 그는 하나님께 순종할 수도, 불순종할 수도 있는 선택 능력이 있으므로, 자기의 선택에 대하여 [2]□□을 져야만 합니다.

7 영이란 [1]□□□을 알 수 있고 [2]□□□의 [3]□□을 받아들일 수 있는 사람의 한 부분입니다.

8 사람이 하나님을 영화롭게 할 수 있는 유일한 방법은 하나님의 [1]□□이 그 사람 속에 내주하시게 하여 그 사람을 [2]□□□□□□□ 하는 일입니다.

9 진화론은 [1]□□□ 것일 뿐만 아니라 그것은 또한 성경의 가르침과는 전적으로 [2]□□되는 것입니다. 예수님 자신도 "창조시로부터 저희를 [3]□□와 [2]□□로 만드셨으니…"라고 말씀하셨읍니다(마가복음 10 : 6).

10 이 장에서 배운 가장 중요한 세 가지 사실을 적어 보십시오.
(1) 우리는 [1]□□□에 의해 창조되었다.
(2) 우리는 [1]□□□을 [2]□□□□ 하기 위해 창조되었다.
(3) 우리는 [1]□□□ 앞에서 [2]□□해야 한다.

● 당신이 이 장에서 배운 가장 중요한 교훈은 무엇입니까?

제 4 과

죄가 어떻게 세상에 들어왔는가?

"한 사람으로 말미암아 죄가 세상에 들어오고 죄로 말미암아 사망이 왔나니" (로마서 5 : 12).

지구, 해, 달, 그리고 별들이 어떻게 해서 생겨났는지 생각해 보신 적이 있읍니까? 하나님이 그것들을 창조하셨읍니다. 그것들은 저절로 생겨난 것이 아닙니다. 성경 제일 첫머리에는 이렇게 씌어져 있읍니다.

"태초에 하나님이 천지를 창조하시니라" (창세기 1 : 1).

이 구절은 우리에게 하나님은 위대한 창조자, 즉 하늘과 땅을 지으신 분임을 일러 주고 있읍니다. 성경은 이 일이 언제 일어났는지는 구체적으로 설명하고 있지 않지만, 어떻게 이 일이 일어났는지는 말해 주고 있읍니다. 하나님은 그것들을 말씀으로 지으셨읍니다.

성경은 다음과 같이 말씀합니다.

"여호와의 말씀으로 하늘이 지음이 되었으며 그 만상이 그 입 기운으로 이루었도다. 저가 말씀하시매 이루었으며 명하시매 견고히 섰도다"(시편 33 : 6, 9).

하나님이 해와 달과 별들과 그리고 지구가 생기도록 말씀하셨읍니다. 하나님은 이 모든 것들을 창조하셨을 뿐만 아니라 그분의 크신 능력으로 그것들을 섭리하십니다. 성경은, 그분이 "그분의 능력의 말씀으로 만물을 붙드신다"고 말씀하고 있읍니다(히브리서 1 : 3).

우리는 어떻게 이런 일들을 알 수 있읍니까? 우리는 하나님의 말씀을 믿음으로 그것들을 알 수 있읍니다. 하나님의 거룩한 책 성경에서 하나님은 이렇게 말씀하십니다.

"내가 땅을 만들고 그 위에 사람을 창조하였으며 내가 친수로 하늘을 펴고 그 만상을 명하였노라"(이사야 45 : 12).

"태초에 하나님이 천지를 창조하시니라"(창세기 1 : 1)

하나님은 만물의 창조주이시기 때문에 모든 찬양과 영광과 경배를 받으시기에 합당하십니다.
성경은 다음과 같이 말씀합니다.
"우리 주 하나님이여 영광과 존귀와 능력을 받으시는 것이 합당하오니 주께서 만물을 지으신지라 만물이 주의 뜻대로 있었고또 지으심을받았나이다"(요한계시록 4 : 11).

하나님이 천사들을 창조하셨다

성경은 모든 천사들도 하나님이 창조하신 것이라고 말씀하고 있읍니다.
『천사』란 말의 뜻은 "사자"(使者), 즉 "소식을 전하는 자"란 뜻입니다. 천사는 하나님의 사자로, 혹은 종으로 봉사하도록 하나님이 지으신 영적 존재들입니다.
성경은 다음과 같이 말씀합니다.
"그 말씀의 소리를 듣는 너희 천사여 여호와를 송축하라"(시편 103 : 20).
비록 천사가 매우 아름답고 능력이 있는 피조물이지만, 예배의 대상은 되지 못합니다. 그것들도 피조물에 지나지 않기 때문입니다. 오직 창조주 하나님 한 분만이 예배를 받으실 수 있읍니다.

하나님의 가장 뛰어난 피조물

하나님의 가장 뛰어난 피조물은 무엇일까요?
그것은 사람입니다!
그 이유는 무엇입니까?
그것은, 하나님이 사람을 자기의 형상대로 창조하셨기 때문입니다. 하나님이 사람을 창조하실 때, 이렇게 말씀하셨읍니다.
"우리의 형상을 따라 우리의 모양대로 우리가 사람을 만들고…"(창세기 1 : 26).
하나님은 자신의 영광을 위하여 사람을 창조하셨읍니다. 하나님은 사람이 그분 자신의 형상 가운데서 자신의 모양대로 되기를 원하셨읍니다. 성경에서 사람 이외에 다른 어떤 동물도 하나님의 형상대로 창조되었다는 말은 없읍니다. 오직 사람만이 하나님의 형상대로 지음을 받았읍니다.
성경은 다음과 같이 말씀합니다.
"하나님이 자기 형상 곧 하나님의 형상대로 사람을 창조하시되 남자와 여자를 창조하시고"(창세기 1 : 27).
하나님은 첫 사람을 흙으로 빚어서 만드셨읍니다. 그 첫 사람의 이름은 아담이었읍니다. 하나님은 그를 위하여 아름다운 아내를 지으셨는데, 그 여자의 이름은 하와였읍니다.

하나님은 첫 사람을 만드셨읍니다.

사람은 열등한 하급 동물로부터 진화해서 생긴 것이 아닙니다. 하나님이 창조하셨읍니다! 하나님은 사람을 모든 다른 동물과는 전혀 다르게 창조하셨읍니다. 인간은 영원히 살 수 있는 생명을 가졌읍니다.

사람은 영(영혼)도 가졌읍니다.

영(영혼)이란 무엇입니까?
영(영혼)은 하나님을 알고, 또 하나님의 생명을 받을 수 있는 사람의 한 부분입니다. 하나님은 사람이 하나님을 알고, 하나님께 경배하고, 또 하나님의 생명을 받기를 원하셨읍니다. 사람은 하나님이 그(사람) 안에 들어오셔서 살 수 있게끔 지음을 받았읍니다. 하나님은 영이십니다. 그리고 사람도 영을 소유하고 있기 때문에 하나님의 영(신)이 사람 속에 거할 수 있읍니다.

하나님의 영은 사람 속에 거할 수 있읍니다.

피조물과 창조주와의 관계

하나님이 사람을 창조하셨을 때 자기의 어떤 존재 가치를 생각하도록, 깊은 내적인 욕구를 심어 주셨읍니다. 이와 같은 이유로 사람은 살아야 할 이유와 생(生)의 목표를 필요로 하게 됩니다. 또 사람은 자기가 중요하게 생각하는 사람으로부터 사랑받기를 원합니다. 이러한 욕구가 충족되지 않을 때, 사람은 자기가 무가치한 존재라든지 혹은 자기의 생애가 무가치한 것이라고 느끼게 됩니다.

이러한 요구는 어떻게 메워 질 수 있을까요? 그것은 바로 하나님 자신에 의하여 채워 질 수 있었읍니다.
처음에 인간은 자신의 창조주 하나님과 아주 좋은 교제를 나누었읍니다. 이 때 사람은 하나님과 바른 교제를 나누었기 때문에, 이런 욕구들은 만족될 수 있었읍니다. 그는 행복감과 만족감으로 가득 찼었읍니다.

잠시 창조주 하나님과 피조물인 사람 사이의 관계에 대하여 생각해 봅시다.
하나님은 당연히 자신의 피조물인 사람을 사랑해야만 합니까?
예, 그렇습니다. 그것은 하나님의 당위(當爲)입니다.
또 하나님은 사람의 욕구들을 공급하셔야만 합니까?
물론 그것도 그러합니다.

창조주 하나님에 대한 사람의 책임은 무엇입니까? 사람은 마땅히 자기 창조주를

사람은 창조주 하나님을 사랑하고 경배하며 순종해야 합니다.

사랑해야 합니까?
물론 당연히 그래야 합니다.
사람은 자기 창조주께 경배해야만 합니까?
그것도 당연히 그러합니다.
그럼, 사람은 그 크신 창조주께 순종해야 합니까?
물론 그것도 그러합니다.

사람은 하나님을 사랑하고 경배하고 순종할 때, 비로소 창조주 하나님과 바른 관계를 유지하게 됩니다. 이것이 우리가 창조된 목적이며, 최초에 아담과 하와가 살았던 방법이었습니다.

하나님은 아담과 하와를 에덴 동산이라 불리우는 아름다운 동산에 두셨습니다. 하나님은 이 동산을 특별히 그들을 위하여 예비하셨던 것입니다. 에덴 동산 안에는 아담과 하와가 필요로 했던 모든 것들이 구비되어 있었읍니다. 나무에는 먹기 좋은 온갖 열매들이 열렸고, 동산 가운데로는 아주 깨끗하고 맑은 물이 흘렀읍니다. 무엇보다도 가장 좋았던 점은 그들이 창조주 하나님과 좋은 관계를 유지했다는 것입니다. 매일 아침 하나님이 그들을 찾아오셔서 함께 이야기도 하고 걷기도 하셨읍니다. 아담과 하와는 말할 수 없이 행복하였읍니다. 그러나 어느 날 아침, 이 모든 것들이 뒤바뀌는 일이 벌어졌읍니다. 죄가 세상에 들어온 것입니다.

에덴 동산에서의 아담과 하와

어떻게 죄가 세상에 들어왔나?

하나님이 세상을 창조하셨을 때는 만물을 다 아름답고 선하게 지으셨읍니다. 그러나 지금은 많은 것들이 아름답지도 않고 선하지도 않습니다. 질병과 죽음이 있고, 미움과 다툼이 있읍니다. 또 이기적이고 사악해진 사람들이 존재합니다. 죄가 하나님이 아름답게 지으신 세상을 부패케 하였읍니다.

어떻게 죄가 세상에 들어왔을까요?
어떻게 사람들의 마음 속에 죄가 들어오게 되었읍니까?
성경은 그 경위를 우리들에게 가르쳐 주고 있읍니다.
먼저 일단의 천사들이 하나님을 배반하고, 그 다음에 사람이 하나님을 배반하였읍니다. 이 두 가지 반역의 경우를 살펴봅시다.

1 천사들의 반역

하나님이 천사들을 창조하실 때 한 천사를 모든 다른 천사들의 위에 두셨읍니다. 그 천사의 이름은 "계명성"(Lucifer / 이사야 14 : 12 참조)이었읍니다. 그는 하늘의 모든 천사들 중에서 가장 아름답고, 능력있고 지혜로웠읍니다.

그가 지음을 받은 후 얼마 동안은 하나님을 온전히 사랑하고 또 순종했던 것같이 보입니다. 그러나 계명성이 하나님을 반역할 때가 다가왔읍니다. 그는 너무 아름답고 강력하였으므로 마음 속에 교만한 생각이 가득찼읍니다. 그는 자기가 하나님이 되어야 한다고 생각했읍니다. 그리하여 그는 하나님을 배반하였읍니다. 그는 자기 마음 속으로 그렇게 생각했읍니다.

"**내가** 하늘에 올라 하나님의 뭇별 위에
나의 보좌를 **높이리라**
내가 북극 집회의 산 위에 좌정**하리라**
가장 높은 구름에 올라
지극히 높은 자와 **비기리라**"(이사야 14:13-14)

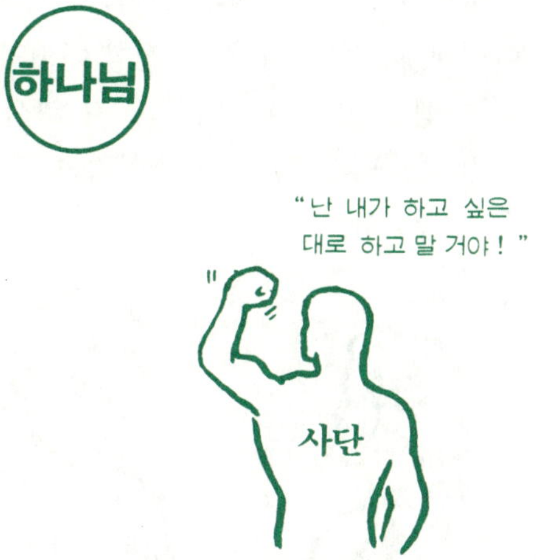

사단은 하나님께 반역하였읍니다.

계명성의 가장 큰 죄는 무엇일까요? 그것은 하나님을 반역한 것입니다. 계명성의 마음 자세는 "하나님께 순종하지 않으리라. 내가 하고싶은 대로 하리라"는 것이었읍니다.

계명성은 하나님 휘하에서 천사장으로서의 위치에 더이상 만족할 수 없었읍니다. 그는 하나님의 위치에 올라, 하나님과 같이 경배받고자 했읍니다. 피조물이 위대하신 창조자를 반역한다는 것이 얼마나 괴악한 일입니까!

하나님은 계명성의 마음을 아시고, 그의 높은 지위에서 그를 쫓아내 버렸읍니다. 그의 이름은 계명성에서 사단으로, 즉 "참소자" 혹은 "원수"로 바뀌었읍니다. 사단은 하나님의 원수일 뿐만 아니라 우리의 원수이기도 합니다.

사단은 하나님을 배반한 첫번째 천사였지만, 많은 다른 천사들이 그의 반역의 대열에 가담했읍니다. 사단을 따랐던 이 천사들을 "타락한 천사들"이라 부르고, 하나님께 남아 있던 참된 천사들을 "거룩한 천사들"이라고 부릅니다. 사단과 타락한 천사들은 천국에서 내쫓김을 당했읍니다.

사단은 자기를 따르는 천사들과 함께 하나님을 대적하는 한 왕국을 세웠읍니다. 사단이 반역한 이후로, 이 우주에는 사단의 나라와 하나님의 나라라는 두 개의 영적인 나라가 서게 되었읍니다.

사단의 나라는 흑암의 나라이고, 하나님의 나라는 빛의 나라입니다. 또 사단의 나라는 반역의 나라이고, 하나님의 나라는 순종의 나라입니다. 사단의 나라는 미움, 거짓, 그리고 악의 나라이며, 하나님의 나라는 사랑, 진리, 그리고 의의 나라입니다. 두 나라 사이에는 계속적인 전투가 있읍니다.

사단과 그를 따르는 천사들은 천국에서 내쫓겼읍니다.

하나님은 전능하신 하나님이십니다. 그래서 이 반역이 영원히 계속되도록 방치하지 않으십니다. 언젠가 사단과 타락한 천사들과 사단을 따르는 모든 사람들은 불못에 던져질 것이며, 거기서 영원히 형벌을 받게 될 것입니다. 그러나 지금은 하나님이 사람들에게 누구를 따를 것인지 즉, 사단인가 아니면 하나님인가를 결정할 기회를 주신 것입니다.

사단과, 그를 따르는 모든 자들은 불못에 던져질 것입니다.

2 사람의 반역

하나님께서 아담과 하와를 창조하여 에덴동산에 두실 때, 동산 안의 모든 나무의 실과는 임의로 먹되 단 하나 "선악을 알게 하는 나무의 실과"는 먹지 말라고 말씀하셨읍니다.

하나님은 그들에게 이 과실을 먹지 말라고 명령하시고, 먹는 날에는 정녕 죽으리라고 경고하셨읍니다.

하나님은 이렇게 말씀하셨읍니다.

"너희가 먹는 날에는 정녕 죽으리라"(창세기 2:17).

어느 날 사단이 뱀의 모양을 하고 이 동산에 들어왔읍니다. 그의 의도는 하와를 속이려는 것이었읍니다. 사단은 하와에게 그 과실을 먹어도 죽지 않으리라고 말했읍니다. 그리고 그녀와 그녀의 남편 아담이 그 실과를 먹으면, 하나님과 같이 된다고 말했읍니다. 하와는 사단의 거짓말을 믿었읍니다. 그래서 그 금단의 과실을 따서 먹었읍니다.

아담이 돌아왔을 때, 하와는 그 과실을 아담에게 권했읍니다. 의심할 여지없이 그녀는 뱀이 하던 이야기, 즉 그 과실을 먹으면 하나님과 같이 될 것이라는 말을 했을 것입니다.

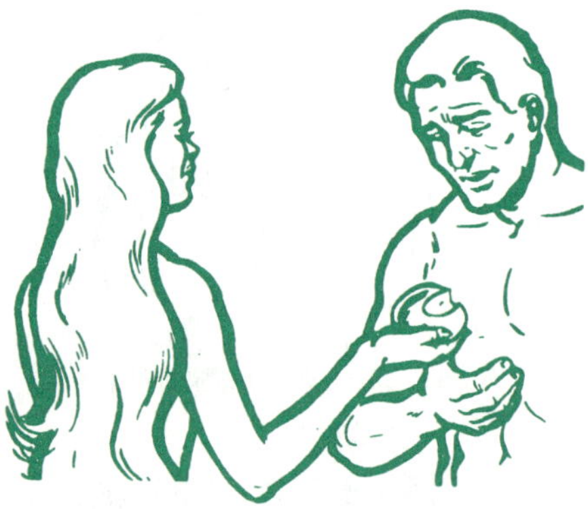

하와는 아담에게 그 과실을 권하였읍니다.

아담은 선택을 해야만 했읍니다. 그는 하나님께서 말씀하신 것을 알고 있었읍니다. 하나님은 그에게 그 금단의 과실을 먹으면 반드시 죽으리라는 것을 분명히 말씀하셨읍니다. 아담은 사단이 하와에게 말한 것에 속은 것이 아닙니다. 그는 그 사실에 대하여 훨씬 더 잘 알고 있었읍니다. 그럼에도 불구하고 아담은 그 과실을 받아 먹었읍니다.

아담의 가장 큰 죄는 무엇입니까? 그것은 하나님을 반역한 것입니다. 아담은 하나님이 명령하신 것을 알고 있었읍니다. 그러나 그는 하나님을 반역했읍니다. 그의 마음의 태도는 "내가 하고 싶은 것을 내 마음대로 하겠다"는 것이었읍니다.

반역죄는 불순종에서 비롯되었읍니다. 아담은 하나님이 금하신 과실을 취하여 먹은 것이었읍니다. 아담은 하나님을 반역하는 일에 사단의 뒤를 좇은 것입니다. 아담과 하와는 하나님을 불순종했던 바로 그 날에 영적으로 죽었읍니다. 우리는 다음 장에서 이것에 대하여 더 자세하게 배울 것입니다.

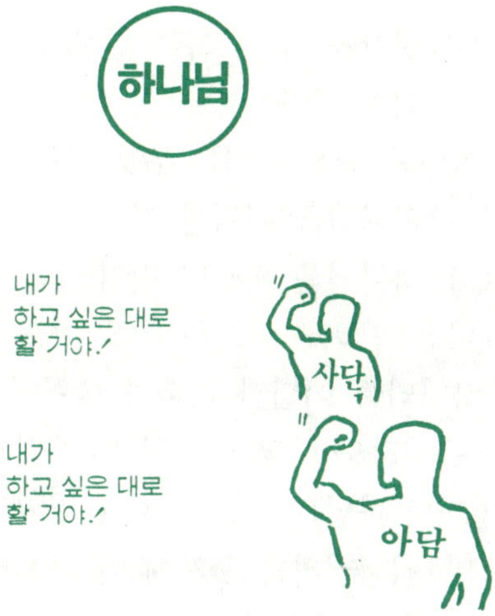

아담은 사단을 본받아 하나님을 거역하였읍니다.

아담과 하와는 에덴 동산에서 쫓겨났다

아담과 하와는 하나님을 배반했읍니다. 의로우신 하나님은 그들의 죄를 간과하지 않으셨읍니다. 하나님은 아무 일도 일어나지 않은 것처럼 잠잠히 계시거나, 그 사실을 모르는 것처럼 덮어 두지도 않으셨읍니다.

하나님은 아담과 하와를 자기 앞에 부르셨읍니다. 그런 다음 심판을 선포하셨읍니다. 그들을 그 아름다운 에덴 동산에서 쫓아내셨읍니다. 그들은 이제 더이상 창조주 하나님과 교제를 나눌 수 없게 되었읍니다. 죄가 그들과 하나님 사이에 끼어들게 되었읍니다. 이제 더이상 그들은 에덴 동산의 아름다운 과실들을 먹을 수 없게 되었읍니다. 이후부터 아담은 먹을 것을 얻기 위하여 고된 노동을 하여야만 했읍니다. 또 하와는 남편에게 복종을 해야 했으며, 출산의 고통을 겪게 되었읍니다. 심지어 땅도 그들의 죄 때문에 저주를 받아야 했읍니다.

다음 장에서 아담의 반역과 불순종의 결과로 생긴 비참한 모습에 대하여 좀더 살펴볼 것입니다.

아담과 하와는 동산에서 쫓겨났읍니다.

● 깨달은 진리

죄는 인간의 불순종으로 말미암아 이 세상에 들어왔다.

□ 확인 질문

1 우리는 성경을 통해 우주는 어떤 것임을 알 수 있읍니까?( )

(가) 우연히 생기게 된 것이다

(나) 항상 존재했던 것이다

(다) 하나님께서 창조하신 것이다

2 하나님은 만물의 창조주이시기 때문에 어떠하십니까?( )

(가) 사람에 대하여 별 관심이 없으시다

(나) 우리가 존경은 할 수 있지만 예배드릴 필요는 없다

(다) 모든 찬양과 영광과 예배를 받으실 만한 분이시다

3 인간은 하나님의 피조물 중 가장 뛰어납니다. 그 이유는 무엇입니까?( )

(가) 하나님의 피조물 중 가장 지능이 높기 때문에

(나) 하나님의 형상대로 지음을 받았기 때문에

(다) 사람은 재능 있는 일을 많이 행할 수 있기 때문에

4 사람은 언제 하나님과 바른 관계를 가집니까?( )

(가) 창조주 하나님을 사랑하고 경배하고 순종할 때

(나) 예배에 정기적으로 참석할 때

(다) 하나님의 일에 돈을 많이 내고 또 선행을 할 때

5 사단의 큰 죄는 무엇입니까?( )

(가) 하나님을 속인 죄

(나) 하나님께 온전히 순종하지 못한 죄

(다) 하나님을 대항하여 반역한 죄

6 사단의 심리 상태는 무엇입니까?( )

(가) "하나님께 순종하지 않겠다. 내가 하고 싶은 대로 하겠다"

(나) "하나님을 섬기는 데 최선을 다하겠다"

(다) "대부분의 시간은 하나님께 순종하겠다"

7 하나님이 아담과 하와에게 말씀하신 것은 무엇입니까?( )

(가) 동산에 있는 모든 실과를 먹을 수 있다

(나) 동산에 있는 실과는 모두 먹지 말라

(다) 선악을 알게 하는 나무의 실과는 먹지 말라

8 아담의 가장 큰 죄는 무엇입니까?( )

(가) 하나님을 미워한 죄

(나) 하나님을 거스려 반역한 죄

(다) 교만죄

9 하나님은 아담과 하와가 명령에 불순종했을지라도 어떻게 하셨읍니까?( )

(가) 하나님은 그들의 죄를 간과하셨다

(나) 하나님과의 관계에 아무런 영향도 주지 못했다

(다) 하나님은 여전히 그들을 사랑하시나 그들의 죄를 간과하지는 않으셨다

10 제 2 계명이 우리에게 일러 주는 것은 무엇입니까?( )

(가) 하나님 앞에 어떤 형상이나 우상을 만들어서는 안 된다

(나) 어떤 우상은 하나님이라고 생각하고 도움을 구해도 괜찮다

(다) 우리 생활 속에서 하나님보다 앞선

곳에 어떤 것을 두어도 괜찮다

● 당신이 이 장에서 배운 가장 중요한 교훈은 무엇입니까?

제 5 과

인간 타락

"이러므로 한 사람으로 말미암아 죄가 세상에 들어오고 죄로 말미암아 사망이 왔나니…" (로마서 5 : 12)

제 2장에서 우리는 아담이 하나님의 형상대로 창조되었다는 것을 살펴 보았읍니다. 그가 처음 하나님에 의해서 창조되었을 때의 그는 전혀 죄가 없는 사람이었읍니다. 그의 본성은 순전하여 심지어 그는 죄를 짓고자 하는 경향성조차 없었읍니다. 그러나 그에게는 자유 의지가 있었기 때문에 죄를 범할 가능성은 가지고 있었읍니다. 그는 하나님께 순종할 수도 불순종할 수도 있었던 것입니다.

하나님은 아담에게 아내가 필요하다는 것을 아시고 아담을 깊은 잠에 빠지게 하신 후, 그가 잠이 들자 그의 옆구리에서 갈비뼈 하나를 취하여 그것으로 아담을 위하여 아내를 지으셨읍니다. 아담은 그녀에게 "모든 산 자의 어머니" (mother of all living) 라는 뜻을 가진 하와라고 지어 불렀읍니다.

하나님은 아담과 하와를 축복하시고 이렇게 이르셨읍니다.

"생육하고 번성하여 땅에 충만하라 땅을

동산에 있는 아담

정복하라…"(창세기 1 : 28).

하나님은 그들을 "에덴 동산"(the Garden of Eden)이라는 아름다운 동산에서 살게 하셨읍니다. 아담이 해야 할 일은 이 동산을 돌보는 일이었읍니다.
이 동산에는 많은 각기 다른 종류의 나무들이 있었지만 이 모든 종류의 나무들과는 유별나게 다른 두 그루의 나무가 있었는데, 한 그루는 "생명나무"요 다른 한 그루는 "선악을 알게 하는 나무"였읍니다.
아담과 하와는 "선악을 알게 하는 나무"를 제외하고는 어떤 나무의 열매도 자유롭게 따 먹을 수 있었읍니다. 하나님은 특별히 이 나무의 열매는 따먹지 말 것을 명령하시고 다음과 같이 경고하셨읍니다.
"… 네가 먹는 날에는 정녕 죽으리라"(창세기 2 : 17).

아담과 하와는 에덴 동산에서 행복한 나날을 보내었으며, 그중에 특별히 즐거웠던 일은 그들의 창조주 하나님과 함께 놀라운 교제를 갖는 일이었읍니다. 선선한 저녁이 되면 하나님께서 내려오셔서 그들을 방문하곤 하셨읍니다. 그런데 어느 날, 비참한 일이 벌어지고 말았읍니다.

뱀의 모습을 한 사단이 동산에 들어와 하와와 함께 이야기를 나누기 시작했읍니다. 사단은 물었읍니다.
"하나님이 참으로 너희더러 동산 모든 나무의 실과를 먹지 말라 하시더냐"(창세기 3 : 1).
이 말은 아무런 해도 없는 질문같이 보이지만 사단의 음흉한 계획이 담겨진 말이었읍니다. 그의 계획은 하와를 속여서 하나님께 불순종하도록 꾀이는 일이었읍니다.

하와를 유혹하는 사단

사단이 하와를 속인 방법

하와는 이렇게 대답하였읍니다.
"동산 나무의 실과를 우리가 먹을 수 있으나 동산 중앙에 있는 나무의 실과는 하나님의 말씀에 너희는 먹지도 말고 만지지도 말라 너희가 죽을까 하노라 하셨느니라"(창세기 3 : 2－3).
사단이 한 그 다음 말은 대단히 뻔뻔스러운 거짓말이었읍니다.
"너희가 결코 죽지 아니하리라 너희가 그것을 먹는 날에는 너희 눈이 밝아 하나님과 같이 되어 선악을 알 줄을 하나님이 아심이니라"(창 3 : 4－5).
사단은 하나님을 반박했을 뿐아니라 아

담과 하와가 하나님께 선을 행치 못하도록 종용하였읍니다. 사단은 하와에게 이 열매를 먹으면 그녀와 그녀의 남편이 하나님과 같아질 것이라고 유혹하였읍니다.

하와는 결정해야만 했읍니다. 하나님께서는 "너희가 정녕 죽으리라"고 말씀하셨는데 이제 사단은 "너희가 결코 죽지 아니하리라"고 말합니다. 하와는 하나님의 말씀을 믿을 것인지 사단을 믿을 것인지를 선택해야만 했읍니다. 하와는 열매를 보면서 사단이 말했던 바를 생각했읍니다. 그리고는 선택하였읍니다. 그녀는 과일을 취해서 그것을 먹어 버렸던 것입니다. 하와는 사단을 믿기로 선택한 것입니다!

아담을 범죄케 한 사단의 방법

하와를 속이기 위한 사단의 계획은 성공이었읍니다. 그녀는 실제로 사단을 믿었던 것입니다! 그녀는 속임수에 넘어 갔읍니다. 하와는 왜 속았을까요? 이유는 그녀가 하나님의 말씀을 믿지 않았기 때문입니다. 우리 역시 하나님께서 하신 말씀을 믿지 않는다면 똑같이 사단에게 속임을 당할 것입니다.

그러나 이것으로 사단의 악한 계획이 끝난 것은 아니었읍니다. 사단은 또한 아담도 죄를 짓도록 획책하였읍니다. 그렇지만 이번엔 사단이 아담에게 직접 말하지 않았읍니다. 대신 아담이 하나님을 불순종하도록 하와를 통해서 했던 것입니다. 하와는 그녀의 남편에게 그 열매를 주었고, 의심할 나위없이 그녀는 뱀이 자신에게 말한 것, 즉 그 과일을 먹으면 그들에게 대단한 능력이 생기게 된다는 말을 해 주었을 것입니다.

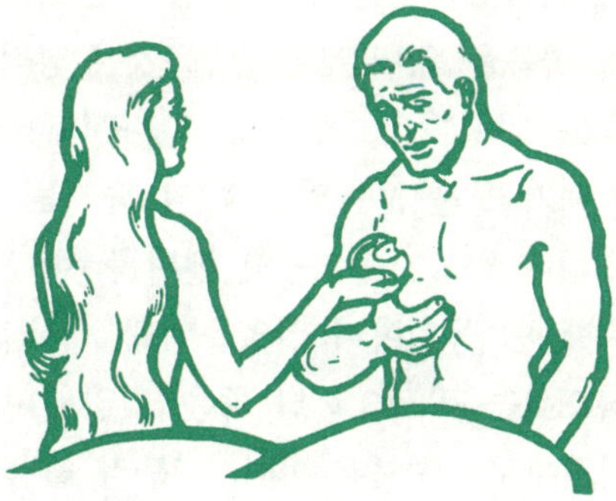

아담에게 열매를 건네주는 하와

이제는 아담이 선택할 차례였읍니다. 그는 하나님이 하신 말씀을 알고 있었읍니다. 하나님께서는 그 과일을 먹게 되면 힘을 얻는 것이 아니라 죽음이라는 결과가 초래된다고 분명히 말씀하셨읍니다. 아담은 사단이 하와에게 해 주었던 말에 속아 넘어간 것일까요? 아니, 그렇지 않았읍니다. 그는 너무도 잘 알고 있었읍니다. 그럼에도 불구하고, 그는 그 과일을 취하여 먹고 말았읍니다. 아담은 죄를 지은 것입니다!

아담의 죄는 무엇이었읍니까? 그의 명백한 죄는 불순종이었읍니다. 그는 하나님의 직접적인 명령에 불순종하였읍니다. 그는 하나님의 뜻을 선택하는 대신에 자기 자신의 뜻을 택하고 말았읍니다. 그렇게 함으로써 아담은 자신의 창조주를 거역하고 사단을 따르게 되었으며, 이로써 엄청난 최초의 반역자가 된 것입니다.

아담이 범죄했을 때 어떤 일이 일어났는가?

아담의 불순종의 즉각적인 결과는 죽음으로 나타났읍니다! 이 죽음이란 어떤 종류의 죽음을 의미합니까? 그것은 영적인 죽음을 말합니다. 우리도 알다시피 아담의 육체가 불순종이 있은 즉시 죽지는 않았읍니다. 그는 불순종의 행위를 한 후에도 수백 년 동안이나 살았읍니다. 그러나, 영적으로는 바로 그 날 죽은 것입니다.
성경에서, 죽음은 항상 "분리"를 의미합니다. 우리 모두는 육적인 죽음이 무엇인가를 압니다. 그것은 육체로부터 영(spirit)의 분리인 것입니다. 그렇다면, 영적인 죽음은 무엇일까요? 영적인 죽음이란 사람의 영과 하나님의 성령과의 분리를 말하는 것입니다. 하나님의 생명으로부터 떨어져 나간다는 것이 영적으로 죽어 있다는 것입니다.
이것이 아담과 하와가 하나님을 대항하여 범죄했을 때 그들에게 일어났던 사건인 것입니다. 그들의 영은 하나님의 영으로부터 떨어져 나갔읍니다. 그들은 영적으로 죽은 것입니다.

아담과 하와가 죄를 짓고 난 후에 알게 된 첫번째 일은 자신들이 벗었다는 사실이었읍니다.
"…자기들의 몸이 벗은 줄을 알고 무화과나무 잎을 엮어 치마를 하였더라"(창세기 3:7).

그렇다면 전에는 왜 아담과 하와가 옷을 필요로 하지 않았을까요? 그들은 하나님

아담과 하와는 나뭇잎으로 옷을 만들어 입었읍니다

의 영광의 빛으로 옷을 입고 있었기 때문입니다. 그런데 이제 그들의 삶 속에 죄가 들어오자 그들은 하나님과 분리되었고, 하나님의 영광이 그들에게서 떠나가 버렸읍니다. 아담과 하와는 죄인들이었던 것입니다!

아담과 하와에게 내려진 하나님의 심판

그 날, 서늘한 저녁에, 하나님은 아담과 하와를 찾고 계셨지만 그들은 더 이상 하나님 뵙기를 원치 않았읍니다. 대신에, 그들은 죄책감을 느꼈고 자신들은 동산의 수목 속에 숨었읍니다. 그러나 누구라도 하나님을 피해 숨을 수 있는 사람은 없읍니다.

공의의 하나님은 절대로 죄를 간과하지 않으십니다. 하나님은 아무 일도 일어나지 않은 것처럼 그대로 두실 수가 없었읍니다. 하나님은 아담과 하와를 그분 앞에 나오도록 부르시고 그들을 심판하셨읍니다. 그들은 아름다운 에덴 동산을 떠나지

않으면 안 되었읍니다.
그 때부터, 아담은 땅에서 양식을 얻기 위하여 열심히 일해야 했으며, 하와는 남편의 지배를 받고 슬픔과 고통 중에 아이를 낳아야만 했읍니다. 심지어 땅 자체도 그들의 죄 때문에 저주를 받게 되었읍니다.

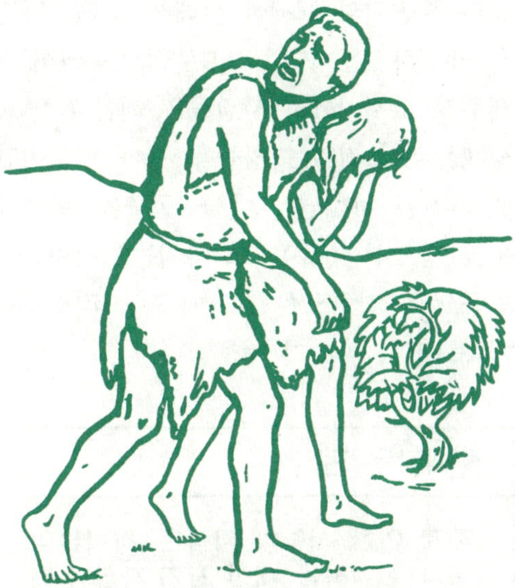

동산에서 추방되는 아담과 하와

하나님은 사람에게 무엇을 약속하셨는가?

사단이 하와를 속이는 데에 이용한 뱀에게 하나님은 다음과 같이 말씀하셨읍니다.
"… 네가 모든 육축과 들의 모든 짐승보다 더욱 저주를 받아 배로 다니고 종신토록 흙을 먹을지니라" (창세기 3 : 14).
다시 하나님이 사단 자신에게는 이렇게 말씀하셨읍니다.
"내가 너로 여자와 원수가 되게 하고 너의 후손도 여자의 후손과 원수가 되게 하리니…" (창세기 3 : 15).

그런 다음 하나님은 앞으로 오실 구세주에 관한 첫번째 약속을 주셨읍니다.
"… 여자의 후손(장차 오실 구세주)은 네 머리를 상하게 할 것이요 너는 그의 발꿈치를 상하게 할 것이니라"(창세기 3 : 15).

하나님의 첫번째 사람 아담은 사단에 의해 좌절되었읍니다. 그래서 하나님은 사단을 패배시킬 주 예수 그리스도가 오실 것에 관한 약속을 주시는 것입니다.

사단에게 내리시는 하나님의 심판

하나님은 사람을 위해서 어떻게 준비하셨는가?

하나님은 거룩하시기 때문에, 그분의 존전에 죄를 허용하실 수가 없읍니다. 아담과 하와가 죄를 지었기 때문에 그들은 에덴동산을 떠나야만 했읍니다. 죄는 언제나 하나님과 사람을 분리시킵니다.

그러나 하나님은 어떤 계획을 갖고 계셨읍니다. 어느 날 하나님은 사람의 죄를 위해 죽으시도록 독생자를 세상에 보내셨읍니다. 십자가 상에서, 그분의 아들 예수 그리스도가 희생됨으로써 사람은 자기의 죄를 용서받게 되었고, 하나님과 더불어 교제를 회복하게 되었읍니다. 예수님은 이 일을 가능하게 하셨읍니다.

이야기를 바꾸어, 하나님은 아담과 하와를 위해서 동물의 가죽으로 옷을 만들어 주셨읍니다.
"여호와 하나님이 아담과 그 아내를 위하여 가죽옷을 지어 입히시니라"(창세기 3 : 21).
하나님은 범죄한 두 사람을 입히시려고 죄없는 동물들을 죽여야만 하셨읍니다.

양들을 죽이시는 하나님의 손

아담과 하와에게 주시려고 가죽옷을 만들기 위해 죄 없는 동물을 죽이심으로써 하나님께서 그들에게 다음과 같은 교훈을 가르치셨읍니다.
"…피흘림이 없은즉 사함(죄 용서)이 없느니라"(히브리서 9 : 22).

하나님은 아담과 하와 뿐만 아니라 그들의 후손과의 교제를 위해서 그런 방법을 제공하셨읍니다. 그때부터 예수께서 구세주로 오시기까지 사람들은 죄를 위한 희생제물로서 죄없는 양들을 잡아 바쳐야만 했읍니다. 하나님이 이들 동물을 희생제물로 받으신 이유는 그 바치는 사람들이 믿음으로 장차오실 주 예수 그리스도를 기대하면서 바쳤기 때문입니다.

●깨달은 진리

죄로 인한 사람의 타락은 하나님의 뜻을 선택하는 대신 자기 자신의 뜻을 선택한 데서 온 것이다.

□ 확인 질문

1 아담이 처음 창조되었을 때는 무죄하였읍니까? [1] 예/아니오
그는 죄를 지을 수 있는 경향을 지니고 있었읍니까? [2] 예/아니오
그가 죄를 짓는 일은 가능하였읍니까? [3] 예/아니오

2 하나님은 아담과 하와에게 □□을 알게 하는 나무의 열매는 먹지 말 것을 명하셨읍니다.

3 사단의 계획은 하와를 속여서 하나님께 □□□하도록 꾀이는 일이었읍니다.

4 하와는 왜 사단에게 속았을까요? 이유는 그녀가 [1]□□□의 [2]□□을 믿지 않았기 때문입니다.

5 사단은 아담을 범죄케 하기 위해서 그에게 직접 말하지 않고 그 대신 □□를 이용하였읍니다.

6 아담의 죄는 [1]□□□이었읍니다. 그는 [2]□□□의 [3]□을 선택하는 대신 [4]□□ □□의 [3]□을 선택하였읍니다. 그렇게 함으로써, 아담은 [5]□□을 따르게 되었읍니다.

7 아담이 범한 죄의 즉각적인 결과는 어떤 종류의 죽음이었읍니까?
□□인 죽음

8 육체적인 죽음은 육체로부터 [1]□의 분리를 의미합니다. 그러나, [2]□□인 죽음은 사람의 [1]□과 [3]□□□의 [4]□□과의 분리를 말하는 것입니다.

9 하나님은 [1]□□하시기 때문에 그분의 존전에 죄를 [2]□□하실 수가 없읍니다. 하나님은 아담과 하와를 위해서 [3]□□의 [4]□□으로 옷을 만들어 주셨읍니다.

10 "[1]□□□이 없은즉 [2]□□이 없느니라"(히브리서 9 : 22). 하나님이 이들 동물을 희생 제물로 받으신 이유는 그것을 바치는 사람들이 믿음으로 장차 오실 [3]□□ [4]□□□□를 기대하면서 바쳤기 때문입니다.

● 당신이 이 장에서 배운 가장 중요한 교훈은 무엇입니까?

제 6 과

인간의 문제들과 하나님의 해결책

"한 사람의 순종치 아니함으로 많은 사람이 죄인된 것같이…"(로마서 5 : 19).

당신이 금생(今生)과 내생(來生)에서 복락을 누리려면, 우리의 창조자와 올바른 관계 하에 있어야 합니다. 인간이 처음 창조되었을 때 인간은 하나님과 올바른 관계를 갖고 있었읍니다. 그는 하나님을 사랑했으며, 그분을 경배했읍니다. 또한 하나님께 대하여 순종했읍니다. 그러나 아담이 창조주 하나님을 반역하여 그분의 명령에 불순종하였을 때, 아담과 하나님 사이의 올바른 관계는 깨어지게 되었읍니다.

아담의 반역과 불순종으로 인하여 많은 무서운 결과들이 초래되게 되었읍니다. 우리는 이 장에서 그러한 것들 중의 몇몇을 살펴보고자 합니다.

아담은 영적으로 죽었다

당신은, 하나님이 아담과 하와에게 선악을 알게 하는 나무의 실과는 먹지 말라고 명령하신 것을 기억할 것입니다. 하나님은 그들에게 경고하셨읍니다.

"네가 먹는 날에는 정녕 죽으리라"(창세기 2 : 17).

아담과 하와는 하나님께 불순종했읍니다. 그들은 금지된 과실을 먹었읍니다. 이러한 그들의 불순종의 결과는 바로 죽음인 것입니다. 그러면 어떤 종류의 죽음일까요? 그것은 **영적인 죽음**인 것입니다. 아담이 그 과실을 먹었을 때, 육신적으론 죽지 않았읍니다. 그는 이 사건 후에도 수백 년 동안 살았읍니다. 그러나, 그는 선악과를 따먹은 바로 그 날 영적으로 죽었던 것입니다.

"영적으로 죽었다는 것"은 무엇을 의미할까요? 그것은 하나님의 생명으로부터 단절된 것을 의미합니다. 무엇이 아담을 하나님의 생명으로부터 단절시켰읍니까? **그것은 죄입니다.** 죄가 첫 사람을 그의 창조자로부터 분리시킨 것입니다.

죄는 하나님의 생명으로부터 아담을 분리시켰읍니다.

당신은, 첫 사람 아담과 그가 한 일에 대하여 안다는 것이 왜 그토록 중요한지 의아하게 생각할 것입니다.
그것은 다음과 같은 이유로 인해서 중요합니다.
아담은 전체 인류의 시조였고 대표자였기 때문입니다. 하나님은 처음부터 수백만의 사람들이 이 땅에 거주하도록 창조하시지 않았읍니다. 그분은 오직 한 사람 아담을 창조하셨읍니다. 모든 인류의 생명이 이 한 사람으로부터 나왔읍니다. 이런 까닭으로 하나님은 전체 인류를 아담 안에서 한 족속으로 간주하십니다. 따라서 아담이 한 일은 전체 인류에게 영향을 미쳤읍니다.

전 인류는 아담에게서 나왔읍니다.

인간의 문제

모든 사람은 죄악된 아담의 족속으로 태어난 인간 가족입니다. 이처럼 죄악된 족속의 한 구성원으로서의 인간은 다음과 같은 허다한 문제를 안고 있는 것입니다.

* 그는 하나님의 생명으로부터 단절되어 있다.
* 그는 내적으로 공허하다.
* 그는 죄악된 본성을 지니고 있다.
* 그는 수많은 죄를 범하고 있다.

이러한 중대한 문제들에 대하여 살펴보도록 합시다.

1 인간은 하나님의 생명으로부터 단절되어 있다

아담이 하나님께 불순종한 그 순간, 그는 영적으로 죽었읍니다. 그는 하나님의 생명으로부터 단절된 것입니다. 아담은 범죄로 인하여 영적으로 죽게 되었는데, 이것은 자신뿐만 아니라 전체 인류가 그렇게 된 것입니다. 본질상, 세상에 태어난 모든 인간은 영적으로는 죽은 상태로, 곧 하나님의 생명과는 단절되어 있는 것입니다.
성경은 다음과 같이 말씀하고 있읍니다.
"이러므로 한 사람(아담)으로 말미암아 죄가 세상에 들어오고 죄로 말미암아 사망이 왔나니 이와 같이 모든 사람이 죄를 지었으므로 사망이 모든 사람에게 이르렀느니라"(로마서 5 : 12).

"하나님의 생명으로부터 단절됨"

2 인간은 내적으로 공허하다

만약 우리가 인간 마음 내부의 생각들을 들을 수 있다면, 이와 같은 것들을 듣게 될 것입니다.

"나의 삶은 너무나도 공허하고 무가치하게 보인다. 내가 가치 있는 존재라는 것을 알기만 하면 좋을 텐데. 나는 무언가를 성취하고 싶다. 나의 생애가 무언가를 위해서 가치있기를 바란다. 만약 내가 비중있는 사람이 될 수 있다면, 다른 사람들이 나를 좋아하고 받아들여 줄지도 모른다. 그러면 나도 나 자신을 좋아하고 받아들일 텐데…"

우리가 이러한 생각들을 하는 이유는, 하나님이 우리를 깊은 내적 필요를 추구하는 존재로 만드셔서, 우리가 가치 있는 어떤 존재라는 것을 느끼게 했기 때문입니다. 인간은 그를 가치있게 만들어 줄 인생의 어떤 목적을 필요로 합니다. 인간은 그가 중시하는 어떤 사람으로부터 사랑과 인정을 받고자 하는 마음이 있읍니다.

하나님 자신이 인간의 필요를 채워 주도록 하는 것이 하나님의 계획이었읍니다. 하나님은 인간을 위하여 일해 주셨기 때문에, 인간은 그 자신을 가치있게 여기게 되었읍니다. 인간은 하나님께 사랑받고 인정받았읍니다. 인간이 그의 창조주와 바른 관계를 맺고 있었던 동안, 그의 내적 욕구는 완전히 충족되었읍니다. 그래서 행복하고 만족스러웠읍니다.

그러나, 인간은 하나님께 반역하여 하나님으로부터 분리되었읍니다. 그러므로 깊은 내적 욕구들은 채워지지 않는 것입니다. 인간은 불안해 하고 만족을 느끼지 못하게 되었읍니다. 그리고 평안이 없게 되었읍니다.

3 인간은 죄악된 본성을 지니고 있다

아담이 하나님으로부터 창조되었을 처음에는 하나님과 올바른 관계를 갖고 있었읍니다. 그는 하나님을 사랑했고, 하나님께 경배했으며, 하나님께 순종하였읍니다.

아담이 범죄한 후 그의 심정에 변화가 생겼읍니다. 하나님을 사랑하는 대신 그의 뜻을 행하길 원했으며, 이제는 자신을 사랑하고 자기 뜻대로 행하고자 했읍니다. 이제 아담은 죄악된 본성을 지니게 된 것입니다.

아담은 그의 죄악된 본성을 그의 자녀와 전체 인류에게 전해 주었읍니다. 아담은 죄악된 인류를 낳았읍니다. 사람은 죄악된 본성을 지니고 태어나는 것입니다.

아담의 불순종은 죄악된 인류를 초래하였읍니다.

이 모든 것은 아담이 불순종한 결과입니다.
성경은 다음과 같이 말씀하고 있읍니다.
"한 사람의 순종치 아니함으로 많은 사람이 죄인된 것 같이…"(로마서5 : 19).

성경은 "불순종의 아들들 가운데서 역사하는 영"(에베소서 2 : 2)에 대해 말씀하고 있읍니다. 그 영이란 바로 사단의 영인 것입니다!
사단은 하나님께 반역하고 그의 마음 속에 이르기를 "**나의 뜻대로 하리라**"고 말합니다.
아담은 하나님께 반역하고 그의 마음 속에 "**나는 내 마음대로 하리라**"고 말한 점에서 사단을 좇은 것입니다.
이제 당신과 나도 그러한 것을 따라서 우리의 마음 속에서 같은 말을 하는 것입니다. 성경은 "우리가 그릇 행하여 각기 제 길로 갔거늘…"(이사야 53 : 6)이라고 말씀하고 있읍니다.

"우리가 … 각기 제길로 갔거늘 …"(이사야 53 : 6).

4 인간은 허다한 죄를 범하고 있다

인간은 죄악된 본성을 지닌고로 수많은 죄를 범합니다. 어떤 이들은 다른 사람들 보다 더 중한 죄를 지었으나, 모든 사람이 죄를 짓고 있다는 점에서는 동일합니다.
성경은 다음과 같이 말씀합니다.
"의인은 없나니 하나도 없으며 깨닫는 자도 없고 하나님을 찾는 자도 없고…선을 행하는 자는 없나니 하나도 없도다"(로마서 3 : 10－12).

죄란 무엇인가?

인간은 무엇이 옳고 그른가에 대한 자기나름대로의 표준을 세우길 좋아합니다.
어떤 이들은 "죄가 무엇인가?"라고 묻습니다.
이 질문에 대한 가장 좋은 해답은 하나님이 사신의 말씀으로 죄에 대하여 말씀하신 것을 찾아보는 것입니다.

● 하나님의 법을 범하는 것이 죄다

하나님의 말씀을 통하여, 하나님께서는 당신 보시기에 무엇이 옳고 그른지를 우리에게 말씀해 주셨읍니다. 하나님의 법을 어기는 것은 그분의 법을 위반하거나 불순종하는 것을 뜻합니다. 또 그것은 하나님이 옳다고 하신 것을 넘어가는 것입니다.

성경은 이렇게 말씀하고 있읍니다.
"죄는 불법이라"(요한일서 3 : 4).

우리는『출입금지』라고 쓴 울타리의 표시판을 보았다면, 그것은 우리가 이 울타리를 넘어가지 못한다는 것을 뜻합니다. 만약 우리가 그 울타리를 넘어서 간다면, 그것이 한 걸음이 되었든지, 1km가 되었든지 간에 우리는 법을 어긴 것이 되는 것입니다.

죄는 옳은 것을 넘어 위반하는 것입니다.

그러므로 불의는 하나님의 법과 관련하여 말하는 것입니다. 그분의 법을 위반하는 것은 그분이 말씀하신 것을 넘어가는 것입니다. 하나님의 법에 대한 어떠한 위법이든지 그것은 죄입니다.

● 믿지 않는 것이 죄다

성경은 하나님의 거룩하신 말씀입니다. 하나님이 말씀하신 것을 믿지 않는 것은 우리가 범할 수 있는 죄 중 가장 큰 것입니다.
성경은 다음과 같이 말씀합니다.
"하나님을 믿지 아니하는 자는 하나님을 거짓말하는 자로 만드나니 이는 하나님께서 그 아들에 관하여 증거하신 증거를 믿지 아니하였음이라"(요한일서 5 : 10).

● 당연히 해야 할 것을 하지 않는 것이 죄다

반드시 해서는 안 될 일을 했을 때, 하나님께 죄를 범하는 것입니다. 또한 반드시 해야 할 일을 하지 않았어도 하나님께 죄를 범하는 것입니다.
성경은 다음과 같이 말씀합니다.
"이러므로 사람이 선을 행할 줄 알고도 행치 아니하면 죄니라"(야고보서 4 : 17).

● 하나님의 권위에 거역하는 것이 죄다

권위란 다스리고 복종받을 권리를 의미합니다. 만유를 창조하신 까닭에, 모든 권세는 하나님께 속해 있읍니다. 하나님의 권위에 거역하는 것은 죄입니다.
성경은 다음과 같이 말씀합니다.
"거역하는 것은 사술(邪術)의 죄와 같고 완고한 것은 사신(死神) 우상에게 절하는 죄와 같음이라"(사무엘상 15 : 23).

● 모든 불의는 죄다

성경은 하나님의 계명을 준행하지 못한 그 어느 것이든 죄라고 말씀합니다. 어떤 죄들은 다른 죄들보다 좀더 심각한 것이 사실이지만, 그릇 행한 것은 무엇이 되었든지 또한 죄인 것입니다.
성경은 "모든 불의가 죄"(요한일서 5 : 17)라고 말씀합니다.

하나님은 자신의 말씀으로 완전(完全)에 대한 자신의 표준을 세우셨읍니다. 우리 모두는 그 표준에 미치지 못해 왔읍니다. 우리 모두는 죄를 지어 왔던 것입니다. 성경은 다음과 같이 말씀합니다.
"모든 사람이 죄를 범하였으매 하나님의 영광에 이르지 못하더니"(로마서 3 : 23).

죄의 뿌리

죄의 뿌리를 발견하는 것이 가장 중요한 일입니다. 우리가 범죄했다는 것을 아는 것만으로는 충분치가 못합니다. 우리는 **왜** 우리가 범죄하는지를 이해할 필요가 있습니다.

죄의 뿌리는 무엇일까요? 죄의 뿌리는 **자아**(自我), 즉 "내 뜻대로 행하리라!"고 말하는 죄악된 본성에 있는 것입니다.

인간은 그의 마음 중심에서 하나님의 보좌를 치워 버리고 대신 거기에 **자아**를 올려놓았읍니다. 하나님을 사랑하는 대신 그의 뜻을 행하길 원하며, 자신을 사랑하고 자의(自意)대로 행하길 원합니다. **자아**는 "나는 내 마음대로 해야만 한다. 그렇지 않으면 기분이 나빠서 화를 낼 것이다"라고 말합니다.

죄의 근본 뿌리는 자아입니다!

이러한 자기 의지(self-will)의 태도와 이기심은 모든 인간의 마음 속에 있는 것입니다. 세상 사람들은 사람이 자신을 위해서 살고, 자신을 기쁘게 하는 삶을 추구하는 것은 자연스럽고 정상적인 일이라고 생각합니다. 심지어는 이기적으로 살도록 사람들을 부추기기까지 합니다.

세상은 "너 자신의 성취를 추구하라. 타인에게 어떤 영향을 끼치든지 간에 너는 네가 원하는 것을 행하고, 자신을 기쁘게 할 것을 추구할 권리가 있다"고 말합니다.

그러나 성경은 우리의 죄악된 이기적인 삶은 하나님이 미워하시며, 우리를 파괴시키는 것이라고 말씀합니다. 예수께서는 이기적인 삶을 우리의 모든 죄악의 뿌리라고 지적하셨읍니다.

예수께서는 다음과 같이 말씀하셨읍니다.
"속에서 곧 사람의 마음에서 나오는 것은 악한 생각 곧 음란과 도적질과 살인과 간음과 탐욕과 악독과 속임과 음탕과 흘기는 눈과 훼방과 교만과 광패니 이 모든 악한 것이 다 속에서 나와서 사람을 더럽게 하느니라"(마가복음 7 : 21-23).

우리도 자신을 위해서 사는 것과 하나님의 뜻을 행하는 것을 동시에 할 수 없읍니다. **자아**의 지배를 받고 있는 한, 아무도 주 예수를 따를 수 없읍니다.

예수께서는 다음과 같이 말씀하셨읍니다.
"아무든지 나를 따라오려거든 자기를 부인하고 날마다 제 십자가를 지고 나를 좇을 것이니라"(누가복음 9 : 23).

자신의 문제를 해결하기 위한 인간의 시도들

모든 사람은 양심을 가지고 있는데, 그 양심이란 그가 잘못을 행할 때 그에게 말해주는 내적 음성입니다. 이 내적 음성은 "너는 하나님의 율법을 어겼다. 너는 죄를 범했다"고 말합니다. 인간이 하나님께 순종하지 않고 자기 길을 계속 가는 한, 그는 감당할 수 없는 죄짐을 져야 합니다.

그의 송사하는 양심으로 인하여 번민하고 하나님의 분노를 두려워하기 때문에, 인간은 여러 모로 그의 문제를 해결하려고 애쓰든지, 그 문제에서 도피하려고 애씁니다. 인간의 이러한 시도들을 살펴봅시다.

● 세상적인 성공을 구함

어떤 사람은 "모든 사람의 마음에는 하나님이 만드신 빈 공간이 있는데, 그것은 하나님만이 채울 수 있다"고 말하였읍니다. 이것은 사실입니다. 하나님은 우리 안에 깊은 내적 욕구를 심어 주셔서, 이 욕구가 그분이 우리 안에 거하심으로써만이 충족될 수 있게끔 하셨읍니다.

그러나 인간은 하나님께 반역했읍니다. 그는 하나님과의 올바른 관계에서 이탈되었으므로, 그의 깊은 내적 욕구들은 충족되지 않게 된 것입니다. 많은 사람들이 자가용, 집, 사치품, 그리고 삶에 편리한 도구들을 모으는 것으로써 인생의 만족을 추구하고자 합니다. 이런 것들은 생(生)을 더욱 편리하게 해 줄 수는 있으나, 마음의 깊은 욕구를 충족시켜 주지는 못합니다.

예수께서는 이렇게 말씀하셨읍니다.
"사람의 생명이 그 소유의 넉넉한 데 있지 아니하니라"(누가복음 12 : 15).

많은 사람들은 세상적인 성공을 추구함으로써 그들의 내적 욕구를 채우려고 노력합니다. 그들은 위대한 일을 행하는 것으로써 다른 사람들의 존경을 받게 될 것이고, 자기 만족감을 느끼게 될 것이라고 생각합니다. 그러나 성공이나 부(富)나, 권세는 인간을 행복하게 해 주지도 못하고, 죽은 후 다가올 하나님의 심판에 대하여 그들을 준비시키지도 못합니다.
예수께서는 다음과 같이 말씀하셨읍니다.
"사람이 만일 온 천하를 얻고도 제 목숨을 잃으면 무엇이 유익하리요"(마가복음 8 : 36).

● 세상적인 쾌락을 추구함

사람들은 종종 세상적인 쾌락을 추구함으로써 그들의 문제에서 도피하려고 애씁니다. 세상은 "내일 죽을 터이니 먹고 마시고 즐기자"고 말합니다.
이 말에서 한 가지 잘못된 사실은, 우리는 보통 그처럼 빨리 죽지 않는다는 것입니다. 그대신 우리는 살아서 우리가 악하게 행한 쓴 열매를 거두게 됩니다. 이 한 예(例)로서 42세 된 여인이 탄식한 말이 있읍니다.
"젊었을 때, 나는 나의 인생을 망쳐버린 죄에 빠졌었다. 나의 은밀한 죄들은 십대에 범해진 것들이다. 나는 탄식하며 울고 있다…하나님께서 내게 평화를 주시고,

그 무서운 죄를 나의 생애에서 제거해 주신다면 얼마나 좋을까!"

● 음주, 약물 복용

우리의 최대의 적, 사단은 우리를 미워하여 그가 할 수 있는 어떤 수단을 통해서든지 우리를 파멸시키려고 애씁니다. 예수께서는 사단에 대해 "저는 처음부터 살인한 자"(요한복음 8 : 44)라고 말씀하셨읍니다.

사단이 사람을 파멸시키는 방법 가운데 하나는, 음주와 약물 복용을 통한 것입니다. 사람들은 자신의 고통에서 벗어나기 위하여 이러한 것들에 빠집니다. 음주와 약물 복용은 생(生)의 문제로부터 안식을 주는 듯이 보이지만, 결국에는 그 사람을 망쳐버리고 맙니다.

성경은 다음과 같이 말씀하고 있읍니다. "포도주는 거만케 하는 것이요 독주는 떠들게 하는 것이라 무릇 이에 미혹되는 자에게는 지혜가 없느니라"(잠언 20 : 1).

● 개심(改心)하려는 노력

어떤 사람들은 자신의 생(生)이 매우 죄악됨을 깨닫고는 스스로에게 "나는 개심할 것이다. 이제부터는 선하게 살아갈 것이다. 아마도 그러면 과거의 죄를 탕감할 수 있을 것이다"고 말합니다. 그러나 그가 어떻게 열심히 애를 쓰든지, 나머지 생애를 죄없이 살 수 있는 사람은 아무도 없읍니다. 설령 그가 그렇게 살 수 있다고 할지라도, 그것으로써는 과거의 죄를 탕감할 수 없읍니다.

● 종교적이 됨

많은 사람들이 그들의 죄가 용서받을 것이라는 소망으로 교회에 가고, 기도하며, 헌금을 내고, 여러 가지 종교적인 일을 합니다. 그러나 종교적이 됨으로써는 그들의 죄를 제거할 수 없으며, 사람을 내적으로 변화시키지도 못하는 것입니다.

우리가 지닌 문제들에 대한 하나님의 해결책

하나님은 우리의 문제들에 관한 모든 것을 알고 계십니다. 그분은 우리가 아는 것보다도 훨씬 더 그 문제들을 잘 알고 계십니다. 하나님은 또한 우리 스스로는 우리의 문제들을 해결할 수 없다는 사실도 알고 계십니다. 하나님은 우리가 지닌 문제들에 대한 해결책을 갖고 계십니다.

우리의 문제들에 대해서 하나님이 가진 해결책이란 무엇일까요? 하나님의 해결책은 하나님의 아들, 곧 주 예수 그리스도이십니다. 『예수』라는 이름은 "구주"를 의미합니다. 그분이 바로 우리를 구원하시는 유일한 구주이십니다.

성경은 "아버지가 아들을 세상의 구주로 보내셨다"(요한일서 4 : 14)라고 말씀하고 있읍니다.

● 깨달은 진리

우리가 지닌 문제들에 대한 하나님의 해결책은 하나님의 아들 예수 그리스도이시다.

□ 확인 질문

1 아담이 하나님께 불순종했을 때 어떻게 되었읍니까? ( )

(가) 즉시 육체적으로 죽었다

(나) 즉시 영적으로 죽었다

(다) 불행해졌다

2 영적으로 죽는다는 것은 무엇을 뜻합니까? ( )

(가) 즐거움을 잃는다는 것이다

(나) 죄가 있게 되는 것이다

(다) 하나님의 생명에서 단절되는 것이다.

3 아담의 죄와 불순종은 누구에게 영향을 끼쳤읍니까? ( )

(가) 아담 혼자에게만 영향을 끼쳤다

(나) 아담과 그의 자녀에게만 영향을 끼쳤다

(다) 전체 인류에게 영향을 끼쳤다

4 인간의 가장 깊은 욕구의 하나는 무엇입니까? ( )

(가) 자신이 가치 있는 어떤 존재라는 것을 느끼려는 욕구

(나) 성공하려는 욕구

(다) 돈을 많이 벌려는 욕구

5 죄가 무엇인지를 정의하기 위한 최선의 방법은 무엇입니까? ( )

(가) 죄에 대한 다른 사람들의 생각을 묻는 것이다

(나) 당신 자신의 생각과 견해를 표준으로 하는 것이다

(다) 하나님이 죄에 대하여 성경에 무엇이라고 말씀하셨는가를 보는 것이다

6 죄의 뿌리는 어디에 있읍니까? ( )

(가) 나쁜 생활 환경이다

(나) 자아, 즉 "내가 원하는 것을 하리라"고 말하는 우리의 죄악된 본성이다

(다) 다른 사람들이 우리를 대하는 방법이다

7 우리의 가장 깊은 욕구는 어떻게 충족될 수 있읍니까? ( )

(가) 돈으로 필요한 모든 것을 소유함으로써 충족된다

(나) 오직 하나님이 우리 안에 거하심으로써 충족될 수 있다

(다) 인생의 성공을 거둠으로써 충족될 수 있다

8 우리의 최대의 원수인 사단은 우리에게 어떻게 합니까? ( )

(가) 그가 할 수 있는 무슨 수단을 써서든지 우리를 파멸시키려고 한다

(나) 사실은 우리나 우리가 하는 일에 관심이 없다

(다) 우리가 종교적이 되지 못하도록 애쓴다

9 인간이 지닌 문제에 대한 하나님의 해결책은 무엇입니까? ( )

(가) 인간으로 하여금 좋은 느낌을 갖게 하는 종교이다

(나) 그분의 아들 주 예수 그리스도이다.

(다) 인간이 행복하고 성공하도록 돕는 것이다

10 성경은 하나님의 이름을 망령되이 일컫는 것은 무엇이라고 하였읍니까? ( )

(가) 하나님이 묵과치 않는 죄라고 하였다

(나)아무런 의미가 없이 했다면 괜찮다
(다)어떤 환경에서는 이해될 수 있다

● 당신이 이 장에서 배운 가장 중요한 교훈은 무엇입니까?

제 7 과

예수그리스도는 참으로 하나님이신가?

"크도다 경건의 비밀이여 그는 육신으로 나타난 바 되시고 …"(디모데전서 3 : 16).

성경은, 참되시고 살아계신 하나님이 한때 이 세상에 오사 여기서 인간으로 사셨던 것을 가르쳐 주고 있읍니다. 이 사실은, 지금까지 이 세상에 살아온 모든 사람들 가운데서 오직 한 분만이 사람인 동시에 하나님이시라는 것을 뜻합니다.

사람인 동시에 하나님이신 이 분은 누구일까요? 그분은 바로 예수 그리스도입니다.

예수께서는 많은 점에서 다른 모든 사람들과 구별되셨읍니다.

1 그분의 탄생은 초자연적이었다.
2 그분은 죄가 없는 삶을 사셨다.
3 그분은 자신이 하나님이시라고 말씀하셨다.
4 그분은 하나님이 어떤 분이신가를 우리에게 나타내셨다.
5 그분은 인간으로서는 결코 할 수 없는 일을 행하셨다.

예수 그리스도께서 하나님 되심을 알 수 있는 이러한 면들을 숙고해 보도록 합시다.

예수님의 탄생은 초자연적이었다

우리는 태어나면서 삶이 시작되지만, 예수님은 다르십니다. 그분의 삶은 탄생에서부터 시작된 것이 아닙니다. 그분의 삶에는 결코 시초(始初)라는 것이 없었으니, 이는 그분이 하나님이시기 때문입니다. 그러나 그분이 인간이 되셔서 이 세상에 거하셨던 때는 있었읍니다.

그리스도께서 이 세상에 태어나시기 수백 년 전에, 하나님은 선지자 이사야에게

"그 이름은 … 전능하신 하나님이라."

어느 날 기이한 아기가 태어날 것을 말씀하셨읍니다.
이사야는 다음과 같이 기록하였읍니다.
"이는 한 아기가 우리에게 났고 한 아들을 우리에게 주신 바 되었는데… 그 이름은 기묘자라 전능하신 하나님이라…"(이사야 9 : 6).

이 구절에서 우리는 이 기이한 아기가 "전능하신 하나님"이라 불리우게 될 것을 보게 됩니다. 우리의 구주로서 이 세상에 오신 그분은 하나님으로 불리우게 될 것입니다.

하나님은 이 세상에 오실 구주에 관한 특별한 징조를 주셨읍니다. 하나님은 그분의 탄생이 다른 어떤 인간의 출생과는 다를 것임을 말씀하셨읍니다. 그분은 동정녀에게서 나실 것이니, 즉 그분은 순결한 처녀에게서 탄생될 것이었읍니다.
이사야는 다음과 같이 기록하였읍니다.
"그러므로 주께서 친히 징조로 너희에게 주실 것이라 보라 처녀가 잉태하여 아들을 낳을 것이요 그 이름을 임마누엘이라 하리라"(이사야 7 : 14).

『임마누엘』이란 "하나님이 우리와 함께 하심"이란 뜻입니다. 우리는 이 아기가 보통 아기가 아니라는 것을 다시금 보게 됩니다. 즉, 그분은 우리와 함께 계시려고 오신 하나님이신 것입니다.

700 년이 넘도록 하나님의 백성들은 하나님이 언약하신 바로 이 구주를 바라보고 기다렸읍니다. 그러던 어느 날, 한 천사가 마리아라는 처녀에게 나타났읍니다. 그녀가 두려워하였으나, 천사는 다음과 같이 말했읍니다.
"마리아여 무서워 말라 네가 하나님께 은혜를 얻었느니라 보라 네가 수태하여 아들을 낳으리니 그 이름을 예수라 하라"(누가복음 1 : 30 - 31).

예수께서는 선지자가 말한 그대로 동정녀에게서 탄생하셨읍니다. 한 천사가 가까운 들에 있던 목자들에게 나타나서 그들에게 좋은 소식을 고하였읍니다.
"무서워 말라 보라 내가 온 백성에게 미칠 큰 기쁨의 좋은 소식을 너희에게 전하노라 오늘날 다윗의 동네에 너희를 위하여 구주가 나셨으니 곧 그리스도 주시니라"(누가복음 2 : 10 - 11).

성경은 예수님의 어린 시절에 관하여서는 우리에게 많은 것을 말해 주고 있지 않습니다. 단순히 "아기가 자라며 강하여지고 지혜가 충족하며 하나님의 은혜가 그 위에 있더라"(누가복음 2 : 40) 고만 말하고 있읍니다.

한 천사가 예수의 탄생을 알렸읍니다.

예수께서 30세가 되시자 공생애 사역을 시작하셨읍니다. 그분은 이 마을에서 저 마을로 다니면서 하나님의 진리를 가르치고 전파하셨읍니다. 예수께서는 사람들 가운데서도 가장 가난했던 분이셨읍니다. 그분은 돈이나 부(富)를 취해본 적이 없으셨읍니다.

예수께서는 다음과 같이 말씀하셨읍니다.

"여우도 굴이 있고 공중의 새도 집이 있으되 인자는 머리 둘 곳이 없도다"(누가복음 9 : 58).

● 예수께서는 죄가 없는 삶을 사셨다

예수께서는 죄가 없으시다는 점에서 이 땅에 살았던 그 누구와도 구별됩니다. 심지어 그분의 원수들조차 그분의 삶에서 도무지 그 어떤 죄도 지적할 수가 없었읍니다.

예수께서는 분명 우리와 같은 인간이시며, 우리가 유혹당하는 것과 같은 방식으로 유혹을 받으셨으나, 결코 죄를 범하지 않으셨읍니다. 성경은 그분에 관하여 이렇게 말씀합니다.

"모든 일에 우리와 한결같이 시험을 받은 자로되 죄는 없으시니라"(히브리서 4 : 15).

● 예수께서는 자신이 하나님이시라고 말씀하셨다

예수 그리스도에 관한 주목할 만한 사실 가운데 하나는, 그분이 하나님이심을 선포하신 일입니다. 예수께서는 "나와 아버지는 하나이니라"(요한복음 10 : 30)고 말씀하셨읍니다.

우리가 세상의 다양한 종교를 창시한 사람들의 생애를 읽는다면, 우리는 이들 가운데서 자신이 하나님이라고 선포한 사람은 한 사람도 없음을 알 수 있을 것입니다. 우리가 역사를 통하여 본다면 오직 한 사람만이 자신이 하나님인 것을 엄숙하게 선포했다는 것을 발견할 수 있읍니다. 바로 그분은 예수 그리스도이십니다. 그분은 담대하게 "나를 본 자는 아버지를 보았다"(요한복음 14 : 9)고 선언하셨읍니다.

● 예수께서는 하나님이 어떤 분이신가를 우리에게 나타내셨다

우리는 하나님이 어떤 분이신가 하고 상상할 필요가 없읍니다. 왜냐하면 하나님은 자신을 그 아들을 통하여 나타내셨기 때문입니다.

성경은 다음과 같이 말씀합니다.

"본래 하나님을 본 사람이 없으되 아버지 품 속에 있는 독생하신 하나님이 나타내셨느니라"(요한복음 1 : 18).

이 구절은 "이제껏 아무도 하나님을 본 사람이 없으되 예수께서 오셔서 그분이 우리에게 하나님이 어떠한 분이신가를 나타내셨다"고 말하고 있읍니다. 예수께서는, 하나님이 죄인들을 사랑하사 그들의 죄에서 그들을 구원하시길 원하고 계시다는 것을 우리에게 말씀하시고 나타내시기 위하여 세상에 오신 것입니다.

한번은 몇몇 종교 지도자들이 간음한 여인을 예수께 데리고 왔읍니다. 그들은 이

가련한 여인을 잡아서 예수의 발 아래 두고는 "선생이여 이 여자가 간음하다가 현장에서 잡혔나이다 모세는 율법에 이러한 여자를 죽기까지 돌로 치라 명하였거니와 선생은 어떻게 말하겠나이까?"라고 물었읍니다.

이들은 이 여인에게는 관심이 없었읍니다. 그들은 단순히 예수님을 곤란한 지경에 빠뜨릴 방법을 찾고 있었읍니다.
만약 예수께서 "그 여인을 돌로 치지 말라"고 하신다면 예수님은 모세의 율법을 거스리게 되는 것이요, 만약 예수께서 "그 여인을 죽이라"고 하신다면 로마 정부와 분란을 일으키게 될 것이었읍니다(사형은 로마 총독의 승인이 있어야 함).

예수께서는 즉시 그들에게 대답하지 않으셨읍니다. 무릎을 꿇고 앉아 모래에 어떤 글을 쓰기 시작했읍니다. 그들이 계속해서 질문을 하자, 예수께서는 일어나셔서 "너희 중에 죄 없는 자가 돌로 치라" 고 말씀하셨읍니다.

예수님의 말씀을 들은 자들은 양심의 가책을 받아 이른으로부터 시작하여 하나씩 하나씩 떠나갔읍니다. 마침내 예수님과 그 여인 외에 아무도 없게 되자, 예수께서 그 여자에게 "여자여 너를 고소하던 그들이

예수께서는 하나님이 죄인들을 사랑하고 계심을 나타내셨읍니다.

어디 있느냐? 너를 정죄한 자가 없느냐?" 고 말씀하셨읍니다.
여인이 "주여 없나이다"라고 대답하자, 예수께서는 "나도 너를 정죄하지 아니하노니 가서 다시는 죄를 범치 말라"고 하셨읍니다(요한복음 8:3-11).

우리는 예수께 나아갈 때 결코 두려워할 필요가 없읍니다. 예수께서는 어린 아이들을 사랑하셔서 그들을 팔에 안기도 하셨읍니다. 예수께서는 간음한 여인도 용서해 주셨읍니다. 예수께서는 "죄인들의 친구"이시며, 우리를 당신께 가까이 나아가도록 초대한 분이십니다.
예수께서는 이렇게 말씀하셨읍니다.
"내게 오는 자는 내가 결코 내어쫓지 아니하리라"(요한복음 6:37).

예수께서는 어떠한 사람도 행할 수 없는 일을 하셨다

주 예수께서는 하나님되심을 선포하셨을 뿐만 아니라, 권능을 행하심으로써 자신이 하나님이심을 나타내셨읍니다.

● 예수께서는 바람과 파도를 다스리는 능력을 가지셨다

한번은 예수께서 제자들과 함께 배를 타셨읍니다. 그분이 주무시는 동안 큰 광풍이 일어났읍니다. 제자들은 배가 가라앉아서 모두 죽게 될까 봐 두려워하였읍니다. 그들은 예수님을 깨우고 "주여 우리를 구원하소서 우리가 죽겠나이다!"라고 외쳤읍니다. 예수께서 바람과 바다를 꾸짖으시며 "고요하라, 잔잔하라"고 하시자, 바

람과 파도가 잔잔해졌읍니다. 제자들은 이를 기이히 여겨 "이 어떠한 사람이기에 바람과 바다도 순종하는고"(마태복음 8 : 27)라고 하였읍니다.

예수께서는 바람과 바다를 향해 명령하셨읍니다.

● 예수께서는 악령을 다스리는 능력을 가지셨다

악령들은 사단의 종입니다. 가끔 악령들은 사람에게 들어와서 무서운 일을 저질렀읍니다. 악령들은 예수님이 하나님의 아들이신 것을 인정하였읍니다. 예수께서 악령들에게 명하시면 그들은 예수께 순종하였읍니다. 사람들은 이것을 보고 놀라 다음과 같이 말했읍니다.

"이 어떠한 말씀인고 권세와 능력으로 더러운 귀신을 명하매 나가는도다" (누가복음 4 : 36).

● 예수께서는 모든 질병을 다스리는 능력을 가지셨다

그분은 장님의 눈을 뜨게 하셨고, 귀머거리가 듣게 하셨고, 다리를 저는 자는 다시금 걷게 하셨읍니다. 그분은 각색 질병을 다 고쳐 주셨읍니다.

성경은 다음과 같이 말씀합니다.

"각색 병으로 앓는 자 있는 사람들이 다 병인을 데리고 나아오매 예수께서 일일이 그 위에 손을 얹으사 고치시니"(누가복음 4 : 40).

● 예수께서는 사망을 다스리는 능력을 가지셨다

예수께서는 세 사람을 죽음에서 살리셨읍니다. 한번은 예수께서 나인성에서 나오는 사람들을 만나셨읍니다. 젊은이가 죽어서 그들은 시체를 무덤에 묻기 위해 들고 나가는 중이었읍니다. 그 청년은 외아들이었읍니다. 그의 어머니는 남편이 일찌기 죽고 없었는데, 이제는 그 아들마저 장례를 치르게 되었읍니다. 그 여인은 아들을 다시는 볼 수 없으리라 생각하여 울고 있었읍니다.

예수께서는 이 여인이 울고 있는 것을 보시고는 불쌍히 여기사 그 여인에게 울지 말라고 이르셨읍니다. 예수께서 죽은 청년에게 말씀하시기를 "청년아 내가 네게 말하노니 일어나라"(누가복음 7 : 14)

예수께서는 죽은 자들을 살리셨읍니다.

고 명하셨읍니다.
예수께서 이 말씀을 하시자마자 그 청년은 다시 살아났읍니다. 그는 일어나 앉아서 말을 하기 시작했읍니다. 예수께서는 그 청년을 그의 어머니에게 인도하셨읍니다.

예수님은 "하나님이 육체로 나타나신" 분이시다

예수께서는 어떤 사람도 할 수 없는 능력을 행하셨읍니다. 이러한 능력의 역사는 무엇을 입증합니까? 그것들은 예수께서 하나님이신 것을 증명해 줍니다.
"내가 아버지 안에 있고 아버지께서 내 안에 계심을 믿으라 그렇지 못하겠거든 행하는 그 일을 인하여 나를 믿으라"(요한복음 14 : 11).

예수님은 "사람이신 하나님"으로 일컬어져 왔읍니다. 그것은, 예수님은 참된 하나님이시요 참된 사람이시므로 그분에게는 적합한 이름이 되는 것입니다.
성경의 말씀은 다음과 같이 말씀합니다.
"크도다 경건의 비밀이여 그(하나님)는 육신으로 나타난 바 되시고…"(디모데전서 3 : 16).

예수께서는 죽음 후에 무슨 일이 일어나는지 우리에게 말씀해 주셨다

예수 그리스도는 하나님이시므로 그분이 하신 말씀마다 진실합니다. 그분의 말씀은 곧 하나님의 말씀입니다. 그분은 하나님이시므로 우리가 결코 알 수 없었던 일들을 우리에게 말씀해 주실 수가 있었읍니다.

예수께서는 우리가 죽은 후에 어떤 일이 발생하는지를 우리에게 가르쳐 주셨읍니다. 육체는 죽지만 영혼은 사는 것입니다. 우리는 다른 형태로 이생에 되돌아올 수 없읍니다. 즉, 우리는 언제나 우리 자신으로 존재하게 될 것입니다. 그러나 어느 날엔가는, 우리의 육체는 부활하여 영혼과 재결합하게 될 것이며, 우리는 천국이나 지옥 둘 중 하나에서 영원히 살게 될 것입니다.

성경은 그 날, 예수께서 하나님의 아들의 음성으로 말씀하실 것이며 죽었던 자들이 심판을 받기 위해 부활하게 될 것이라고 말씀합니다.
예수께서 다음과 같이 말씀하셨읍니다.
"진실로 진실로 너희에게 이르노니 죽은 자들이 하나님의 아들의 음성을 들을 때가 오나니 곧 이 때라 듣는 자는 살아나리라"(요한복음 5 : 25).

주 예수께서는 자신이 그 날 대 심판을 하게 될 것을 말씀하셨읍니다.

우리는 부활하여 심판을 받게 될 것입니다.

예수께서는 이렇게 말씀하셨읍니다.
"아버지께서 아무도 심판하지 아니하시고 심판을 다 아들에게 맡기셨으니 이는 모든 사람으로 아버지를 공경하는 것같이 아들을 공경하게 하려 하심이라 아들을 공경치 아니하는 자는 그를 보내신 아버지를 공경치 아니하느니라"(요한복음 5:22-23).

예수께서는 천국은 실재하는 장소라고 가르치셨읍니다. 그분은 천국을 "내 아버지의 집"이라고 부르셨읍니다. 천국은 하나님의 집이며 하나님을 사랑하고 그분께 경배하는 사람들의 집인 것입니다.
예수께서는 다음과 같이 말씀하셨읍니다.
"내 아버지 집에 거할 곳이 많도다 그렇지 않으면 너희에게 일렀으리라 내가 너희를 위하여 처소를 예비하러 가노니 가서 너희를 위하여 처소를 예비하면 내가 다시 와서 너희를 내게로 영접하여 나 있는 곳에 너희도 있게 하리라"(요한복음 14:2-3).

예수께서는 자신이 곧 천국에 이르는 길이며 하나님께 가는 길이라고 말씀하셨읍니다. 그분만이 유일한 길이십니다.
예수께서는 이렇게 말씀하셨읍니다.
"내가 곧 길이요 진리요 생명이니 나로 말미암지 않고는 아버지께로 올 자가 없느니라"(요한복음 14:6).

"내가 너희를 위하여 처소를 예비하러 가노니"(요한복음 14:2).

예수께서는 또한 지옥도 실재하는 장소임을 가르치셨읍니다. 사실 그분은 천국에 관해서보다는 지옥에 대하여 더 많은 것을 말씀하셨읍니다. 지옥이란 반역하고 불순종하는 자들이 영원히 거할 처소인 것입니다. 예수께서는 지옥을 "꺼지지 않는 불"(마가복음 9:43)로서 언급하셨읍니다.

예수께서는 자신을 믿으라고 우리에게 말씀하셨다

주 예수의 말씀과 가르치심을 공부할 때 우리는 그분이 거듭거듭 강조하셨던 한 가지 중심되는 사실이 있음을 발견합니다.
그것은 무엇입니까? 그것은 바로 우리가 예수 그리스도를 믿어야 한다는 것입니다.
예수께서는 다음과 같이 말씀하셨읍니다.
"너희는 마음에 근심하지 말라 하나님을 믿으니 또 나를 믿으라"(요한복음 14:1).

"나를 믿는 자는 영생을 가졌나니"(요한복음 6:47).

우리는 예수님이 하나님이신고로, 하나님으로서의 예수님을 믿어야 합니다. 예수를 믿음으로써 우리는 영생을 얻게 됩니다. 예수께서 이렇게 말씀하셨읍니다.

"진실로 진실로 너희에게 이르노니 믿는 자는 영생을 가졌나니"(요한복음 6 : 47).

우리는 우리의 죄로 인하여 십자가 위에 달리신 예수님을 믿어야 합니다.
예수께서는 다음과 같이 말씀하셨읍니다.
"모세가 광야에서 뱀을 든 것같이 인자도 들려야 하리니 이는 저를 믿는 자마다 영생을 얻게 하려 하심이니라" (요한복음 3 : 14-15).

거듭거듭 예수께서는 우리가 그분을 믿어야 할 것, 즉 그분(예수)이 구주이신 것과 하나님이신 것을 믿어야 할 것을 강조하셨읍니다.
성령의 오심에 관하여 예수님께서 말씀하셨읍니다.
"그가 와서 죄에 대하여…세상을 책망하시리라 죄에 대하여라 함은 저희가 나를 믿지 아니함이요"(요한복음 16 : 8-9).

예수를 믿지 않는 것이 우리가 범할 수 있는 가장 중대한 죄입니다. 주 예수께서는 이 땅에 살아 계실 때 유대인들에게 다음과 같이 하셨읍니다.
"너희가 만일 내가 그(약속된 구주)인 줄 믿지 아니하면 너희 죄 가운데서 죽으리라"(요한복음 8 : 24).

이 말씀은 우리에게도 마찬가지로 진리인 것입니다. 우리의 영원한 운명은 주 예수님을 믿느냐 안 믿느냐에 달려 있읍니다.
성경은 이렇게 말씀합니다.
"아들을 믿는 자는 영생이 있고 아들을 순종치 아니하는 자는 영생을 보지 못하고 도리어 하나님의 진노가 그 위에 머물러 있느니라"(요한복음 3 : 36).

우리는 제 8장에서 주 예수를 믿는다는 것이 무슨 의미인가를 더욱 잘 배우게 될 것입니다.

●깨달은 진리
예수 그리스도는 하나님이시다 !

□ 확인 질문

1 예수 그리스도는 어떤 점에서 다른 사람들과 다르십니까? ( )

(가) 다른 사람들보다 더 성공하셨다

(나) 다른 사람들보다 더 많은 추종자가 있었다

(다) 하나님이신 동시에 사람이시다

2 예수께서 탄생하셨을 때, 기적적인 아이였던 까닭은 무엇입니까? ( )

(가) 동정녀에게서 탄생하셨기 때문이다

(나) 매우 아름다운 아기였기 때문이다

(다) 사람인 어머니가 없으셨기 때문이다

3 예수 그리스도께서는 어떤 점에서 다른 사람과 구별됩니까? ( )

(가) 다른 사람보다 죄를 적게 지으셨다는 점에서 구별된다

(나) 우리처럼 유혹받지 않으신다는 점에서 구별된다

(다) 우리처럼 유혹을 받았지만 죄가 없으셨다는 점에서 구별된다.

4 역사를 훑어볼 때 우리는 어떤 사실을 발견하게 됩니까? ( )

(가) 많은 사람이 하나님이라고 엄숙히 선포한 사실

(나) 예수 그리스도는 자신이 하나님임을 엄숙히 선포한 유일한 사람이라는 사실

(다) 자신이 하나님이라고 엄숙히 선포한 사람이 없다는 사실

5 예수께서는 무엇으로 자신이 하나님이시라는 것을 나타내셨읍니까? ( )

(가) 많은 사람을 고치심으로

(나) 각색 병을 고치시고 세 사람을 죽음 가운데서 살리심으로

(다) 여러 가지 마술을 행하심으로

6 우리가 하나님이 어떤 분이신가를 가장 잘 이해할 수 있는 길은 무엇입니까? ( )

(가) 하나님이 어떤 분이신가를 종교 지도자들에게 물어 본다

(나) 하나님의 창조하신 일을 공부한다

(다) 예수의 어떠하심을 살펴본다

7 사후(死後)의 생(生)에 관하여 예수께서는 어떻게 말씀하셨읍니까? ( )

(가) 죽음이 모든 것의 끝이라고 하셨다

(나) 우리는 다른 형태로 이생에 다시 돌아온다고 하셨다

(다) 우리는 천국이나 지옥에서 영원히 살게 될 것이라고 하셨다

8 예수님의 말씀과 가르치신 것들을 공부할 때, 우리는 그분이 어떤 한 가지 사실을 강조하셨음을 발견하게 됩니까? ( )

(가) 우리가 그분을 믿어야 한다는 것

(나) 우리가 그분의 가르침에 의해서 살아야 한다는 것

(다) 우리가 천국에 가길 원한다면 선한 사람이 되어야 한다는 것

9 우리가 범할 수 있는 가장 심각한 죄는 무엇입니까? ( )

(가) 살인

(나) 예수님을 불신하는 죄

(다) 간음

10 제 4계명은 일 주일 중의 하루를 왜

구별하라고 가르치고 있읍니까? (　)

(가) 즐기기 위한 날이기 때문에

(나) 우리가 하고 싶은 것을 억제하는 하루가 필요하기 때문에

(다) 안식과 예배를 위한 날이기 때문에

● 당신이 이 장에서 배운 가장 중요한 교훈은 무엇입니까?

제 8 과

어떻게 해야 구원을 받는가?

"영접하는 자 곧 그 이름을 믿는 자들에게는 하나님의 자녀가 되는 권세를 주셨으니"(요한복음 1: 12).

사도 바울은 다음과 같이 구원의 멧세지를 전했읍니다. 즉, 그 내용은 "하나님께 대한 회개와 우리 주 예수 그리스도께 대한 믿음"(사도행전 20 : 21)이었읍니다.
앞의 7장에서 우리는 회개의 필요성과 중요성을 살펴보았읍니다. 그러나, 회개만으로는 구원을 받을 수 없읍니다. 우리는 주 예수 그리스도에 대하여 구원에 이르는 믿음을 발휘해야만 합니다.

"구원에 이르는 믿음"이란 무엇입니까? 구원에 이르는 믿음이란 **"하나님과 생생한 관계를 갖도록 하는 예수 그리스도에 대한 믿음"**입니다.
구원은 종교인이 되는 일도 아니고, 또 우리의 외적인 행위를 고치는 일도 아닙니다. 하나님은 우리가 그분의 아들과 생생한 관계를 갖기를 원하십니다. 성경은 "우리가… 그리스도와 함께 참예한 자가 되리라"(히브리서 3 : 14)고 말씀합니다. 이것은 정말 거듭난 사람은 그리스도와 같은 사람이라는 뜻입니다. 그래서 그리스도의 존재와 사역을 모두 공유하게 됩니다.
이것이 바로 구원입니다!

우리가 "믿음"과 "영접"이라는 두 가지 측면을 살펴보면, 구원에 이르는 믿음에는 어떤 요소가 포함되는가를 좀더 잘 이해하게 될 것입니다.
성경은 우리가 주 예수 그리스도를 믿어야 하고, 그분을 우리 구주와 주님으로

회개
"하나님이 … 이제는 어디든지 사람을 다 명하사 회개하라 하셨으니"(사도행전 17 : 30).

믿음
"주 예수를 믿으라 그리하면 너와 네 집이 구원을 얻으리라"(사도행전 16 : 31).

영접
"영접하는 자 곧 그 이름을 믿는 자들에게는 하나님의 자녀가 되는 권세를 주셨으니"(요한복음 1 : 12).

하나님은 우리에게 **회개하라, 믿으라, 영접하라** 고 말씀하십니다!

영접해야 한다고 말씀합니다.

주 예수 그리스도를 믿는다는 것은 무슨 의미인가?

사도행전 16장에는 바울과 실라가 빌립보에서 복음을 전하던 내용이 나옵니다. 그들은 어떤 여종에게서 악귀를 쫓아냈다는 이유로 투옥되었읍니다.

한밤중에 이 두 사람은 하나님께 찬송을 드리며 기도하였읍니다. 그 때 갑자기 큰 지진이 일어났읍니다. 감옥의 터가 흔들리고 옥문이 모두 열렸읍니다. 그리고 모든 죄수들의 착고도 저절로 풀려졌읍니다.

간수는 옥문이 열린 것을 보고 놀라 탈옥했을 것이라고 생각했읍니다. 그는 이런 경우에 담당 간수가 문책을 받아 사형을 당한다는 사실을 알고 있었읍니다.
그래서 그는 자결하기 위하여 칼을 빼었읍니다. 바로 그 때 그 광경을 본 바울은 큰 소리로 이렇게 외쳤읍니나.
"네 몸을 상하지 말라 우리가 다 여기 있노라"(사도행전 16 : 28).

바로 그 순간 그는 바울과 실라가 살아계신 하나님의 종임을 깨달았읍니다. 그는 등불을 가지고 떨면서 감옥에 들어와 바울과 실라 앞에 엎드려서 이렇게 말했읍니다.
"선생들아 내가 어떻게 하여야 구원을 얻으리이까"(사도행전 16 : 30).
그들은 이렇게 대답했읍니다.
"주 예수를 믿으라 그리하면 너와 네 집이 구원을 얻으리라"(사도행전 16 : 31).

주 예수를 믿는다는 것은 무슨 뜻입니까? 그것은 성경이 그분에 대하여 말씀한 것을 믿는다는 뜻입니다. 그분은 약속된 구주시며, 육신을 입고 나타난 하나님이십니다.

"주 예수를 믿으라 그리하면 너와 네 집이 구원을 얻으리라"(사도행전 16 : 31).

그분은 우리의 죄 때문에 죽었다가 다시 부활하셔서 우리의 구주가 되셨읍니다. 그리고 다시 하늘에 올라가셔서 지금은 하나님 아버지의 우편에 앉아 계십니다. 하나님은 그리스도에게 하늘과 땅의 모든 권세를 주셨읍니다.

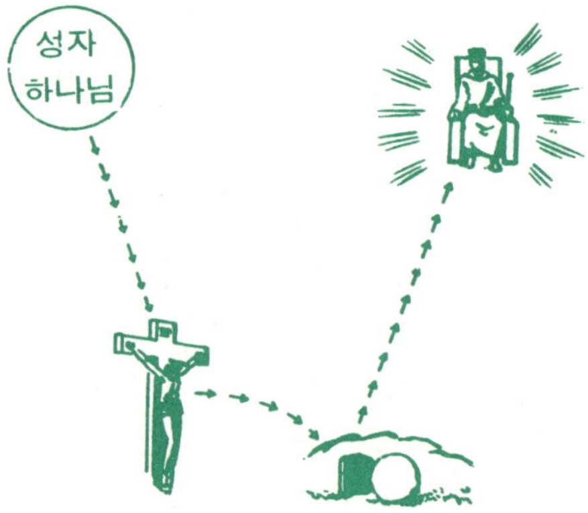

예수 그리스도는 만유의 주(主)십니다

부활 승천으로 인하여 높아지셨기 때문에 그리스도에게는 주(主)라는 호칭이 붙여졌읍니다. 신약에서 "구주"라는 말이 16번 언급되는 반면에, "주"라는 말은 522번이나 언급되고 있읍니다.
하나님은 우리가 예수 그리스도를 우리의 구주일 뿐만 아니라 **주**로 알기를 원하십니다.

"주"라는 말은 다음 세 가지 뜻을 지니고 있읍니다.
1 **권세** : 모든 권세가 예수 그리스도께 주어졌읍니다. 주 예수께서는 이렇게 말씀하셨읍니다.
"하늘과 땅의 모든 권세를 내게 주셨으니" (마태복음 28 : 18).

2 **소유권** : 주 예수께서 구원하신 사람들은 그분의 것입니다. 그분은 그들을 자신의 목숨을 주고 사셨읍니다. 성경은 이렇게 말씀합니다.
"너희는 너희의 것이 아니라 값으로 산 것이 되었으니…"(고린도전서 6 : 19 – 20).

3 **권위** : 권위는 복종을 받는 권리를 뜻합니다. 예수 그리스도는 우리의 주(主)이시므로 우리의 복종을 받으시기에 합당하십니다. 만일 우리가 그분에게 복종하지 않으려면 그분을 주(主)라고 부르지 말아야 합니다. 예수께서는 이렇게 말씀하셨읍니다.
"너희는 나를 불러 주여 주여 하면서도 어찌하여 나의 말하는 것을 행치 아니하느냐"(누가복음 6 : 46).

예수 그리스도를 믿는다는 것은 그분을 주(主)로 따를 분으로 믿는다는 것을 뜻합니다. 성경은 하나님이 예수 그리스도를 만유의 주(主)로 삼으셨다고 말씀합니다. 만일 그분이 만유의 주(主)이시면 당신이 따라야 할 주(主)가 되시는 것입니다.

예수 그리스도를 영접한다는 것은 무슨 의미인가?

구원은 단순히 예수 그리스도에 대한 어떤 사실들을 안다는 것이 아닙니다. 그것은 그분과 생생한 관계를 갖는 것입니다. 선교사 지도자인 룻 팩슨(Ruth Paxon)은 이런 말을 하곤 했읍니다.
"하나님의 자녀가 되기 위해서는, 믿어야 할 내용이 있고 영접해야 할 어떤 분이 계신다."
그 어떤 분이 바로 주 예수 그리스도이십니다.
하나님은 자신의 아들에게 육신을 입게 하셔서 우리에게 보내 주셨읍니다. 하나님은 이 기묘하신 분을 우리의 구주로 주셨읍니다. 성경은 이렇게 말씀합니다.
"하나님이 세상을 이처럼 사랑하사 독생자를 주셨으니 이는 누구든지 저를 믿는 자는 멸망치 않고 영생을 얻게 하려 하심이니라" (요한복음 3 : 16 / NIV).

하나님이 세상이라고 말씀하실 때 그것은 누구를 가리키는 말입니까? 그것은 세상의 모든 사람들을 말합니다. 즉, 당신을 비롯한 모든 사람들입니다.
하나님이 "누구든지"라고 말할 때는 그것은 누구를 가리키는 말입니까? 그것은 모든 사람을 뜻합니다. 즉, 당신을 비롯한 모든 사람들입니다. 이 성경 말씀의 "세상"이라는 말과 "누구든지"라는 말 대신에 당신의 이름을 넣어 볼 수 있습니다.

하나님이 〔　　　〕을(를) 사랑하사 독생자를 주셨으니 이는 〔　　　〕이(가) 멸망치 않고 영생을 얻게 하려 하심이라

빈 간에 당신의 이름을 적어 넣고 다시 한번 읽어 보십시오. 이 구절은 하나님이 당신을 너무 사랑하셔서 당신에게 한 선물을 주셨다고 말씀하고 있읍니다.

하나님의 선물은 무엇입니까? 당신에게 주신 하나님의 선물은 그분의 아들입니다. 하나님은 주 예수를 당신의 구주로 당신에게 선물하셨읍니다.

만일 어떤 사람이 당신에게 무엇을 선물하면 당신은 그것의 값을 치르겠읍니까? 아니, 그럴 필요가 없읍니다. 그 대가로 일하겠읍니까? 아니, 그럴 필요가 없읍니다.

그러나, 그 선물이 당신의 것이 되기 위하여 오직 한 가지 해야 할 일이 있읍니다. 당신이 그것을 가져야 합니다. 만일 그것을 갖지 않는다면 당신의 것이 될 수 없읍니다.

하나님은 자신의 아들 예수를 당신에게 선물로 주셨읍니다. 당신은 그분을 당신의 구주와 주(主)로 모셔야만 합니다. 당신이 이 일을 하면 하나님의 자녀가 됩니다. 성경은 이렇게 말씀합니다.

"영접하는 자 곧 그 이름을 믿는 자들에게는 하나님의 자녀가 되는 권세를 주셨으니"(요한복음 1 : 12).

"영접한다"는 말은 단순히 자기의 것을 삼는다는 뜻입니다. 주 예수를 당신의 구주로 삼는다는 것은 당신이 살아 있는 한 그분에게 경배하고 따르도록 당신 자신을 그분께 맡기는 것을 뜻합니다. 이것이 그분을 따른다는 것의 뜻입니다.

그리스도를 영접하는 것의 결정은 흡사 결혼하는 것과 같습니다. 청년은 젊은 숙녀에게 마음이 끌릴 수 있읍니다. 그는 아마 그녀에 대하여 많은 호감을 가질 수도 있읍니다. 그는 그녀가 좋은 아내와 동반자가 되리라고 생각할 수 있읍니다.

그러나, 이런 일들을 믿는다는 것만으로 그녀가 그의 아내가 되는 것은 아닙니다. 그가 그녀에게 자신을 맡기고 그녀가 그에게 자신을 맡기는 결혼이 이루어 졌을 때야 비로소 그는 "그녀는 내게 속했고 나는 그녀에게 속했다"고 말할 수 있을 것입니다.

주(主)를 영접하는 것은 그분을 사랑하고 순종하는 것을 포함합니다. 주께서는 우리 모두를 세밀하게 사랑해 주십니다. 그분의 우리에 대한 사랑은 너무나 커서 그분의 생명조차 우리를 위해서 바치셨읍니다. 그분은 우리를 그렇게 사랑하시기 때문에 우리 편에서도 그러한 사랑을 보일 때 만족해하십니다.

한번은 예수께서 이런 질문을 받으셨읍니다.

"…율법 중에 어느 계명이 크니이까?"

"네 마음을 다하고 목숨을 다하고 뜻을 다

하여 주 너의 하나님을 사랑하라 하셨으니 이것이 크고 첫째되는 계명이다"(마태복음 22 : 37-38).

우리는 주님의 이 말씀으로부터 제일 큰 계명이 마음과 목숨과 뜻을 다하여 주를 사랑하는 것임을 알 수 있읍니다.

하나님이 원하시는 사랑은 어떤 감정에 의존하는 것이 아니라, 우리 의지의 단호한 결단입니다. 우리는 하나님을 사랑하기로 결단할 수 있읍니다. 이것이 바로 그분이 원하시는 것입니다.

다윗은 하나님의 마음에 맞는 사람이었읍니다. 그 이유 중 하나는 다윗이 전심으로 하나님을 사랑하기로 결단했기 때문입니다. 그는 "여호와여 내가 주를 사랑하나이다"(시편 18 : 1)라고 말했읍니다. 우리도 또한 이러한 고백을 할 수 있어야 합니다.
우리의 마음을 하나님께로 고정시켜 "주여, 내가 마음을 다하여 주를 사랑하나이다"라고 고백해 봅시다.

만일 우리가 진실로 주를 사랑한다면 그분에게 순종해야 합니다. 그분에게 순종하지 않고 사랑할 수 있는 길은 없읍니다. 주 예수께서는 이렇게 말씀하셨읍니다.
"사람이 나를 사랑하면 내 말을 지키리니…"(요한복음 14 : 23).

예수 그리스도를 주(主)와 구주로 모시는 것은 단회적인 행동으로 끝나 버린 후에는 더이상 행동을 수반하지 않는 그런 것이 아닙니다. 우리는 그분을 사랑하고 순종하고 예배하기 위하여 우리의 주(主)로 삼는 것입니다. 그분이 우리 삶의 중심이 되십니다.
우리의 삶은 중심적인 그리스도를 지향하는 삶입니다. 더이상 우리 자신이 우리의 삶의 중심에 있지 않는 것입니다. 그리스도께서 우리의 삶의 새로운 중심이 되십니다. 우리는 더이상 우리 자신을 위하여 살지 않고 오직 그분만을 위하여 사는 것입니다.

당신이 그분을 주(主)로 모시든 모시지 않든 간에 중간 지대는 존재하지 않습니다. 당신은 그분을 주(主)로 모셨거나 아니면 배척한 상태 둘 중 하나입니다.
예수께서는 이렇게 말씀하셨읍니다.
"나와 함께 아니하는 자는 나를 반대하는 자요…"(마태복음 12 : 30).

당신 스스로에게 아래와 같은 질문을 던져 보십시오. 당신이 이 질문에 대하여 솔직히 "예"라는 답변이 나오면, 당신은 예수를 주(主)와 구주로 모신 것입니다.

- 아들을 내어주시기까지 나를 사랑하신 하나님의 위대한 사랑을 깨달았는가? **예 / 아니오**
- 나는 이 세상의 누구 혹은 무엇보다도 주 예수 그리스도를 더 사랑하기로 작정했는가? **예 / 아니오**
- 예수 그리스도를 너무나 사랑하기 때문에 그분을 나의 주로 모시기로 했는가? **예 / 아니오**
- 나는 나의 생명을 그분에게 기꺼이 맡겼는가? 나는 진정으로 "주여, 주께서 내게 가라고 하시는 곳에 가겠고, 주께서 내게 하라고 하시는 것을 하겠읍니다"고 말할 수 있는가? **예 / 아니오**

이제 당신은 자신을 주 예수 그리스도께 맡길 준비가 되었읍니까? 당신은, "나는 그분을 사랑하고 그분께 순종하고 어떤 희생을 치르고서라도 그분을 따르겠다"고 말할 수 있읍니까? 당신은 이제 이렇게 할 수 있읍니다.

이것은 당신과 주님 사이의 문제이기 때문에 당신이 잠시 홀로 있을 수 있는 조용한 장소를 찾을 필요가 있읍니다. 그래서 다음 부분을 읽기 전에 당신이 그리스도와 대화할 수 있는 조용한 곳을 찾으십시오.

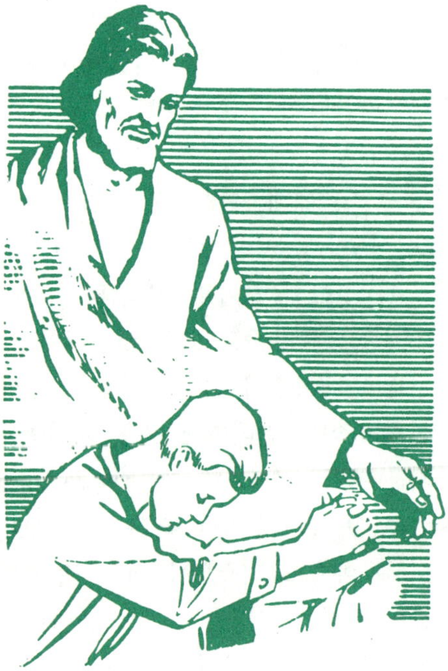

당신이 직접 주님께 이렇게 말씀드리십시오.
"주여, 주님은 하나님의 아들이시요, 나의 죄를 위하여 죽으신 분입니다. 주님의 사랑에 감사를 드립니다. 주님을 사랑합니다. 그리고 지금 주님을 저의 구주와 주(主)로 모십니다. 이제 주님만 사랑하고 순종하고 따르겠읍니다."
그런 다음 당신의 구원에 대하여 그분께 감사하십시오.

구원받을 수 없는 네 가지 변명들

사람을 구원에 이르지 못하게 하는 네 가지 변명들을 살펴봅시다.

1 "나 말고 다른 사람이겠지"

요한복음 3장 16절을 읽고 당신은 "그래, 좋은 말씀이지. 하지만 이것은 내게 한 말이 아니라 다른 사람들에게 한 것이겠지"라고 생각할 수 있읍니다.

그러나, 그것은 바로 당신 자신에게 한 말입니다. 성경에서 "하나님이 세상을 이처럼 사랑하사"라고 말씀할 때는 바로 당신을 향하여 말씀하시는 것입니다.

당신이 바로 세상에 처해 있는 사람입니다. 그리고 "누구든지 저를 믿는 자마다 멸망치 않고 영생을 얻으리로다"고 말할 때도 바로 당신을 지칭하는 것입니다. 하나님은 당신을 사랑하십니다. 그리고 당신을 위하여 자기 아들을 죽음에 내어 주셨읍니다. 그리고 당신이 그분을 당신의 구주와 주(主)로 영접하기를 촉구하고 계십니다.

2 "좀더 환경이 나아지면 믿겠다"

당신은 이렇게 말할지도 모르겠읍니다.
"나는 그리스도를 내 주(主)와 구주로 모셔야 함을 알고 있다. 그리고 진정 그리스도인이 되고 싶다. 그러나, 지금 이 환경 가운데서는 그리스도인이 될 수 없다고 생각한다."

그리스도를 구주로 영접하는 것은 마음의 변화입니다. 그리고 그것은 어떤 장소, 어떤 환경 가운데서도 가능합니다.

그리스도께서 당신을 구원하실 때 그분이 당신 가운데 들어와 사시게 됩니다. 그래서 당신이 어떤 환경 가운데서도 그분을 위하여 살도록 힘을 주십니다.

3 "꼭 예수만인가?"

하나님이 그리스도 안에서 놀라운 사랑을 예비하시고 모든 사람들에게 거저 주셨는데, 왜 모든 사람들이 그것을 듣지 않고 또 영접하지 않는가는 참으로 이해되지 않는 부분입니다.

하나님의 영생의 선물을 받지 못하도록 하는 것이 무엇입니까? 그것은 자존심입니다! 예수께서는 당시의 종교 지도자들에게 이렇게 말씀하셨읍니다.

"너희가 영생을 얻기 위하여 내게 오기를 원하지 아니하는도다"(요한복음 5 : 40).

구원을 얻기 위하여 주께 나오는 것은 겸손한 행위입니다. 거기에는 자존심이 버틸 여지가 없읍니다. 우리는 주 앞에서 우리의 죄와 우리의 무능력을 고백해야 합니다. 우리는 "주여, 저를 불쌍히 여기사 저를 구원해 주옵소서!"라고 말해야 합니다.

그런데도 사람들은 이런 방식으로 주께 나오려 하지 않고, 다른 방법을 모색하려 합니다. 그러나, 다른 길은 없읍니다. 주께서는 이렇게 말씀하셨읍니다.

"내가 곧 길이요 진리요 생명이니 나로 말미암지 않고는 아버지께로 올 자가 없느니라"(요한복음 14 : 6).

4 "나중에 믿어도 늦지 않다"

이 과를 읽고 당신은 죄사함을 받아야만 하고, 또 하나님과 바른 관계를 가져야 할 필요가 있음을 깨달았을 것입니다. 그러나, 이렇게 말할지도 모릅니다.

"지금은 말고 앞으로 어느 때에 그리스도를 구주로 영접하겠읍니다."

이런 변명은 영영 구원을 받지 못하게 되는 원인이 될 수 있읍니다. 이런 식으로 회피하다가 지옥에 떨어진 사람이 얼마나 많은지 모릅니다.

그들은 미래의 어느 때에 구원에 응답하려 했지만, 그들이 그렇게 할 때는 이미 너무 늦어버리게 됩니다. 성경은 이렇게 말씀합니다.

"너는 내일 일을 자랑하지 말라 하루 동안에 무슨 일이 날는지 네가 알 수 없음이니라"(잠언 27 : 1).

"그리스도를 영접해야 할지 말아야 할지 지금 마음을 정하고 있는 중입니다"라고 말하는 사람은, 지금 자기가 인생에서 가장 중요한 결단에 대하여 말하고 있다는 것을 알지 못하는 사람입니다.

예수를 주(主)와 구주로 영접하는 결정은 인생에서 가장 중요한 결정입니다. 왜냐하면 이 결정이야말로 그 사람의 영원한 운명을 결정짓기 때문입니다.

어떤 사람들은 구원을 받고자 노력하는 중인데, 주님 앞에 나오기 전에 어떤 죄를 해결하고 싶다고 말합니다. 이런 말은 중병에 걸린 사람이 "예, 저는 의사에게 가야 할 줄 알고 있읍니다. 그런데 그에게 가기 전에 좀 낫기를 기다립니다"고 말하는 사람과 똑같습니다.

예수께서는 바로 **지금** 나오라고 말씀하십니다. 예수께서는 우리를 죄에서 건져 주실 수 있으며, 또 죄의 권세에서 해방시켜 주실 수도 있읍니다.

그분은 능력 있는 구원자이십니다. 성경은 우리에게 **지금** 나오라고 말씀합니다.

"보라 **지금**은 은혜받을 만한 때요 **지금**은 구원의 날이로다"(고린도후서 6 : 2).

만일 하나님이 당신의 마음을 향하여 말씀하고 계시면 지금 즉시 예수께 나아가십시오! 그분께 이렇게 말씀드리십시오.

"주여, 주님의 말씀에 주께서 저를 사랑하시고 주께서 제 죄 때문에 죽으셨다고 씌어 있읍니다. 제가 바로 주님께서 이 땅에 오셔서 죽어야만 했던 바로 그 대상입니다.

주님의 말씀에, 만일 제가 주님을 저의 구주로 영접하면 저의 모든 죄를 사해 주시고, 또 저를 영원히 주님의 자녀로 삼으신다고 말씀하셨읍니다. 제가 지금 주님을 저의 구주와 주(主)로 영접합니다!"

● 깨달은 진리

하나님의 자녀가 되기 위하여 믿어야 할 어떤 내용이 있고 영접해야 할 어떤 분이 계신다.

□ 확인 질문

1 우리는 어떠할 때 구원을 받습니까? (   )

(가) 우리의 악습 일부를 고칠 때
(나) 하나님의 아들과 생생한 관계를 가질 때
(다) 좀더 종교적인 태도를 가질 때

2 어떻게 하면 예수 그리스도와 생생한 관계를 갖게 됩니까? (   )

(가) 그분을 믿고 영접할 때
(나) 교회에 나갈 때
(다) 성경에 있는 주요한 진리들을 배울 때

3 성경은 예수 그리스도의 어떤 면을 가장 강조합니까? (   )

(가) 지금까지 산 사람 중 가장 훌륭한 분이라는 것
(나) 우리의 뛰어난 모범이라는 것
(다) 우리의 주님이라는 것

4 신약성경에서 "주"(主)라는 말은 몇 번 언급됩니까? (   )

(가) 10번
(나) 122번
(다) 522번

5 "주"(主)라는 말은 무슨 뜻입니까? (   )

(가) 권세, 소유권, 권위
(나) 권세, 권위
(다) 권세, 소유권

6 계명 중에서 가장 큰 계명은 무엇입니까? (   )

(가) 십계명을 지키라
(나) 모든 힘을 다하여 하나님께 봉사하라
(다) 마음을 다하여 하나님을 사랑하라

7 주 예수를 영접한다는 말의 뜻은 무엇입니까? (   )

(가) 살아 있는 날 동안 그분께 복종하고 예배하고 사랑하는 데 뜻과 마음을 모두 바치는 것
(나) 그분이 만물의 주라는 것을 믿는 정도
(다) 교회에 나가서 종교 의식에 참여하는 것

8 성경은 다음 중 어떤 사실을 가르치고 있읍니까? (   )

(가) 하나님께 나아가는 길은 많이 있다
(나) 하나님께 나아가는 길은 오직 한 가지다
(다) 모든 사람들은 각기 자기 스스로 하나님께 나아가는 바른 길을 결정해야 한다

9 "나는 항상 기독교인이다"라고 말하는 사람은 다음의 내용 중 어떤 특성을 가집니까? (   )

(가) 하나님이 사람을 날 때부터 교인을 삼은 일이 없기 때문에 틀린 말이다
(나) 그는 기독교인의 부모를 두었기 때문에 다행이다
(다) 그는 특별한 경험을 가진 사람이다

10 탐욕이란 무엇입니까? (   )

(가) 다른 죄를 유발시키는 마음 속의 죄
(나) 아무도 모르는 한, 실제적인 죄는

아니다

(다) 성경에는 별로 큰 죄로 기록되어 있지 않다

● 당신이 이 장에서 배운 가장 중요한 교훈은 무엇입니까?

제 9 과

어떻게 구원을 확신할 수 있는가?

"내가 하나님의 아들의 이름을 믿는 너희에게 이것을 쓴 것은 너희로 하여금 너희에게 영생이 있음을 알게 하려 함이라"(요한일서 5 : 13).

새로 태어난다는 것은 사람이 그리스도를 그의 구주로 믿었을 때 일어나는 하나님의 기적입니다. 간단히 말해서, 하나님의 큰 구원에는 다음과 같은 네 가지 필수적인 요소들이 있습니다.

1 그리스도의 사역

그리스도께서 죽으셨다가 부활하심으로써 그분은 우리를 위한 구속(救贖)의 사역을 완성하셨읍니다. 그리스도의 사역은 흠이 없고 완전하며, 그분의 사역으로 인해서 하나님은 우리의 죄를 용서하실 수 있는 것입니다.

2 하나님의 말씀

하나님은 말씀으로 그리스도가 우리를 위해서 이루어 놓으신 일을 가르쳐 주셨읍니다. 그리스도께서 하신 일은 사실이고 참되며, 하나님의 말씀 역시 사실이고 참됩니다.

3 하나님의 말씀에 대한 우리의 믿음

우리가 하나님의 말씀을 믿을 때, 우리는 그리스도의 사역으로 인한 모든 유익을 받게 됩니다. 하나님의 말씀을 믿는다는 것은, 하나님께서 성경을 통해 말씀하신 것을 가감하지 않고 믿는다는 것을 뜻합니다. 만약 우리가 하나님의 말씀을 믿지 않는다면, 아무것도 받지 못할 것입니다.

하나님은 우리를 전적으로 조건없이 용서해 주십니다

4 성령의 사역

우리가 하나님의 말씀을 믿을 때, 성령은 그리스도께서 우리를 위해서 이루어 놓으신 일이 우리 안에서 실현되게 하십니다. 우리의 죄는 용서받게 되며, 우리는 거듭나게 됩니다. 성경은 다음과 같이 말씀합니다.

"너희가 거듭난 것이 썩어질 씨로 된 것이 아니요 썩지 아니할 씨로 된 것이니 하나님의 살아 있고 항상 있는 말씀으로 되었느니라"(베드로전서 1 : 23).

그리스도께서 하신 일은 흠이 없고 완전하며, 우리에 대한 하나님의 사랑은 그처럼 크시기 때문에, 하나님은 우리를 전적으로 그리고 조건없이 용서해 주십니다. 하나님은 우리의 죄를 다시는 기억조차 아니하실 것이라고 말씀하셨읍니다. 하나님은 성경을 통하여 다음과 같이 말씀하십니다.

"저희 죄와 저희 불법을 내가 다시 기억지 아니하리라"(히브리서 10 : 17).

우리가 구원받은 것을 어떻게 알 수 있는가?

어떤 사람이 거듭나게 되면, 그는 하나님의 자녀가 되는 것입니다. 그의 죄를 용서받고 하나님의 진노로부터 구원받게 되는 것입니다. 하나님은 그분의 모든 자녀들이 자기가 하나님의 자녀라는 것과 자신이 영생을 가졌다는 것을 확신하기를 바라십니다.

이 장에서 우리는, 하나님이 우리를 구원하시고 영원히 그분의 자녀로 삼으셨다는 것을 알 수 있는 세 가지 방법에 대해서 살펴보려고 합니다.

1 하나님의 말씀으로 구원받았음을 안다

우리가 구원받았다는 것을 아는 한 가지 방법은, 성령으로 말미암아 우리 안에 실현된 하나님의 말씀에 의해서입니다. 우리가 성경의 일부분을 읽거나 들을 때 갑자기, 마치 하나님이 우리에게 직접 말씀하시는 것처럼 여겨지는 것입니다.

우리는 그리스도께서 이미 죄의 삯을 지불하셨음을 압니다. 또 우리는 그리스도 안에서 우리의 죄가 사함을 받았다는 사실을 압니다.

일어난 일은 단순히 이런 것입니다. 즉, 성령께서 하나님의 말씀이 우리 안에서 실현되도록 역사하셨다는 것입니다. 성령께서는 우리를 구원하실 때 하나님의 말씀을 사용하시며, 또한 우리가 구원받은 후에 하나님의 말씀을 사용하셔서 구원의 확신을 우리에게 심어 주십니다.

우리가 영생을 가졌다는 것을 알 수 있게 해 주는 많은 성구(聖句)들이 있읍니다. 사도 요한은 이렇게 기록했읍니다.

"또 증거는 이것이니 하나님이 우리에게 영생을 주신 것과 이 생명이 그의 아들 안에 있는 그것이니라 아들이 있는 자에게는 생명이 있고 하나님의 아들이 없는 자에게는 생명이 없느니라"(요한일서 5 : 11-12).

이 하나님의 말씀은 주 예수가 있는 자

는 누구에게든지 영생이 있으며, 그분이 없는 자는 누구나 영생이 없다는 사실을 우리에게 가르쳐 주고 있읍니다.

성령은 하나님의 말씀을 사용하셔서 우리가 구원 받았다는 것을 우리에게 알리십니다.

우리의 믿음의 확실한 근거는 하나님의 말씀에 있는 것이지 우리의 감정이나 경험에 있는 것이 아닙니다. 어떤 사람들은 하나님의 말씀을 추구하지 않고 안락과 기쁨의 감정만을 추구합니다.
어떤 이는 "구원받을 때 행복한 느낌을 갖지 않을까요?"라고 묻습니다. 그에 대한 대답은 분명히 "그렇습니다"이지만, 우리는 우리의 감정으로 구원받는 것이 아닙니다. 즉, 우리는 하나님의 말씀을 믿음으로 구원받는 것입니다.
우리는 우선 하나님의 말씀을 믿어야 하고, 그런 다음 기쁨이나 행복감을 느끼게 될 것입니다. 성경은 다음과 같이 말씀합니다.
"소망의 하나님이 모든 기쁨과 평강을 믿음 안에서 너희에게 충만케 하사…"(로마서 15 : 13).

어떤 부인이 소녀에게 구원의 길에 대하여 하나님의 말씀을 사용해서 설명하고 있었읍니다. 그 소녀는 혼란해졌읍니다.

소녀는 "나는 어떤 느낌이나 빛이 확 비추이거나 어떤 놀라운 일이 일어나야 된다고 생각했어요"라고 말했읍니다.

그 부인은 손으로 성경을 가리키면서 "여기에 네가 필요로 하는 모든 빛이 있단다"라고 말해 주었읍니다.

소녀는 하나님의 말씀을 통하여 믿음을 얻고서 그녀가 소망했던 평강과 기쁨을 발견하였읍니다.

구원에 대한 우리의 확신은 항상 하나님의 말씀에 기반을 둔 것이어야만 하지, 우리의 감정에 기반을 둔 것이어서는 안 됩니다. 대부분의 그리스도인들이 구원을 얻고 큰 기쁨을 경험하지만, 보통 시간이 지남에 따라 이러한 기쁨은 희미해지며, 심지어는 사라지기조차 합니다.
그렇다면 이것은 신자가 구원을 잃었다는 의미입니까? 전혀 그렇지 않습니다. 그는 단순히 첫 순간에 경험했던 기쁨을 잃었을 뿐입니다.

만약 내가 값진 금반지를 놓아 둔 곳을 몰랐는데, 그 후에 어느 날 그 반지를 찾았다고 상상해 보십시오. 나는 그 금반지를 찾게 되어 크게 기뻐할 것입니다. 그러나, 며칠이 지나면 그 기쁨은 조금씩 줄어들 것이고 조만간에 그 기쁨은 완전히 사라지게 될 것입니다. 그래도 내게는 여전히 그 금반지가 있는 것입니다.

우리의 구원도 마찬가지입니다. 우리가 처음에 느꼈던 기쁨은 희미해지거나 심지어 사라질지라도, 우리는 여전히 그리스도를 소유하고 있읍니다. 우리의 감정과는 상관없이 하나님의 말씀이 "아들이 있는 자에게는 영생이 있다"고 하셨기 때문에, 우리가 구원받은 줄을 아는 것입니다.

2 성령의 증거로 구원받았음을 안다

어떤 사람이 하나님의 자녀가 되면 성령께서는 그의 안에 내주(內住)하십니다. 성경은 다음과 같이 말씀합니다.
"너희가 아들인고로 하나님이 그 아들의 영을 우리 마음 가운데 보내사 아바 아버지라 부르게 하셨느니라"(갈라디아서 4 : 6).

성령을 보내셔서 우리 안에 거하게 하심으로써 하나님은 우리가 그분의 자녀된 것을 우리에게 증거하셨읍니다. 하나님의 자녀마다 그 안에는 성령이 거하고 계십니다. 만약 우리 안에 성령이 안 계신다면 우리는 하나님의 자녀가 아닌 것입니다. 성경은 이렇게 말씀합니다.

"누구든지 그리스도의 영(성령)이 없으면 그리스도의 사람이 아니라"(로마서 8 : 9).

성령께서 우리 안에서 행하시는 일 중의 하나는 우리가 하나님의 자녀임을 "증거하는"일입니다. 즉, 이 말은 성령께서 "하나님은 우리의 아버지시며 우리는 그분의 자녀임"을 내적으로 우리에게 확신시키는 것을 뜻합니다. 성경은 다음과 같이 말씀합니다.
"성령이 친히 우리 영으로 더불어 우리가 하나님의 자녀인 것을 증거하시나니"(로마서 8 : 16).

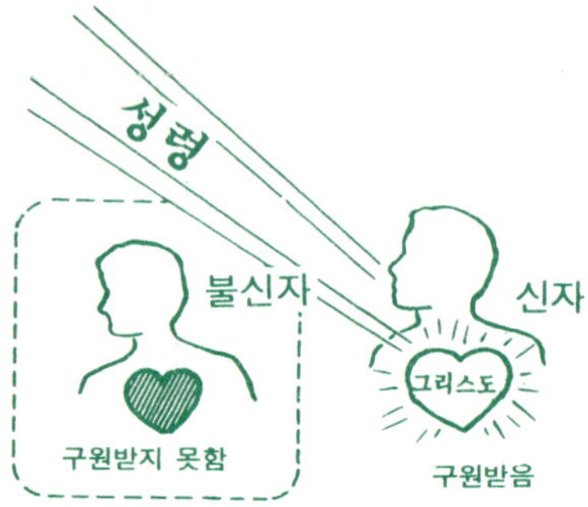

성령은 우리 영으로 더불어 우리가 하나님의 자녀인 것을 증거하십니다.

3 우리의 삶이 변화된 것을 인하여 구원받았음을 안다

우리가 그리스도를 우리의 구주로 믿을 때 우리의 삶 가운데는 많은 변화가 일어나게 됩니다. 이러한 변화는 너무도 위대하기 때문에, 그리스도인은 "그리스도 안에 있는 새로운 피조물"로 묘사되고 있읍니다. 성경은 다음과 같이 말씀하고 있읍니다.
"그런즉 누구든지 그리스도 안에 있으면 새로운 피조물이라 이전 것은 지나갔으니 보라 새것이 되었도다"(고린도후서 5 : 17).

우리는 새로운 욕구를 가지게 됩니다. 과거에 우리는 주님의 일에는 관심이 없었으나, 이제는 그분을 사랑하기 시작합니다.
성경은 우리에게 새로운 책이 되었읍니다. 우리는 하나님의 말씀을 알려고 하고 이해하길 원합니다. 우리는 기도를 통하여 하나님과 대화하기 시작합니다.
우리는 새로운 사랑을 가졌는데, 이 사랑은 다름 아닌 우리 마음 안에 있는 하나님의 사랑입니다. 성경은 이렇게 말씀합니다.
"우리에게 주신 성령으로 말미암아 하나님의 사랑이 우리 마음에 부은 바 됨이니"(로마서 5 : 5).

우리 마음 가운데 하나님의 사랑이 있기 때문에 우리는 구원받지 못한 친척들과 친구들을 염려하게 될 것입니다. 우리는 그들이 그리스도를 구주로 영접하게 되기를 간절히 바랄 것이며, 다른 그리스도인들에 대해서는 특별한 사랑을 품게 될 것입니다. 이것이, 우리가 참으로 거듭났다는 것을 아는 하나의 방법인 것입니다.
성경은 다음과 같이 말씀합니다.
"우리가 형제를 사랑함으로 사망에서 옮겨 생명으로 들어간 줄을 알거니와"(요한일서 3 : 14).

신자는 그리스도 안에 있는 새로운 피조물이다.

우리는 이제 새로운 마음 자세를 가지게 됩니다. 예전에 우리는 하나님을 사랑하지도 않았으며, 그분께 순종하지도 않았습니다. 이제는 하나님을 사랑하고 그분의 뜻대로 행하고 있읍니다.

우리의 환경이 변하지 않았음에도 불구하고 우리 자신은 변화되었음을 발견하게 됩니다. 이러한 변화가 하룻밤 사이에 일어날 수는 없지만 거듭난 사람의 삶 가운데서 분명하게 발생합니다. 그러한 변화는 그리스도께서 우리 안에 살아계시기 때문에 일어납니다.
그리스도 자신은 하늘에 계시지만, 그분의 영(Spirit)으로써 우리 안에 거하십니다.
성경은 다음과 같이 말씀합니다.
"예수 그리스도께서 너희 안에 계신 줄을 너희가 스스로 알지 못하느냐 그렇지 않으면 너희가 버리운 자(참 신자가 아닌 자)니라"(고린도후서 13 : 5).

순종은 확신을 낳는다

갓 그리스도인이 된 사람은 아직 하나님의 말씀을 많이 알지 못하며 하나님이 자신에게 무엇을 원하실지를 모르지만, 하나님께 순종하기를 원할 것입니다. 어떤 사람이 참으로 거듭났다면, 그의 삶은 주님께 순종하는 삶으로써 특징지워질 것입니다.
성경은 다음과 같이 말씀합니다.
"우리가 그의 계명을 지키면 이로써 우리가 저를 아는 줄로 알 것이요"(요한일서 2 : 3).

하나님의 말씀은 즐겨 순종하지 않는 자에게는 확신을 불어 넣어 주지 않습니다.
유명한 복음 전도자 무디(D. L. Moody)

는 다음과 같이 말했읍니다.
"확신이 없는 두 부류의 사람들이 있는데, 교회에 다니지만 성령으로 거듭나지 않은 회개치 않은 사람들과, 하나님께 즐겨 순종치 않는 사람들이 있다."

나는 한 사람의 신자(信者)로서 내가 아는 하나님의 뜻을 행할 의무가 있읍니다. 이제 우리는 마땅히 주님께 순종해야 하는 여러 가지 점들에 대하여 살펴봅시다.

● 사람 앞에서 주님을 고백함으로써 주님께 순종해야 한다

일단 어떤 사람이 예수를 믿게 되었으면, 그는 여러 사람 앞에서 예수를 주(主)로 고백해야 합니다. 하나님의 말씀은 우리가 마음으로 믿을 뿐만 아니라 입술로 고백해야 한다는 것을 가르치고 있읍니다.
"네가 만일 네 입으로 예수를 주로 시인하며 또 하나님께서 그를 죽은 자 가운데서 살리신 것을 네 마음에 믿으면 구원을 얻으리니 사람이 마음으로 믿어 의에 이르고 입으로 시인(고백)하여 구원에 이르느니라"(로마서 10:9-10).

그리스도를 "시인"(고백)한다는 것은 당신이 그리스도를 당신의 구주요 주님으로 받아들였음을 친구들과 친척들과 다른 사람들에게 말하는 것을 의미합니다. 우리는 그처럼 은혜롭게 우리를 구원하신 그분을 시인(고백)하는 것을 결코 부끄러워해서는 안 됩니다. 부끄러워 해야 할 사람들은 세상 사람들이지 신자들이 아닙니다.
세상 사람들은 여전히 죄 아래 있고 죄의 노예로 있으나, 우리는 그러한 데서 구원함을 받았읍니다. 우리가 주와 함께 영원히 살게 될 것을 소망할 수 있는 동안, 그들은 영원한 형벌을 향하고 있는 것입니다. 그러므로, 부끄러워해야 할 자는 우리가 아니라 그들입니다.

만약 우리가 사람들 앞에서 주 예수를 시인하면, 그분도 하늘에 계신 그분의 아버지 앞에서 우리를 시인하실 것이나, 만약 우리가 사람 앞에서 그분을 부인하면, 그분도 하나님 앞에서 우리를 부인하실 것입니다. 예수께서는 다음과 같이 말씀하셨읍니다.
"누구든지 사람 앞에서 나를 시인하면 나도 하늘에 계신 내 아버지 앞에서 저를 시인할 것이요 누구든지 사람 앞에서 나를 부인하면 나도 하늘에 계신 내 아버지 앞에서 저를 부인하리라"(마태복음 10:32-33).

우리는 구원받는 길을 다른 사람들과 함께 나누어야 합니다. 이 길을 듣지 못한 수많은 사람들이 이를 모르는 탓으로 이 길을 잃었읍니다. 어떻게 그들이 구원받을 수 있는지를 그들에게 개인적으로 명백하게 가르쳐 준 사람이 아무도 없었기 때문입니다.
우리는 "그리스도께서 나의 죄를 용서하시고 내게 영생을 주셨읍니다. 그분은 당신에게도 같은 일을 하실 것입니다. 내가 가르쳐 드릴까요?"하고 말할 용기가 있어야 합니다. 구원받은 사람마다 주님의 증인으로 간주되고 있읍니다. 성경은 다음과 같이 말씀합니다.

"여호와께 구속함을 받은 자는 이같이 말할지어다 여호와께서 대적의 손에서 저희를 구속하사"(시편 107 : 2).

● 밥티스마*를 받음으로 주님께 순종해야 한다

신자들이 그리스도를 믿는 믿음을 고백하는 한 가지 길은 밥티스마를 받는 것입니다. 주 예수께서는 제자들에게 명하사 진실하게 그분을 믿는 자들에게 밥티스마를 베풀도록 하셨읍니다. 예수께서는 이렇게 말씀하셨읍니다.

"그러므로 너희는 가서 모든 족속으로 제자를 삼아 아버지와 아들과 성령의 이름으로(나를 믿는 자들에게) 세례를 주고"(마태복음 28 : 19).

밥티스마란 무엇입니까? 밥티스마는 그리스도의 죽으심과 장사지낸 바 되심과 부활하심에 우리가 연합하는 것을 표시하는 하나의 의식입니다.

주 예수께서는 그분을 믿는 사람은 모두 밥티스마를 받도록 명하셨읍니다. 밥티스마를 받음으로써 주 예수 그리스도께 속하였음을 공적으로 고백하는 것이 됩니다.

그러나, 우리는 밥티스마 자체가 사람을 구원하지는 못한다는 사실을 이해해야 합니다. 밥티스마란 어떤 사람이 그리스도를 그의 구주로 믿게 되었다는 사실에 대한 단순한 공적 표시일 뿐입니다. 이미 구원받은 사람들만이 밥티스마를 받아야 합니다.

● 예배드림으로써 주님께 순종해야 한다

주 예수께서 세상에 계실 때 자신의 교회를 세울 것에 대하여 말씀하셨읍니다. 예수께서는 이렇게 말씀하셨읍니다.

"내 교회를 세우리니 음부의 권세가 이기지 못하리라"(마태복음 16 : 18).

예수께서 말씀하신 교회란 하나의 건물이 아니라 사람들입니다. 교회는 인종이나 문화와 관계없이 주 예수 그리스도 안에서 거듭난 모든 신자들로 구성됩니다. 하나의 참된 교회의 구성원(지체)들은 전 세계에 걸쳐 흩어져 있읍니다.

이들 신자(信者)들 모두가 한 장소를 정해 함께 모이는 것은 불가능하지만, 한 지역에서 정규적으로 모여서 주님께 예배를 드리고 서로의 교제를 나누는 일은 가능합니다. 이러한 모임을 "지역 교회"라 합니다.

모든 신자가 성경을 믿는 지역 교회의 일원이 되고 거기서 교회를 신실하게 받드는 것이 하나님의 뜻입니다. 어떤 지역(예를 들면, 북한)에는 조직된 교회가 없읍니다. 그런 경우 신자들은 다른 신자들을 찾아서 그들과 함께 모여야 합니다. 만약 두세 명의 신자들만이라 해도 예수의 이름 안에서 함께 모인다면, 그들은 주께서 그들과 함께 계심을 확신할 수 있읍니다. 예수께서 말씀하셨읍니다.

"두세 사람이 내 이름으로 모인 곳에는 나도 그들 중에 있느니라"(마태복음 18 : 20).

신자들이 함께 모여 주님께 예배하는 방법 중의 한 가지는 "성찬식"에 참여하는 것입니다. 주 예수께서는 자신이 우리를 위하여 십자가 위에서 죽으신 것을 우리로 하여금 기억(기념)케 하시려고 이 의식을 제정하셨읍니다.

성찬식을 거행할 때에 신자들은 자신들을 위해 흘리신 그리스도의 피를 상징하는 잔을 마시고, 우리를 위해 찢기신 그분의 몸을 상징하는 떡을 떼어 먹습니다. 우리는 이 잔과 떡을 나눔으로써 그리스도께서 우리의 죄를 위하여 죽으셨기 때문에 우리가 구원받았다는 것을 새로이 상기하게 되는 것입니다.

또한 우리는 예수께서 우리를 자신과 함께 있게 하시려고 우리를 데리러 다시 오실 그 때를 바라보는 것입니다. 성경은 이렇게 말씀합니다.
"너희가 이 떡을 먹으며 이 잔을 마실 때마다 주의 죽으심을 오실 때까지 전하는 것이니라"(고린도전서 11 : 26).

어떤 신자들은 지역 교회가 불완전한 것을 보고서 성찬식을 거부합니다. 이것은 중대한 잘못입니다. 어떤 지역 교회든지 불완전한 사람들로 구성되어 있기 때문에, 교회는 완전하지는 못하나 하나님이 이 땅에서 그분의 일을 성취하시려고 택하신 그릇입니다.
그러므로 우리는 지역 교회에서 다른 신자들과 함께 모이는 것을 결코 소홀히 해서는 안 됩니다. 성경은 다음과 같이 말씀합니다.
"모이기를 폐하는 어떤 사람들의 습관과 같이 하지 말고…"(히브리서 10 : 25).

말세에는 사람들이 "쾌락을 사랑하기를 하나님 사랑하는 것보다 더하게" 되리라고 성경은 우리에게 말씀합니다(디모데후서 3 : 4). 하나님의 백성들이 덧없는 이 세상 쾌락을 좇느라 지역 교회에서의 자신의 위치를 망각하는 것은 얼마나 슬픈 일입니까!

우리는 결코 지교회를 소홀히 해서는 안 됩니다.

● 주님을 섬김으로써 주님께 순종해야 한다

우리가 그리스도를 구주로서 받아들이는 그 순간에 그리스도인으로서의 삶이 시작됩니다. 우리는 구원 이후의 우리의 행실로 인하여 장차 심판을 받게 될 것이므로 그리스도인으로서 우리의 삶을 살아나가는 방식은 대단히 중요합니다. 성경은 이렇게 말씀합니다.
"이러므로 우리 각인이 자기 일을 하나님께 직고하리라"(로마서 14 : 12).

하나님은 개개 신자의 삶에 대한 계획을 갖고 계십니다. 하나님의 계획에는 우리가 행하도록 정하신 선한 일들이 포함되어 있읍니다. 우리는 우리가 행한 선한 일들로 말미암아 구원받는 것이 아니라,

선한 일들을 행하기 위하여 구원받은 것입니다. 성경은 이렇게 말씀합니다.
"우리는 그의 만드신 바라 그리스도 예수 안에서 선한 일을 위하여 지으심을 받은 자니 이 일은 하나님이 전에 예비하사 우리로 그 가운데서 행하게 하려 하심이니라"(에베소서 2:10).

당신은 어떤 일을 훌륭하게 한 대가로 상을 받아 본 적이 있습니까? 하나님은 주 예수를 신실하게 섬기는 자신의 자녀들에게 상 주실 것을 약속하셨읍니다. 사도 바울은 그리스도의 신실한 종이었으므로, 하나님의 상을 바라보았읍니다. 바울은 이렇게 기록하였읍니다.
"내가 선한 싸움을 싸우고 나의 달려갈 길을 마치고 믿음을 지켰으니 이제 후로는 나를 위하여 의의 면류관이 예비되었으므로 주 곧 의로우신 재판장이 그 날에 내게 주실 것이니…"(디모데후서 4:7-8).

● 환경의 좋고 나쁨을 불문하고 주님께 순종해야 한다

주 예수께서는 그분을 따르는 자들이 이 생에서 편하게 지낼 것이라고는 결코 약속하지 않으셨읍니다. 이와 반대로, 우리가 어려움과 시험을 예상해야 될 것을 말씀하셨읍니다. 예수께서 이렇게 말씀하셨읍니다.
"세상에서는 너희가 환난을 당하나 담대하라 내가 세상을 이기었노라"(요한복음 16:33).

우리는 주 예수의 종들이며, 종들은 그 주인보다 크지 못합니다. 그런고로, 우리는 주님께서 핍박을 받으셨으므로 우리 또한 핍박받으리라는 것을 예상할 수 있읍니다. 예수께서는 다음과 같이 말씀하셨읍니다.
"내가 너희더러 종이 주인보다 더크지못하다 한 말을 기억하라 사람들이 나를 핍박하였은즉 너희도 핍박할 터이요…"(요한복음 15:20).

요즈음은 그리스도인들이 결코 예전처럼 핍박당하지는 않습니다. 이 점은 교회 역사상 다른 어느 시대보다도 지난 50년간 그리스도인들이 그리스도를 위해 진력해서 사는 자세를 보이지 않았다는 것을 뜻합니다.

우리는 그리스도를 위해 사는 것을 그만두도록 요구당할 수도 있고 요구당하지 않을 수도 있지만, 만약 우리가 주님을 위해 살아가고 있다면, 어떤 형태로든 핍박을 당하게 될 것입니다.
성경은 "무릇 그리스도 예수 안에서 경건하게 살고자 하는 자는 핍박을 받으리라"고 말씀합니다(디모데후서 3:12). 우리는 무슨 일을 만나든지 주 예수께 신실해야 합니다. 예수께서는 이렇게 말씀하셨읍니다.
"네가 장차 받을 고난을 두려워 말라… 죽도록 충성하라 그리하면 내가 생명의 면류관을 네게 주리라"(요한계시록 2:10).

● 깨달은 진리

우리는 하나님의 말씀을 믿고 그 말씀에 순종함으로써 구원의 확신을 갖게 된다.

□ 확인 질문

1 우리의 믿음의 확실한 근거는 어디에 있읍니까? (　　)

(가) 우리가 구원받았을 때의 경험에 있다

(나) 하나님의 말씀에 있다

(다) 평안과 기쁨과 같은 감정에 있다

2 구원에 대한 확신은 어떻게 알 수 있읍니까? (　　)

(가) 죽을 때까지 우리가 구원받은 것을 확실히 알 수 없다

(나) 하나님이 말씀으로 그러하다고 하셨으므로 우리에게 영생이 있음을 우리는 안다

(다) 올바른 느낌을 가지는 한 우리가 구원받았음을 알 수 있다

3 성령께서는 어디에 거하십니까? (　　)

(가) 모든 신자들 안에

(나) 특이한 경험을 한 신자들 안에만

(다) 구원받았든지 안받았든지 모든 사람들 안에

4 성령께서 우리 안에서 행하시는 일 중의 하나는 무엇입니까? (　　)

(가) 항상 우리가 기분좋게 느끼도록 하신다.

(나) 우리를 행복하게 하신다.

(다) 우리의 영과 더불어 하나님이 우리의 아버지시며 우리는 그분의 자녀들인 것을 증거하신다

5 진실로 거듭난 사람은 어떻게 됩니까? (　　)

(가) 그의 모든 환경이 변한 것을 발견하게 될 것이다

(나) 그리스도 안에 있는 새로운 피조물이 되었다

(다) 그의 삶 가운데 그 어떤 변화도 경험하지 못할 것이다

6 거듭나면 우리는 새로운 욕구를 가지게 됩니다. 이러한 변화는 왜 일어납니까? (　　)

(가) 우리가 하나님을 기쁘시게 하려고 더 열심히 애쓰기 때문에

(나) 좀더 종교적이 되므로

(다) 그리스도 자신이 성령으로 우리 안에 내주하시기 때문에

7 어떤 사람이 그리스도를 그의 구주로 믿는다면 그는 어떻게 해야 합니까? (　　)

(가) 그는 사람들 앞에서 그리스도를 시인해야 한다

(나) 다른 사람들 앞에서 그리스도를 시인하든지 안하든지 상관없다

(다) 은밀한 신자로 있는 것이 정당하다

8 밥티스마란 어떤 의식입니까? (　　)

(가) 우리를 구원하는 의식이다

(나) 우리를 좀더 나은 사람이 되게 하는 의식이다

(다) 그리스도의 죽으심과 장사지냄과 부활에 우리가 연합하는 것을 표시한다

9 그리스도인으로서 삶의 방식은 어떤 특성을 가집니까? (　　)

(가) 장차 우리가 심판받게 될 것이므로 매우 중요하다

(나) 우리는 여하튼 천국에 가게 되어 있으므로 실제로는 문제가 안 된다

(다) 우리가 죽어서 천국에 갈 것인지 아

닌지를 결정해 준다

10 구원과 상급 사이의 한 가지 다른 점은 무엇입니까? (　　)

(가) 상급은 구원보다도 더 열심히 수고해야 얻는 것이다

(나) 상급은 소수의 그리스도인들에게 주어지지만 구원은 모든 신자들에게 주어진다

(다) 구원은 하나님의 값없는 선물이지만 상급은 수고해서 얻는 것이다

● 당신이 이 장에서 배운 가장 중요한 교훈은 무엇입니까?

경고 : 속지 말라!

경고 : 속지 말라!

"어떤 길은 사람의 보기에 바르나 필경은 사망의 길이니라"(잠언 14 : 12).

사단은 속이기에 능한 자입니다. 그는 수천만 명의 사람들을 속여서 예수 그리스도보다는 다른 것을 더 의지

하게 합니다. 사람들이 영생이라고 생각하는 것 몇 가지를 살펴봅시다.

● 경박한 믿음

말할 수 없이 많은 사람들이 자기들이 예수 그리스도에 대한 간단한 사실 몇 가지를 믿는다고 구원받은 것으로 생각하고 있읍니다. 그러면서 또한 그들은 예수를 사랑하지도 않고, 그분께 순종하지도 않고, 또 그분을 좇으려 하지도 않습니다.
내심(內心) 아직도 세상과 세상에 있는 것들을 사랑합니다. 구원에 대한 그들의 소망은 거짓 소망입니다. 성경은 이렇게 말씀합니다.
"누구든지 세상을 사랑하면 아버지의 사랑이 그 속에 있지 아니하니"(요한일서 2 : 15).

● 선행들

구원은 선행으로 얻어진다는 사상이 우리 마음속 깊이 새겨져 있읍니다. 그러나, 성경은 아무도 자기의 선행으로 구원받을 수 없다는 것을 도처에서 강조하고 있읍니다.
우리는 하나님의 은혜로 구원을 얻지 우리의 선행으로 구원을 얻는 것이 아닙니다. 성경은 이렇게 말씀합니다.
"우리를 구원하시되 우리의 행한 바 의로운 행위로 말미암지 아니하고 오직 그의 긍휼하심을 좇아…"(디도서 3 : 5).

● 부모님이 신앙인인 것

많은 사람들이 자기들이 그리스도인의 가정에서 태어났다는 데 구원의 소망의 기초를 두고 있읍니다. 그들은 "나는 항상 기독교인이었다"고 말합니다.
그러나, 결코 그럴 수 없읍니다. 아무도 영생을 가지고 출생하지 않습니다. 그리고 하나님은 그가 태어나는 순간에 그리스도인을 삼으시는 법도 없읍니다.
하나님의 자녀가 되기 위해서는 반드시 거듭나야 합니다. 거듭남에 대한 절대적인 필요성은, 아무리 뛰어난 그리스도인인 부모를 둔 사람에게도 예외 없이 다 해당됩니다. 예수께서는 이렇게 말씀하셨읍니다. "(누구이든 상관없이) 너는 거듭나야 하겠다"(요한복음 3 : 7).

● 선한 도덕적인 생활

구원받지 않은 사람들도 어떤 사람들은 선한 도덕적인 생활을 합니다. 이것은 반드시 준수해야 할 일이지만, 그렇다고 그것이 천국에 이르기에 적합하도록 만들어 주지는 못합니다.
하나님의 의(義)의 기준은 하늘이 땅보다 높은 만큼이나 높습니다. 성경은 우리의 모든 "의", 우리가 가장 잘한 것조차도 하나님 보시기에 다 낡은 헌옷과 같다고 했읍니다. 이사야 선지자는 이렇게 기록하고 있읍니다.
"우리는 다 부정한 자 같아서 우리의 의는 다 더러운 옷 같으며…"(이사야 64 : 6).

제 10 과

어떻게 거듭남을 알 수 있는가?

"예수께서 대답하여 가라사대 진실로 진실로 네게 이르노니 사람이 거듭나지 아니하면 하나님 나라를 볼 수 없느니라"
(요한복음 3 : 3)

세상에는 두 가족이 있습니다. 첫 번째 사람 아담을 머리로 하는 가족과, 하나님의 두 번째 사람인 그리스도를 조상으로하는 가족이 있읍니다.

어떤 사람들은 하나님이 모든 사람들의 아버지라고 생각하고 있지만 이것은 잘못된 생각입니다. 그리스도의 가족 안에 있는 사람만이 하나님을 그들의 아버지로 모실 수가 있게 됩니다. 아담의 가족 안에 있는 사람들은 사단을 그들의 영적인 아버지로 받아들이게 됩니다. 주 예수께서도 친히 하나님은 모든 사람의 아버지가 아니라고 말씀하셨읍니다.

어느 날 예수께서는 예루살렘에 있는 몇몇 종교 지도자들에게 말씀하고 계셨읍니다. 이 사람들은 하나님이 그들의 아버지라고 주장했읍니다. 그러나 그들의 마음은 악하였고, 그들은 예수님을 미워하여 그분을 죽이고 싶어했읍니다. 예수께서는 그들의 중심을 아시고 그들에게 말씀하셨읍니다.
"하나님이 너희 아버지였으면 너희가 나를 사랑하였으리니 이는 내가 하나님께로 나

서 왔음이라…"(요한복음 8：42).

예수께서 "하나님이 너희 아버지였으면…"이라고 말씀하신 것은 하나님이 그들의 아버지가 아니라는 것을 분명하게 보여 주신 것입니다. 이를 보다 확실히 하기 위해서 예수께서는 그들의 영적인 아버지가 누구인지를 그들에게 말씀하셨읍니다. 예수께서는 "너희는 너희 아비 마귀에게서 났으니…"라고 말씀하셨읍니다. 그러므로 이 사람들은 그들의 아버지로서 하나님을 모신 것이 아니라 오히려 사단을 섬기고 있는 것입니다.

이와 꼭같은 진리가 주 예수 그리스도를 믿지 않는 모든 사람들에게도 적용됩니다. 그러나 어느 누구도 사단의 가족에서 머물러 있을 필요가 없읍니다. 왜냐하면 주 예수께서 우리 각자에게 하나님의 자녀가 되는 길을 가능케 해 두셨기 때문입니다. 성경은 이와 같은 상태를 "거듭난다"고 부르고 있읍니다. 우리는 지금부터 거듭나게 되는 것이 무엇을 의미하는지를 알아보겠읍니다.

우리는 거듭나야 한다

요한복음 3장에서, 우리는 밤에 주 예수님께 이야기하기 위해 찾아온 니고데모라는 사람에 대한 기사를 읽게 됩니다. 이 사람은 바리새인 중의 한 사람이며, 그 당시 가장 훌륭한 종교 지도자 중의 한 사람이었읍니다. 니고데모는 회당에 열심히 참석했으며, 많이 기도하는 사람이었으며, 정규적으로 헌금을 바치는 사람이었읍니다. 그는 많은 선행을 하였고, 성경을 많이 알고 있었읍니다. 그는 유대인의 선생이었읍니다. 그러나, 그는 예수께로 왔읍니다.

우리는 그가 왜 예수님을 찾아갔는지를 확실히는 알 수가 없지만, 예수께서 하나님의 능력을 갖고 계신다는 것을 깨달았음에 틀림없읍니다. 그리고 아마 니고데모는 예수께서 그에게 도움이 되는 성경에 관한 어떤 새로운 가르침을 주실 수 있을 것이라고 생각했을 것입니다. 그러나 니고데모에게는 가르침보다도 더 중요한 어떤 것이 필요했읍니다. 그에게는 거듭나야 함이 필요했읍니다! 예수께서는 그에게 말씀하셨읍니다.
"진실로 진실로 네게 이르노니 사람이 거듭나지 아니하면 하나님 나라를 볼 수 없느니라"(요한복음 3：3).

이 말은 니고데모에게 커다란 충격을 주었음에 틀림없읍니다. 그는 하나님의 선민인 유대인이 아니었읍니까? 그는 선하고, 도덕적인 사람이 아니었읍니까? 그

는 유대인의 선생 중의 한 사람이 아니었읍니까? 그렇습니다. 니고데모는 이것들을 다 가진 사람이었읍니다만, 그는 여전히 아담의 죄된 가족에 속해 있었읍니다. 그는 하나님의 자녀가 아니었읍니다.

예수께서는 다시 니고데모에게 말씀하셨읍니다.
"육으로 난 것은 육이요 성령으로 난 것은 영이니 내가 네게 거듭나야 하겠다 하는 말을 기이히 여기지 말라"(요한복음 3 : 6, 7).

주 예수께서는 여기에서 거듭남의 절대적인 필요성을 선언하셨읍니다. 이 말씀은 니고데모에게 뿐만 아니라 모든 사람들에게도 적용됩니다. "내가 누구이든 간에 거듭나야" 합니다. 우리는 하나님의 성령으로 "위로부터" 거듭나야 합니다. 이 외에 하나님의 자녀가 될 수 있는 길은 없읍니다.

믿음 – 거듭남의 필수 조건

거듭나기 위해서 필요한 것은 우리의 죄를 위해 십자가에 달리신 예수 그리스도를 믿는 믿음입니다. 예수께서는 니고데모에게 이스라엘 백성들의 광야 생활 동안 그들에게 일어났던 어떤 일을 그에게 상기시키면서 설명하셨읍니다.

백성들은 하나님과 모세를 원망했으며 따라서 하나님은 그들의 숙소에 불뱀을 보내셨읍니다. 그 뱀에게 물린 모든 백성들은 죽었읍니다. 백성들은 그들의 죄를 자백하며 구원해 줄 것을 위해 모세에게 부르짖기 시작했읍니다.

모세는 하나님께 기도하였읍니다. 그리하여 여호와께서는 모세에게 놋뱀을 만들어 그것을 보는 사람마다 살아남을 수 있도록 장대에 매달라고 말씀하셨읍니다. 모세는 하나님께서 명하신 대로 했읍니다.
"모세가 놋뱀을 만들어 장대 위에 다니 뱀에게 물린 자마다 놋뱀을 쳐다본즉 살더라"(민수기 21 : 9).

그리고 예수께서는 이렇게 말씀하십니다.
"…모세가 광야에서 뱀을 든 것같이 인자도 들려야 하리니 이는 저를 믿는 자마다 영생을 얻게 하려 하심이니라"(요한복음 3 : 14, 15).

"모세가 뱀을 든 것같이 …"

"인자도 들려야 하리니 …"

마치 이스라엘 백성들이 장대에 달린 뱀을 믿음으로 쳐다봄으로써 육체적인 죽음에서 구원을 받은 것같이, 우리는 십자가에 달리신 예수님을 믿음으로 바라봄으로써 영원한 죽음으로부터 구원을 얻게 됩니다.

거듭남은 말씀과 성령으로 말미암는다

거듭나는 일은 성령께서 하나님의 말씀을 사용하셔서 하시는 역사인 것입니다. 아무도 하나님의 말씀을 듣지 않고, 또 믿지 않으면 거듭날 수가 없으며, 또 아무도 성령의 역사가 없이는 거듭날 수가 없읍니다. 이 사실을 분명히 해주는 몇 구절이 있읍니다.

●말씀

"자기의 뜻을 좇아 진리의 말씀으로 우리를 낳으셨느니라"(야고보서 1 : 18).
"거듭난 것이 썩어질 씨로 된 것이 아니요 썩지 아니할 씨로 된 것이니 하나님의 살아 있고 항상 있는 말씀으로 되었느니라"(베드로전서 1 : 23).

●성령

"육으로 난 것은 육이요 성령으로 난 것은 영이니…"(요한복음 3 : 6).

사람이 거듭날 수 있기 이전에 반드시 자신이 죄인임을 깨달아야 합니다.

성령께서는 우리가 구세주를 필요로 하는 죄인이란 사실을 우리에게 보여 주기 위하여 하나님의 말씀을 사용하십니다. 그리고, 성령께선 그 말씀을 사용하여 주 예수 그리스도는 우리가 필요로 하는 구세주시라는 것을 우리에게 보여 주십니다.

거듭남은 하나님으로 말미암는다

거듭남에 대한 좀더 깊은 설명을 찾아 봅시다.
성경은 주 예수님을 구세주로 모시는 자가 거듭난다고 말합니다.
"이는 혈통으로나 육정으로나 사람의 뜻으로 나지 아니하고 오직 하나님께로서 난 자들이니라"(요한복음 1 : 13).

●거듭나는 것은 "혈통"으로 되지 않는다

이것은 인간의 부모가 해줄 수 없다는 것을 의미합니다. 이 세상에 올 때는 아무도 그리스도인으로서 태어나지 않습니다. 그리스도인의 부모님을 두는 것은 사실 굉장한 일이지만 그것이 당신을 하나님의 자녀로 만들지는 못합니다. 우리들 각자가 개인적으로 하나님의 가족으로 거듭나지 않으면 안 됩니다.

● 거듭나는 것은 "육정(肉情)"으로 되지 않는다

이것은 아무도 자신의 노력으로는 자기 자신을 하나님의 자녀로 만들 수 없음을 의미합니다. 영생은 노력으로 얻어지는 것이 아니라 하나님께서 값없이 주시는 선물로 받게 되는 것입니다.

● 거듭나는 것은 "사람의 뜻"으로 나지 않는다

이것은 어떤 설교가나 목회자도 당신을 하나님의 자녀로 만들어 줄 수 없다는 말입니다. 친교나 세례(침례)와 같은 성례전도 거듭나게 해 줄 수는 없읍니다. 교회에 가입하는 것 역시 당신을 그리스도인으로 만들어 주지 못합니다.

● 거듭나는 것은 "하나님으로" 말미암는다

"너희가 그 은혜를 인하여 믿음으로 말미암아 구원을 얻었나니 이것이 너희에게서 난 것이 아니요 하나님의 선물이라 행위

에서 난 것이 아니니 이는 누구든지 자랑치 못하게 함이니라"(에베소서 2 : 8, 9).

거듭남에 있어서 우리의 할 일

거듭나는 데 있어서 우리가 할 일은 무엇입니까? 우리의 할 일은 죄인으로서 주 예수님께 찾아가 그분을 우리의 구세주로 영접하는 것입니다.

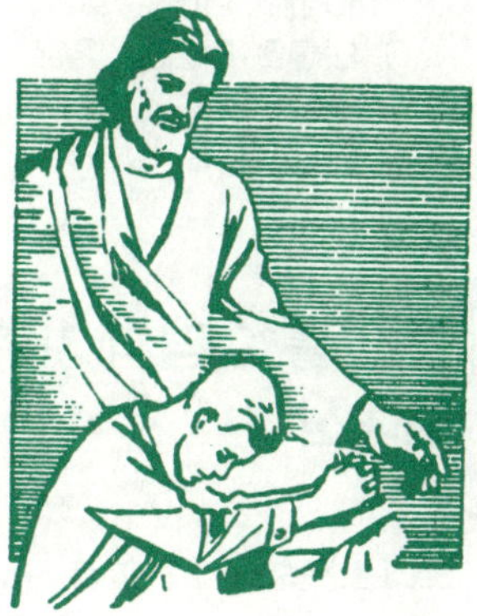

"영접하는 자 곧 그 이름을 믿는 자들에게는 하나님의 자녀가 되는 권세를 주셨으니…"
(요 1 : 12).

예수 그리스도께서 우리의 죄를 위해서 죽으셨음을 진실하게 믿고 그분을 우리의 구세주로 영접할 때 우리는 거듭나게 됩니다.

거듭남에 있어 하나님의 하시는 일은 무엇인가?

하나님은 우리가 주 예수님을 우리의 구세주로 영접할 때 우리를 위하여 굉장히 많은 놀라운 일들을 하십니다. 여기에 그 중 몇 가지가 있읍니다.

1 하나님은 우리를 의롭다 하신다

이 말은 그분이 우리의 모든 죄를 용서하

시고 그리스도 안에서 우리를 의롭다고 선언하심을 뜻합니다.

"하나님의 은혜로 값없이 의롭다 하심을 얻은 자 되었느니라" (롬 3 : 24).

2 하나님께서 우리를 아담의 가족(후손)에서 빼내신다

그리고는 우리를 그리스도의 가족으로 옮겨 주셨읍니다. 우리는 이제 더 이상 아담 안에 있지 않고 그리스도 안에 있게 됩니다. 그리스도 안에 있다는 것이 무엇을 의미하는지 다음 장에서 자세히 살펴보도록 하겠읍니다.

3 하나님은 우리를 자녀로 삼아 주신다

하나님은 다른 피조물을 위해서는 하지 않으시는 어떤 일을 우리만을 위해서 행하십니다. 그분은 우리를 그분의 친자녀로 삼아 주시는 것입니다.
"보라 아버지께서 어떠한 사랑을 우리에게 주사 하나님의 자녀라 일컬음을 얻게 하셨는고"(요한일서 3 : 1).

4 하나님은 우리에게 새로운 영을 주신다

그리고 그분은 우리의 새로운 영(spirit) 안에 성령으로 들어와 내주하시게 됩니다. 이것을 "중생"(regeneration)이라 부릅니다.

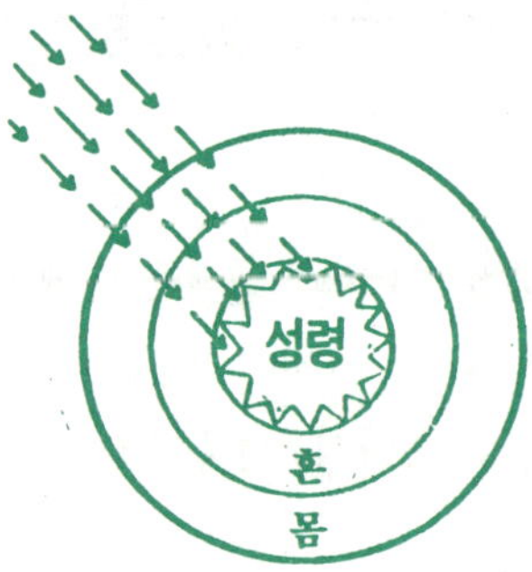

"…새 영을 너희 속에 두고… 내 신을 너희속에 두어…" (겔 36 : 26, 27)

중 생

여기에서 한 가지 분명히 해 둘 것이 있읍니다. 즉, 우리가 거듭날 때 우리의 옛 성품이 완전히 없어지는 것이 아니라는 점입니다. 하나님은 우리의 죄악된 옛 성품을 제거하지 않으시되, 그분은 우리에게 그분의 생명을 주시어 그것을 극복하도록 해 주십니다. 우리의 옛 성품은 예수께서 우리를 위하여 오실 때까지 없어지지 않을 것입니다. 그러나, 우리 안에 거하시는 성령님으로 우리는 죄악된 욕구들을 극복할 수가 있읍니다.

5 하나님은 우리에게 영생을 주신다

우리는 하나님과 영원히 분리되지 않을 것입니다.
"또 증거는 이것이니 하나님이 우리에게 영생을 주신 것과 이 생명이 그의 아들 안에 있는 그것이니라 아들이 있는 자에게는 생명이 있고 하나님의 아들이 없는 자에게는 생명이 없느니라"(요한일서 5 : 11, 12).

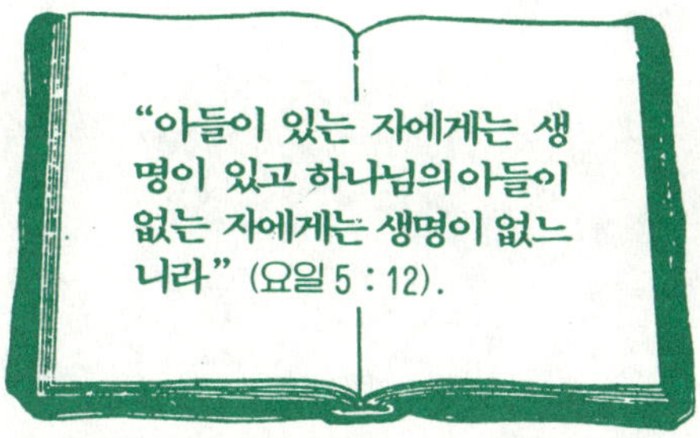

우리가 거듭날 때 하나님은 우리에게 많은 다른 놀라운 일들을 하십니다. 그분은 우리를 그리스도 안에 두시고 그리스도와 연합하게 하십니다. 그분은 우리를 흑암의 왕국과 죄의 권세로부터 해방시키십니다. 그분은 우리가 세상과 악을 이길 수 있게 하십니다. 이제, 이 일들에 관하여는 좀더 깊이있게 알아보도록 하겠읍니다.

거듭난 것을 어떻게 알 수 있는가?

우리들 각자는 확실하게 거듭났는지 아닌지를 알아야 하며, 하나님은 우리가 알 수 있는 몇 가지 뚜렷한 방법을 우리에게 주셨읍니다.

1 성령의 증거

우리가 거듭날 때 하나님의 성령께서 우리 안에 거하기 위해 임하십니다. 그리고 그분은 우리가 하나님의 자녀라는 것을 우리의 영으로 알게 하여 주십니다. 이것은 우리가 다른 사람에게 설명하거나 증명할 수 있는 것은 아니지만 우리는 거듭났다는 사실을 알게 됩니다.
"성령이 친히 우리 영으로 더불어 우리가 하나님의 자녀인 것을 증거하시나니"(로마서 8 : 16).

2 하나님의 말씀

우리가 거듭날 때 하나님의 성령께서는 하나님의 말씀을 우리 마음 가운데 밝히 보여 주시며, 그럼으로써 우리는 하나님

의 말씀으로 우리가 거듭났다는 것을 알게 되는 것입니다.

"내가 하나님의 아들의 이름을 믿는 너희에게 이것을 쓴 것은 너희로 하여금 너희에게 영생이 있음을 알게 하려 함이라" (요한일서 5 : 13).

3 우리의 행위

우리가 진실로 거듭났다면 우리의 행동은 변화될 것입니다. 우리는 하나님과 그분의 아들 예수 그리스도께 순종하고 싶어할 것입니다. 우리는 의를 사랑하고 악은 미워하게 될 것입니다. 구원받지 못한 사람들을 위해서는 진심으로 그들을 사랑하여 그들이 구원받게 되기를 원할 것입니다. 우리는 또한 다른 그리스도인들을 사랑할 것입니다. 성경은 이렇게 말씀합니다.

"우리가 형제를 사랑함으로 사망에서 옮겨 생명으로 들어간 줄을 알거니와 사랑치 아니하는 자는 사망에 거하느니라" (요한일서 3 : 14).

이 모든 일들이 우리 가운데 일어나게 되는 것은 우리가 거듭났기 때문입니다. 당신은 진정 거듭나셨읍니까?

● 깨달은 진리

예수께서 이루어 놓으신 일로써 우리가 거듭날 수 있으며, 만일 우리가 거듭났다면 우리의 생활 속에는 변화가 있을 것이다.

□ 확인 질문

1 우리는 앞 장에서 세상에는 두 가족이 있다는 것을 배웠읍니다. 한 가족의 머리는 [1]□□이며 다른 가족의 머리는 [2]□□□□입니다.

2 오직 [1]□□□□의 가족 안에 있는 사람만이 하나님을 그들의 [2]□□□ 로 모실 수가 있읍니다.

3 예수께서는 "진실로 진실로 네게 이르노니 사람이 [1]□□□□ 아니하면 [2]□□□의 [3]□□를 볼 수 없느니라"고 말씀하셨읍니다(요한복음 3 : 3).

4 거듭나기 위해서 필요한 것은 우리의 [1]□를 위해 십자가에 달리신 예수 그리스도를 믿는 [2]□□입니다. 거듭나는 일은 [3]□□께서 하나님의 [4]□□를 사용하셔서 하시는 역사인 것입니다.

5 그리스도인 부모를 두거나 성례를 행하거나 교회에 출석하는 것이 하나님의 자녀가 되게 해 줄 수 있읍니까?

예 / 아니오

6 거듭나는 데에 있어서 우리의 할 일은 [1]□□으로서 주 예수님께 찾아가 그분을 우리의 [2]□□□로 영접하는 것입니다.

7 우리가 거듭날 때 하나님께서는 [1]□□의 가족에서 우리를 빼내어 [2]□□□□의 가족으로 옮겨 주십니다.

8 하나님은 우리에게 새로운 [1]□을 주시고, 우리의 새로운 [1]□에 [2]□□으로 들어와 내주하시게 됩니다.

9 우리가 거듭날 때 하나님은 우리의 옛 성품을 □□하지 않으십니다.

10 우리가 거듭났다는 사실을 알 수 있는 세 가지 방법은 성령의 [1]□□와, 하나님의 [2]□□과, 우리의 [3]□□입니다.

당신은 당신이 거듭났다는 사실을 알고 계십니까?

예 / 아니오

- 당신이 이 장에서 배운 가장 중요한 교훈은 무엇입니까?

제 11 과

사실, 믿음, 감정의 관계

"소망의 하나님이 모든 기쁨과 평강을 믿음 안에서 너희에게 충만케 하사 성령의 능력으로 소망이 넘치게 하시기를 원하노라" (로마서 15 : 13)

믿음은 어떤 때는 강한 것 같다가 또 어떤 때는 약한 것처럼 느껴지는데, 왜 그런지 그 이유에 대해 궁금하게 생각해 본 적은 없습니까? 또, 어떻게 하면 믿음을 강하게 할 수 있을까 하고 고민해 본 적은 없습니까?

왜 그렇게도 자주 감정이 변하는지를 이상하게 생각해 보지는 않았나요? 당신의 감정에 대해 당신이 할 수 있는 일이 무엇인지에 대해 생각해 본 적은 없었습니까?

누구든지 한두 번쯤은 이런 문제에 접했을 것입니다. 이번 장에서 우리는 이런 문제들에 대해 대답해 보고자 합니다. 우리는 그리스도인의 삶에서 가장 중요한 원리들 중의 하나인 사실(Facts), 믿음(Faith), 감정(Feelings)에 대해서 살펴보려고 합니다.

사실! 믿음! 감정!

이 단어들은 우리가 활력에 넘치는 그리스도인의 삶을 살아가는 데에 있어서 세 가지 특징을 대변합니다. 이들을 이해하는 것은 중요한 일입니다. 이들을 순서대로 바르게 이해하고 간직하는 것 또한 중요합니다.

하나님의 순서는 (1)사실, (2)믿음, (3)감정입니다. 사실은 기초를 형성하고, 믿음은 사실에 근거하며, 감정은 믿음에서 오게 되는 것입니다.

대부분의 사람들에게, 감정이 생활을 선도하는 요인이 됩니다. 만일 사람들이 무엇인가를 느끼게 될 때 그것은 진짜라고 생각하고, 아무것도 느끼지 못하면 그것은 가짜라고 생각

하나님의 순서는 사실 → 믿음 → 감정입니다.

합니다. 이것은 하나님의 질서가 아닙니다.

어떤 사람들은 믿음을 첫자리에 두려고 합니다. 그들은 생각하기를, 만일 "믿음"만 충만하다면 무엇이든 실현할 수 있다고 생각합니다. 그러나 이것도 하나님의 방법이 아닙니다. 하나님은 우리가 믿음을 갖기를 원하십니다. 하지만 그 믿음은 그분의 말씀에 근거한 것이어야 합니다. 그렇지 않다면 그것은 무가치한 믿음입니다.

하나님의 순서는 사실, 믿음, 감정입니다.

하나님의 순서는 언제나 (1)사실, (2)믿음, (3)감정입니다. 우리는 이 세 가지가 우리의 삶에 어떠한 영향을 주는지 좀더 잘 이해하기 위해서 이 세 가지 면의 각각을 좀더 깊이 살펴봐야 되겠습니다.

사실이란 무엇인가?

사실이란 진실한 어떤 것입니다. 예를 들면, 둘 더하기 둘은 넷입니다. 이것은 수학적인 사실입니다. 이것은 항상 "참"이며, 앞으로도 계속 "참"일 것입니다. 이것은 우리나라에서도 참이고 세계 어느 나라에서도 참입니다. 당신의 믿음의 여부가 그 사실을 거짓되게 할 수 없습니다. 세상의 아무도 이 사실을 믿지 않는다 해도 이것은 진리입니다.

"사실은 언제나 진리이다"라는 명제를 우리 마음 속에 고정시켜 둘 필요가 있습니다. 당신이 사실을 믿지 않는다 할지라도 그것은 여전히 진리입니다. 당신이 사실은 진리라는 것을 느낄 수 없다 할지라도, 그것은 여전히 진리입니다.

하나님의 사실은 기초를 형성합니다.

예를 들면, 예수 그리스도는 우리의 죄를 위하여 죽으셨다가 우리의 살아있는(living) 구세주가 되기 위하여 다시 살아나셨다는 것을 우리는 압니다. 우리는 하나님의 말씀이 그

사실이란 당신의 믿음 여부에 따라 거짓으로 바뀔수 없습니다.

렇게 말씀하시기 때문에 이것이 진리라는 것을 압니다. 사람이 이것을 믿든지 믿지 않든지 이것은 여전히 진리입니다. 하나님의 사실은 항상 진리입니다.

믿음이란 무엇인가?

"믿음"이란 단어는 성경에 239번이나 나와 있습니다. 이는 하나님께서 믿음을 얼마나 중시하시는지를 잘 보여 줍니다.

믿음이란 무엇입니까? 믿음은 하나님의 말씀에 따라 그분을 인정하고 또 그 말씀대로 행하는 것입니다.

하나님이 말씀하셨다!
나는 말씀하신 것을 믿는다!
내 마음이 안정되었다!

성경은 하나님의 모든 축복이 믿음으로 말미암는다고 분명히 말씀합니다. 믿음이 없이는 하나님을 기쁘시게 할 수 없습니다.

"믿음이 없이는 기쁘시게 못하나니 하나님께 나아가는 자는 반드시 그가 계신 것과 또한 그가 자기를 찾는 자들에게 상(賞) 주시는 이심을 믿어야 할지니라"(히브리서 11:6).

이처럼 믿음이 중요한 만큼 믿음은 결코 홀로 서 있을 수 없습니다. 그것은 틀림없이 진실한 어떤 것에 근거해야 합니다. 이것이 우리의 믿음이 언제나 하나님의 말씀에 근거해야 하는 이유입니다. 예수께서는 이렇게 말씀하셨습니다.

"아버지의 말씀은 진리니이다"(요한복음 17:17).

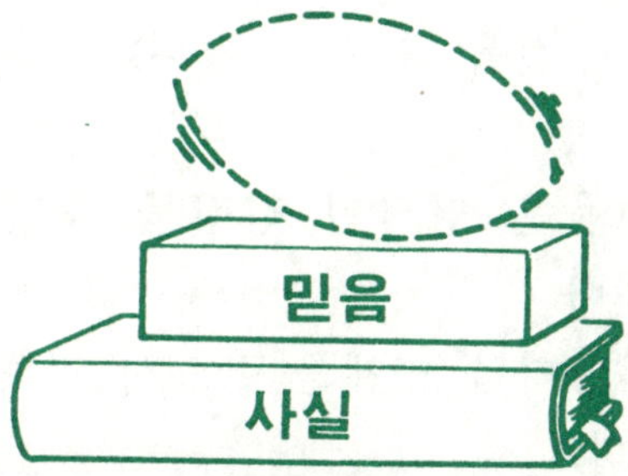

믿음은 하나님의 사실에 근거합니다.

이제, 하나님의 말씀을 살펴보면서 믿음에 대해 좀더 배워 보도록 합시다.

● 믿음은 보이지 않는 세계를 다룬다

믿음은 실재하지만 보이지 않는 일을 다루는 것입니다. 우리는 하나님을 볼 수는 없지만 믿음으로 하나님이 계신다는 사실을 압니다. 우리는, 천국을 육안으로 볼 수 없지만 믿음으로 천국이라고 일컫는 실제 장소가

믿음은 항상 하나님의 말씀에 근거해야 합니다.

있다는 것을 압니다. 성경은 이렇게 말합니다.

"믿음은 바라는 것들의 실상이요 보지 못하는 것들의 증거니"(히브리서 11:1).

즉, 믿음이란 보이지 않는 어떤 일의 실체를 우리가 "증명"하는 방법이라는 것입니다. 우리가 영적인 세계의 일들을 볼 수는 없지만, 하나님의 말씀 안에서 믿음으로 그것들이 실재한다는 것을 알 수 있습니다.

● 믿음은 영적인 진리를 체험하게 한다

우리는 다음 명제를 반드시 이해해야 합니다.

"우리의 믿음이 하나님의 사실을 진리되게 할 수는 없다. 하나님의 사실은 우리가 믿든 믿지 않든 진리이기 때문이다."

그렇다면 우리의 믿음의 역할은 무엇일까요? 하나님의 사실을 믿는 우리의 믿음은 우리로 하나님의 사실을 체험하게 합니다.

성경에는 놀라운 하나님의 약속들이 산재해 있습니다. 그러나 이들 약속들은, 우리가 하나님의 말씀을 믿음으로 우리의 것으로 주장하지 않는 한 결코 우리의 것이 되지 않습니다.

우리가 앞서 말한 것처럼, 예수 그리스도께서 우리의 죄를 위해 죽으셨다는 것은 위대한 사실입니다. 하나님은 그분을 믿는 모든 사람에게 영생을 주시겠다고 약속하십니다. 그러나 당신이 그분을 믿음으로 받아들이지 않는 한, 그리스도는 당신의 구세주가 될 수 없습니다.

당신이 예수 그리스도가 당신의 죄를 위해 죽으셨음을 믿고 그분을 당신의 구세주로 받아들일 때, 당신은 구원을 체험하게 됩니다. 그리스도를 믿는 믿음이 당신으로 하여금 하나님의 구원을 체험하게 하는 것입니다. 그리고 당신은 이렇게 말할 수 있습니다.

"나는 구원받았다!"

> **하나님의 사실(God's facts)을 믿는 믿음은 당신으로 하여금 그것들을 체험하게 합니다.**

● 믿음은 하나님의 말씀을 믿는 것이다

믿음이란 좋지 못한 환경임에도 불구하고 하나님을 믿는 것입니다. 이것에 대한 가장 좋은 예화는 아마 아브라함의 이야기일 것입니다.

아브라함과 그의 아내 사라가 아주 늙었을 때 하나님은 그들에게 그들이 아들을 낳을 것이라고 약속하셨는데, 아브라함은 그 사실을 믿었습니다.

그 이후, 15년이란 세월이 흘렀지만 하나님의 약속은 아직 성취되지 않았습니다. 인간적으로 말한다면 아브라함과 사라가 아기를 가진다는 것은 불가능했습니다. 그러나 아브라함은 꾸준히 하나님을 믿었습니다. 때가 되었을 때 하나님은 아브라함에게 자신의 약속을 지키시어 아들을 주셨습니다. 성경은 아브라함에 대해 이렇게 말하고 있습니다.

"믿음이 없어 하나님의 약속을 의심치 않고 믿음에 견고하여져서 하나님께 영광을 돌리며 약속하신 그것을 또한 능히 이루실 줄을 확신하였으니"(로마서 4:20, 21).

● 믿음은 하나님께 순종하는 것이다

믿음과 순종은 항상 함께 있습니다. 진실한 믿음은 언제나 순종의 결과입니다. 신자들은 순종자입니다! 성경은 이렇게 말합니다.

"믿음으로 아브라함은 부르심을 받았을 때에 순종하여 장래 기업으로 받을 땅에 나갈새 갈 바를 알지 못하고 나갔으며…"(히브리서 11:8).

당신이 어떤 것을 믿는다고 말하면서 그것에 따라 행하지 않는다면 그것은 믿음이 아닙니다. 진실한 믿음은 하나님을 믿고 또 하나님께 순종하는 것입니다. 하나님께 순종치 않는 믿음은 살아있는 믿음이 아닙니다.

"…행함이 없는 믿음은 그 자체가 죽은 것이라"(야고보서 2:17).

믿음을 성장시키는 방법

"나는 좀더 큰 믿음을 갖고 싶은데 …어떻게 해야 내 믿음이 자랄 수 있을까?"라고 당신은 말할지도 모릅니다.

믿음은 하나님께서 그분의 말씀을 통하여 하신 사실에 대한 정확한 진술에 끊임없이 세심하게 주의를 기울임으로써 성장합니다.

위대한 하나님의 사람 D. L. 무디(Moody)는 더 좋은 믿음을 갖기 위해 하나님께 기도하고 또 기도했습니다. 그러나 그의 믿음은 성장하는 것 같지 않았습니다. 그러던 어느 날 그는 이런 말씀을 읽게 되었습니다.

진실한 믿음은 언제나 순종의 결과입니다.

"그러므로 믿음은 들음에서 나며 들음은 그리스도의 말씀으로 말미암았느니라"(로마서 10:17).

무디가 "믿음은 하나님의 말씀으로부터 온다"는 이 구절을 보았을 때 마치 섬광이 번쩍이는 것 같았습니다. 그는 하나님의 말씀을 공부하기 시작했습니다. 그는 말씀을 통하여 하나님께서 말씀하시는 바가 정확하게 무엇인지 알기 위하여 매일 말씀을 주의깊게 공부했습니다. 그는 그 말씀을 믿고 그의 생활에 적용했습니다. 그 결과 그의 믿음은 계속 성장했습니다.

감정이란 무엇인가?

감정은 기쁨, 슬픔, 행복 그리고 비애와 같은 정서입니다. 우리는, 사실은 결코 변하지 않는 것임에 반해 감정은 수시로 변한다는 데서 감정과 사실의 차이를 이해해야 합니다. 우리의 건강 상태가 우리의 감정에 영향을 주기도 하고 다른 사람과의 대인관계가 우리의 감정에 영향을 주기도 합니다. 또 어떤 때는 날씨가 우리의 감정에 영향을 주기도 합니다.

우리가 감정을 왜 럭비공에 비유하는지(그림에서 감정은 럭비공 모양임 —역자 주) 이상하게 생각할지도 모르겠습니다. 그러나 그 이유는 감정이란 럭비공처럼 불안정하기 때문입니다. 이런 말이 있지 않습니까?

"볼이 어디로 튕겨나갈는지는 아무도 모른다."

이것이 바로 당신의 감정입니다. 당신은 당신의 감정이 어떻게 튕겨나갈지 당신 자신도 모를 것입니다.

어떤 날에는 당신의 마음이 기쁨으로 가득 찼다가도 그 다음 날에는 뚜렷한 이유도 없이 슬프고 의기 소침해집니다. 감정에 관하여 기억해야 할 중요한 점은 "감정은 매우 변하기 쉽다"는 것입니다. 이와 같은 이유로 해서 우리는 우리의 믿음을 감정 위에 두지 않는 것입니다.

감정은 사실과 믿음을 따릅니다.

어떤 그리스도인 부인이 어린 소녀에게 구원의 도(道)를 설명하기 위해 성경 말씀을 인용하고 있었습니다.

감정은 기쁨, 슬픔, 행복, 비애 … 와 같은 정서인데 수시로 변합니다.

그 소녀는 어리둥절해졌습니다. 그리고는 이렇게 말했습니다.
"저는 주 예수님을 믿어요. 하지만 저는 어떤 종류의 감정이나 번쩍이는 빛…등을 기다려야 한다고 생각했어요."
그 부인은 하나님의 말씀 몇 구절을 소녀에게 지적해 주면서 이렇게 말했습니다.
『여기에 네가 필요로 하는 모든 빛이 있단다.』
그 소녀는 하나님의 말씀을 믿고 자신이 지금까지 찾고 있었던 평안과 기쁨을 발견했습니다.

우리의 감정이 변하는 것과는 상관없이 그것은 결코 사실에 영향을 주지 못합니다. 사실은 항상 진리이며, 진리는 우리의 감정에 상관없이 진리입니다.

예를 들면 당신이 어떤 권위있는 법률 사무실에서 온 편지를 받았는데, 당신의 부자 친척이 죽으면서 당신에게 엄청난 돈을 남겼다고 가정해 보십시오. 갑자기 당신은 부자가 된 것입니다! 당신은 이렇게 말할지도 모릅니다.
"그렇지만 나는 그 돈이 정말 내 돈인 것 같지가 않아."
아마 그럴지도 모르지요. 하지만 그럼에도 불구하고 그 재산은 당신에게 주어진 것입니다. 당신의 감정에 상관없이 그것은 당신의 것입니다.

많은 신실한 사람들이 구원을 찾고 있지만 그들이 그것을 발견치 못하는 이유는, 그들이 어떤 종류의 감정을 찾고 있기 때문입니다. 감정이 그리스도인의 삶의 한 부분을 차지하긴 하지만 그것이 첫째는 아닙니다. 감정은 사실과 믿음 다음입니다. 성경은 이렇게 말합니다.
"하나님의 아들을 믿는 자는 자기 안에 증거가 있고…"(요한일서 5:10).
순서에 유의하십시오. 첫째는, 우리가 믿는 것입니다. 그 다음에 우리의 마음에 성령의 증거가 있습니다.

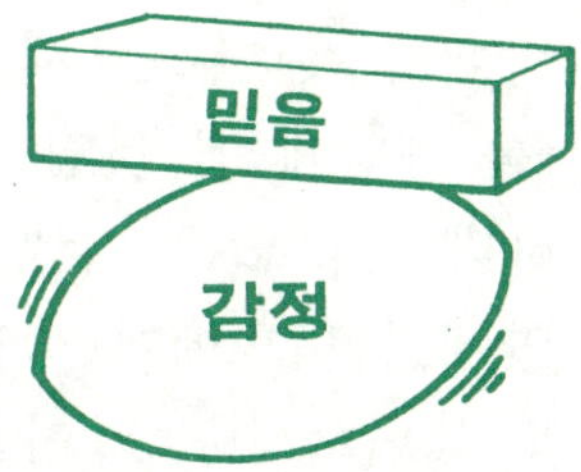

당신의 믿음을 감정 위에 두지 마십시오!

사실은 항상 진리이며, 우리의 감정에 상관없이 진리입니다.

감정을 조절하는 방법

어떤 그리스도인들이라도 그들의 삶 속에 낙담과 실망의 때가 있기 마련입니다. 위대한 사도 바울조차도 이러한 때를 여러 번 만났습니다. 고린도후서 1장 8절에서 그는 이렇게 쓰고 있습니다.
"형제들아 우리가 아시아에서 당한 환난을 너희가 알지 못하기를 원치 아니하노니 힘에 지나도록 심한 고생을 받아 살 소망까지 끊어지고."

당신이 낙심될 때 당신은 무엇을 해야 할까요? 당신이 해야 할 일은 하나님의 말씀에 주의를 기울이는 것입니다. 시편 23편, 로마서 8장 그리고 빌립보서 4장과 같은 놀라운 구절들을 읽고 묵상하십시오. 당신이 하나님께서 무슨 말씀을 하시는지 세심하게 주의를 기울일 때, 당신은 당신의 마음 속에서 솟아나는 새로운 믿음과 용기를 깨닫게 될 것입니다.
"소망의 하나님이 모든 기쁨과 평강을 믿음 안에서 너희에게 충만케 하사 성령의 능력으로 소망이 넘치게 하시기를 원하노라"(로마서 15:13).

그리스도인의 삶을 사는 우리는 지나치게 감정에 치우쳐서는 안 됩니다. 우리는 우리의 감정으로 구원받는 것이 아니며, 감정에 의해서 그리스도인의 삶을 살아가는 것이 아닙니다. 우리는 하나님의 말씀을 믿는 믿음으로 그리스도인의 삶을 사는 것입니다. 만일 우리가 즐거운 감정을 가지고 있다면 하나님께 감사를 드리고, 그렇지 않다 해도 우리는 계속 하나님을 순종하는 삶을 살아야 합니다. 하나님의 사실을 믿는 믿음은 행복하고도 축복받는 비결입니다.

사실, 믿음, 감정의 원리

우리는 「사실과 믿음과 감정의 원리」라는 그리스도인의 삶의 위대한 원리 중의 하나를 발견했습니다. 그 원리는 다음과 같습니다.

항상 당신의 믿음을 하나님의 사실 안에 두고 당신의 감정이 이것들 뒤에 따라오게 하십시오.

1. 하나님의 약속—이것이 나의 사실이다.
2. 나는 그것을 믿는다—이것이 나의 믿음이다.
3. 하나님이 그것을 이행하시고 나는 그것을 누린다—이것이 나의 감정

낙심될때 하나님의 말씀에 주의를 기울이면 믿음과 용기가 솟아납니다.

이다.

하나님의 순서는 항상 (1)사실, (2)믿음, (3)감정입니다. 사실은 기초를 형성하고, 믿음은 사실에 의존하게 되며, 감정이 마지막에 옵니다.

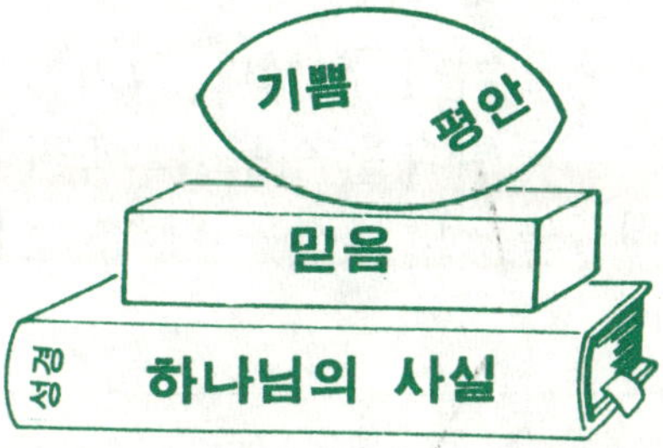

믿음 안에서 우리는 기쁨과 평안을 누립니다.

● **깨달은 진리**

항상 나의 믿음을 하나님의 사실에 두고, 나의 감정이 그 뒤를 따르게 한다.

확인 질문

1 사실이란 1□□한 어떤 것으로, 우리의 2□□에 관계없이 언제나 "참"입니다. 예수 그리스도가 우리의 죄를 위하여 죽으셨다가 다시 살아나셨다는 것은 우리가 믿든지 믿지 않든지 여전히 3□□입니다.

2 우리의 1□□이 하나님의 2□□을 진리되게 할 수는 없습니다. 우리의 1□□은 우리로 하나님의 2□□을 체험하게 합니다.

3 믿음은 하나님께서 그분의 1□□을 통하여 하신 2□□에 대한 정확한 진술에 끊임없이 세심하게 주의를 기울임으로써 성장합니다.

4 다음의 그림에 알맞은 말을 채워 넣으시오.

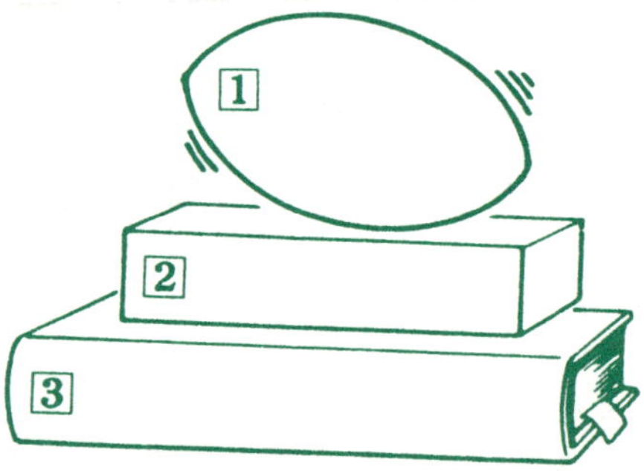

5 하나님의 약속, 그것은 나의 1□□□입니다. 내가 그 약속을 믿는 것, 그것은 나의 2□□입니다. 그리고 하나님께서 그 약속을 이루심으로써 내가 기뻐하는 것, 그것은 나의 3□□입니다.

● **당신이 이 장에서 배운 가장 중요한 교훈은 무엇입니까?**

제 12 과

하나님이 알리고 싶어하는 4가지 사실

"너희 속에 착한 일을 시작하신 이가 그리스도 예수의 날까지 이루실 줄을 우리가 확신하노라"(빌립보서 1：6).

그리스도를 당신의 구주로 믿었을 때, 당신의 모든 죄는 용서함을 받았읍니다. 그리스도께서 십자가에 달려 죽으심으로써, 당신이 이전에 지은 모든 죄는 청산되었읍니다. 성경은 이렇게 말씀합니다. "너희 죄가 그의 이름으로 말미암아 사함을 얻음이요"(요한일서 2：12).

이것은 놀라운 일입니다. 그러나, 당신이 기억해야 할 것은 당신의 무서운 원수 사단이 있다는 사실입니다. 당신은 사단을 매우 화나게 만드는 일보를 내디뎠읍니다. 당신은 그를 버리고 예수 그리스도께 속한 자들과 하나가 되었읍니다. 그리하여 그리스도를 위하여 살고자 하는 사람은 누구든지 곧 사단의 공격을 받게 됩니다.

사단은 하나님의 가족된 당신의 신분을 빼앗을 수는 없지만, 당신을 실패케 하고 낙심시키기 위하여 가능한 모든 일을 할 수 있읍니다. 그러나, 하나님은 당신 안에 선한 일을 시작하셨으며, 당신은 하나님이 이 선한 일을 계속해 나가실 것을 확신할 수 있읍니다. 성경은 이렇게 말씀합니다. "너희 속에 착한 일을 시작하신 이가 그리스도 예수의 날까지 이루실 줄을 우리가 확신하노라"(빌립보서 1：6).

사단의 공격 수법을 우리가 아는 것이 중요합니다. 그의 시험은 대체로 우리의 마음 속에 그릇된 생각을 주입시키는 것과 관계가 있읍니다.

그는 우리로 우리의 구원을 의심하게 만들려고 애를 씁니다. 그리고 그는 우리가 결코 시험을 이길 수 없을 것이라고 생각하게끔 합니다. 또 그는 우리로 하여금 우리에 대한 하나님의 사랑을 의심하게 하려 합니다.

우리가 어떻게 사단의 이러한 공격들을 이겨낼 수 있읍니까? 우리는 하나님의 말씀을 사용함으로써 이러한 공격들을 이길 수 있읍니다! 우리가 하나님의 진리를

"진리를 알지니 진리가 너희를 자유케 하리라"(요한복음 8：32)

사단의 공격을 이기기 위하여 하나님의 말씀을 사용하십시오.

알고 있을 때, 사단의 시험을 이길 수 있읍니다. 주 예수께서 이렇게 말씀하셨읍니다.

"진리를 알지니 진리가 너희를 자유케 하리라"(요한복음 8 : 32).

이 장에서 우리는 사단에게 대답할 수 있기 위하여 하나님께서 우리가 알기를 원하시는 네 가지 사실에 대하여 살펴볼 것입니다. 매 사실마다 성경 구절이 주어질 것입니다. 이 구절들을 반드시 암기하고, 사단의 공격에 대답할 때에 이것들을 사용하십시오.

1 하나님은 당신이 구원받았음을 알기를 원하신다

"또 증거는 이것이니 하나님이 우리에게 영생을 주신 것과 이 생명이 그의 아들 안에 있는 그것이니라 아들이 있는 자에게는 생명이 있고 하나님의 아들이 없는 자에게는 생명이 없느니라" (요한일서 5 : 11–12).

당신이 구원받은 후 사단이 제일 먼저 하는 일 중 한 가지는 당신이 구원받은 사실을 의심하게끔 하는 일입니다. 아마도 그는 당신의 마음 속에 이러한 질문을 던질 것입니다.

"너는 단지 예수를 믿고, 예수를 너의 구주로 영접함으로써 구원받았다고 생각하지는 않겠지? 그것은 너무 쉬운 일이야. 게다가, 너는 지금도 여전히 과거의 너와 조금도 달라진 데가 없어. 그리고 어느 누가 자신이 구원받았다는 것을 확실히 알 수 있겠어?"

사단이 이러한 생각을 당신의 마음 속에 일으킨다면, 당신은 무엇이라고 대답하겠읍니까? 당신은 이렇게 말해서는 안 됩니다. "나는 아주 기분이 좋기 때문에 구원받은 줄 알지."

당신의 기분이란 변화가 무쌍한 것이어서 하루에도 수 차례나 바뀔 수 있읍니다.

우리가 구원받은 사실을 아는 방법은 하나님의 말씀에 의해서이지 우리의 감정에 의해서가 아닙니다. 우리의 감정은 하루에도 여러 번 변할 수 있지만, 하나님의 말씀은 항상 동일합니다. 하나님의 말씀은 "아들이 있는 자에게는 생명이 있다"고 말씀하고 있읍니다.

우리는 우리가 구원받았는지 받지 못했는지를 알기 위하여 죽을 때까지 기다릴 필요가 없읍니다. 우리는 이것을 지금 알 수 있읍니다. 이것은 성경의 명백한 가르침입니다. 성경은 이렇게 말씀합니다.

"내가 하나님의 아들의 이름을 믿는 너희에게 이것을 쓴 것은 너희로 하여금 너희에게 영생이 있음을 알게 하려 함이라"(요한일서 5 : 13).

주 예수께서 우리를 구원하실 뿐만 아니라, 또한 우리를 지켜 주십니다! 예수께서는 자신을 위대한 목자로, 그리고 믿는 자들을 자신의 "양"으로 말씀하셨읍니다.

"내 양은 내 음성을 들으며 나는 저희를 알며 저희는 나를 따르느니라 내가 저희에게 영생을 주노니 영원히 멸망치 아니할 터이요 또 저희를 내 손에서 빼앗을 자가 없느니라"(요한복음 10 : 27 – 28).

참으로 거듭난 자들인 주님의 양들은 주님의 음성을 듣고 주님을 따르며, 또한 그들은 결코 "멸망치" 아니할 것이라고 주님께서 말씀하셨읍니다. 이것은 그들이 결코 버림받지 않을 것이라는 뜻입니다.

우리가 결코 우리의 구원을 잃어버리지 않을 것이라는 더 강한 확신을 우리에게 주시기 위하여, 예수께서는 믿는 자들은 모두 아버지(성부 하나님)의 손 안에 있다고 말씀하셨읍니다. 아무것도 하나님의 강한 손으로부터 우리를 빼앗아갈 수 없읍니다.

아무것도 하나님의 손에서 믿는 자를 빼앗아갈 수 없읍니다.

믿는 자들에 대하여 예수께서는 이렇게 말씀하셨읍니다.
"저희를 주신 내 아버지는 만유보다 크시매 아무도 아버지 손에서 빼앗을 수 없느니라"(요한복음 10 : 29).

2 하나님은 당신이 시험을 이길 수 있음을 알기를 원하신다

"사람이 감당할 시험밖에는 너희에게 당한 것이 없나니 오직 하나님은 미쁘사 너희가 감당치 못할 시험당함을 허락지 아니하시고 시험당할 즈음에 또한 피할 길을 내사 너희로 능히 감당하게 하시느니라"(고린도전서 10 : 13).

마귀가 당신을 공격하는 또다른 수법이 있읍니다. 그가 당신 마음 속에 이러한 생각을 일으킬는지 모릅니다.
"좋아, 너는 하나님의 자녀야, 그렇지만 너는 패배당한 그리스도인이고 또 항상 그럴 거야. 너의 생활 가운데는 네가 결코 이길 수 없는 어떤 죄가 있어. 너는 전에도 실패했고 앞으로도 계속 실패할 거야."

여기서도 역시 사단을 물리칠 수 있는 우리의 무기는 하나님의 말씀입니다. 고린도전서 10장 13절의 내용을 살펴보도록 합시다. 이 구절은 길기 때문에 몇 부분으로 나누어 생각해 봅시다.

1 "사람이 감당할 시험밖에는 너희에게 당한 것이 없나니"

이 말씀은 다른 사람들도 당신이 당하고 있는 것과 똑같은 시험을 당하고 있다는 뜻입니다. 이와 마찬가지로, 그들이 시험을 당하는 것과 같이 당신도 시험을 당하게 될 것입니다.

2 "하나님은 미쁘사"

이 말씀은, 하나님은 항상 자신의 약속을 이행하시는 분이라는 뜻입니다. 당신은 하나님의 미쁘심을 의지할 수 있읍니다.

3 "너희가 감당치 못할 시험당함을 허락지 아니하시고"

이 말씀은 당신이 감당할 수 없는 정도의 시험을 당하지 않게 하실 것이라는 하나님의 약속입니다.

4 "시험당할 즈음에 또한 피할 길을 내사 너희로 능히 감당하게 하시느니라"

이 말씀은 당신이 시험을 당할 때에, 당신

이 시험에 굴복하지 않도록 하나님이 당신을 위하여 피할 길을 마련해 주실 것이라는 뜻입니다. 당신은 범죄하지 않을 수 있니다.

이 구절을 꼭 암기하십시오. 이 구절은 길므로 당신이 잠깐 동안에 완전히 암기할 수 있을는지 모르겠읍니다. 그러나, 당신이 이 구절의 뜻을 바로 알고 암기할 수 있을 때까지 이 구절을 공부하십시오. 그런 다음 시험을 당할 때 이 구절을 사용하십시오.

하나님은 우리에게 시험(유혹)이 없는 생활을 약속하지 않으셨읍니다. 당신은 시험(유혹)을 당하게 될 것입니다. 가끔 사단은 단지 우리가 어떤 잘못된 일을 행하려고 하는 시험(유혹)을 당했다고 하여 우리가 범죄한 것이라고 생각하게끔 합니다.

그러나, 시험(유혹)은 죄가 아닙니다. 주 예수께서도 친히 여러 번 시험(유혹)을 받으셨으나 결코 범죄하지 않으셨읍니다. 단지 우리가 시험(유혹)에 굴복할 때만 범죄하게 되는 것입니다.

당신은 이 세상에 사는 동안 시험(유혹)을 받게 될 것입니다. 그렇지만 하나님의 도우심으로 당신은 시험(유혹)을 이길 수 있읍니다.

우리는 사단과 그의 시험을 가볍게 여겨서는 안 되며, 그렇다고 두려워해서도 안 됩니다. 성경은 다음과 같이 말씀합니다. "하나님이 우리에게 주신 것은 두려워하는 마음이 아니요 오직 능력과 사랑과 근신하는 마음이니"(디모데후서 1 : 7).

"시험을 참는 자는 복이 있도다"(야고보서 1 : 12).

하나님은 당신이 범죄하지 않도록 시험(유혹)을 이길 수 있는 능력을 당신에게 주실 것입니다.

3 하나님은 당신이 범죄했을 때 하나님께서 용서해 주심을 알기를 원하신다

"만일 우리가 우리 죄를 자백하면 저는 미쁘시고 의로우사 우리 죄를 사하시며 모든 불의에서 우리를 깨끗케 하실 것이요"(요한일서 1 : 9).

우리가 범죄하지 않아야 한다는 것은 사실입니다. 그러나, 우리는 여전히 타락한 성품을 가지고 있으며 자주 실패하고 있다는 것 또한 사실입니다. 성경은 이렇게 말씀합니다.

"만일 우리가 죄 없다 하면 스스로 속이고 또 진리가 우리 속에 있지 아니할 것이요"(요한일서 1 : 8).

우리가 범죄할 때 무슨 일이 일어납니까? 즉시 사단이 와서 우리를 정죄합니다. "이봐, 죄를 저질렀군! 너는 그리스도인 같은데, 네가 저지른 일을 봐! 그리스도인이라면 그 같은 짓을 하지 않지. 이제 하나님은 너에게 진노하고 계셔. 아마 너를 용서하지 않으실 거야."

우리의 죄에 대하여 생각할 때, 우리의 죄가 나쁜 것이며, 하나님을 노엽게 만든다는 사실을 인정해야 합니다. 그러나, 하나님은 자신의 말씀을 통해 무엇이라고 말씀하고 계십니까?
"만일 우리가 우리 죄를 자백하면 저는 미쁘시고 의로우사 우리 죄를 사하시며"(요한일서 1:9)라고 말씀하십니다.

아무리 자주 우리가 실패한다 할지라도 하나님은 우리가 우리의 죄를 자백할 때 용서해 주신다고 약속하십니다. 하나님께서 우리의 범죄를 기뻐하지 않으시지만, 우리를 사랑해 주십니다. 우리에 대한 하나님의 사랑은 결코 변하지 않습니다. 하나님은 이렇게 말씀하십니다.
"내가 무궁한 사랑으로 너를 사랑하는고로…"(예레미야 31:3).

하나님은 우리를 그리스도 안에서 보십니다.

하나님은 모든 사람들을 사랑하시지만, 그러나 그분 자신의 자녀들에 대해서는 특별한 사랑을 가지고 계십니다. 우리는 매우 연약하고 죄성(罪性)이 가득 찼는데도 하나님이 어떻게 우리를 사랑하실 수 있는지 당신은 아마 의아하게 생각할 것입니다.
하나님이 우리를 지극히 사랑하시는 이유는 우리가 그리스도께 속해 있기 때문입니다. 하나님이 우리를 보실 때, 그분은 우리를 "그리스도 안에서" 보십니다. 하나님은 자신의 독생자를 사랑하시는 것처럼 우리를 사랑하십니다. 우리가 이것을 믿기란 어려운 일이지만, 이것은 사실입니다. 주 예수께서 이렇게 말씀하셨읍니다.
"너희가 나를 사랑하고 또 나를 하나님께로서 온 줄 믿은고로 아버지께서 친히 너희를 사랑하심이니라"(요한복음 16:27).

4 하나님은 당신의 기도가 응답됨을 알기를 원하신다

"지금까지는 너희가 내 이름으로 아무것도 구하지 아니하였으나 구하라 그리하면 받으리니 너희 기쁨이 충만하리라"(요한복음 16:24).

그리스도인이 된다고 하는 것은 우리에게 더이상 아무 문제도 일어나지 않는다는 것을 뜻하는 것이 아닙니다. 주님께서는 우리가 이 세상에서 많은 고통과 문제를 겪을 것이라고 말씀하셨읍니다.
당신이 큰 문제에 봉착했을 때 사단은 어떤 자세를 취합니까? 그는 당신이 하나님의 사랑과 신실하심을 의심하게끔 합니다. 사단은 당신의 마음 속에 이러한 생각을 일으킬는지 모릅니다.
"하나님은 참으로 너에게 관심을 갖고 있지 않아. 만일 하나님이 너에게 관심이 계신다면 너에게 이 일이 일어나지 않도록 했을 거야."
또는 이렇게 말할지도 모릅니다.
"하나님은 멀리 있을 뿐만 아니라, 더 중요한 일에 관심을 갖고 있어. 하나님은 너무 바빠서 너와 너의 문제에 관심을 기울일 수 없어."
그러나, 성경은 무엇이라고 말씀합니까? 성경은 하나님이 하늘에 계신 우리의 아버지이시며, 순종하는 자신의 자녀들의 기도를 들으시고 응답해 주신다고 말씀하고 있읍니다.

"주의 눈은 의인을 향하시고 그의 귀는 저의 간구에 기울이시되…"(베드로전서 3 : 12).

우리에게 필요한 것들에 대하여 우리는 어떤 자세를 취해야 합니까? 우리는 예수의 이름으로 아버지께 기도해야 합니다. 하나님은 자기 자녀들을 사랑하시며 그들의 필요를 채워 주고자 하십니다.

성경은 하나님이 "저를 부르는 모든 사람에게 부요하시도다"라고 말씀합니다(로마서 10 : 12). 우리는 하나님께 나아가 우리에게 필요한 것을 그분께 구해야 합니다. 예수께서 이렇게 말씀하셨읍니다.

"지금까지는 너희가 내 이름으로 아무것도 구하지 아니하였으나 구하라 그리하면 받으리니 너희 기쁨이 충만하리라"(요한복음 16 : 24).

하나님께서는 순종하는 자기 자녀들의 기도를 듣고 응답해 주십니다.

하나님은 우리를 사랑하시며 우리가 문제와 근심을 안고 그분에게로 나오기를 원하십니다. 성경은 다음과 같이 말씀합니다.

"너희 염려를 다 주께 맡겨 버리라 이는 저가 너희를 권고하심이니라"(베드로전서 5 : 7).

하나님은 우리의 생활 가운데 어떤 죄가 있음에도 불구하고 우리가 이것을 기꺼이 버리려 하지 않을 때에도 우리의 기도를 응답해 주신다고 약속하지는 않으십니다. 그러나, 만일 우리가 하나님을 기쁘시게 하는 일을 행한다면, 하나님은 우리가 구하는 것을 주실 것입니다. 성경은 이렇게 말씀합니다.

"무엇이든지 구하는 바를 그에게 받나니 이는 우리가 그의 계명들을 지키고 그 앞에서 기뻐하시는 것을 행함이라"(요한일서 3 : 22).

하나님은 우리의 필요를 채워 주실 뿐만 아니라, 우리가 그분을 의지하고 그에게 기도할 때 우리를 인도해 주십니다.

우리는 삶의 노정에서 중요한 결정을 내려야 할 경우를 많이 만나게 됩니다. 만일 우리 자신에게만 맡긴다면, 우리는 많은 실수를 범하게 될 것입니다. 그러나, 이러한 결정들을 내림에 있어서 우리는 우리 자신의 지혜만을 의존할 필요가 없읍니다.

우리는 하나님께 기도하여 우리가 어떻게 해야 할지를 여쭤볼 수 있읍니다. 우리가 이러한 문제들을 하나님께 맡기고 하나님을 신뢰할 때 하나님은 우리를 인도해 주실 것입니다. 성경은 다음과 같이 말씀합니다.

"너는 마음을 다하여 여호와를 의뢰하고 네 명철을 의지하지 말라 너는 범사에 그를 인정하라 그리하면 네 길을 지도하시리라" (잠언 3 : 5—6).

기억해야 할 네 가지 사실

이 장에서 우리는 놀라운 사실 네 가지를 배웠읍니다.

1 하나님께서는 당신이 구원받은 사실을 알기를 원하신다(요한일서 5 : 11—12).

2 하나님께서는 당신이 시험을 이길 수 있다는 사실을 알기를 원하신다(고린도전서 10 : 13).
3 하나님께서는 당신이 범죄했을 때 하나님께서 용서해 주신다는 사실을 알기를 원하신다(요한일서 1 : 9).
4 하나님께서는 당신의 기도가 응답된다는 사실을 알기를 원하신다(요한복음 16: 24).

주님께서 우리를 위하여 행하시는 모든 놀라운 일들을 생각할 때에 우리는 주님을 점점 더 사랑하고자 하는 마음을 갖게 됩니다. 이것이 바로 주님께서 우리가 행하기를 원하시는 일입니다.

당신 안에 거하시는 주 예수는 인격이십니다. 주 예수께서는 당신을 사랑하시며 당신이 그분(예수)을 사랑하기를 원하고 계십니다. 성경은 이렇게 말씀합니다.
"우리가 사랑함은 그가 먼저 우리를 사랑하셨음이라"(요한일서 4 : 19).

주 예수를 사랑한다는 것은 당신의 삶에 있어서 그분을 으뜸으로 모신다는 뜻입니다. 당신이 마음을 다하여 주님을 사랑하고 그분을 기쁘시게 하는 일을 행함으로써 당신은 그분을 기쁘게 해드리는 것이 됩니다.

●깨달은 진리

하나님은 내가 구원받은 사실과 또한 그분이 항상 나를 돌보아 주실 것이라는 사실을 내가 알기를 원하신다.

주의 : 이 장의 다음 부분은 당신이 어떻게 주님을 기쁘시게 할 수 있는지를 가르쳐 줄 것입니다. 주의깊게 읽으십시오.

하나님을 기쁘시게 하는 방법

믿는 자는 누구든지 주님을 기쁘시게 하기를 진정으로 원해야 합니다. 우리가 구원받은 사실을 알 수 있는 방법 중 한 가지는 우리가 주님을 사랑하고 또한 주님을 기쁘시게 하기를 원하는 것입니다.

사도 바울은 주 예수를 기쁘시게 하는 것을 자신의 삶의 목표로 삼았읍니다. 바울은 이렇게 기록했읍니다.
"그런즉 우리는 거하든지 떠나든지 주를 기쁘시게 하는 자 되기를 힘쓰노라"(고린도후서 5 : 9).

여기 우리가 하나님을 기쁘시게 할 수 있는 방법이 몇 가지 있읍니다.

●우리가 하나님을 사랑할 때

예수께서는 크고 첫째 되는 계명은, 우리가 마음을 다하여 하나님을 사랑하는 것이라고 말씀하셨읍니다. 만일 우리의 죄가 어떻게 용서받았는지 우리가 기억한다면 우리는 하나님을 사랑하지 않을 수 없읍니다.

하나님은 자기를 사랑하는 자들에게 일곱 가지의 놀라운 약속을 하십니다. 다음 구절에서 당신이 이 약속들을 찾을 수 있는지 살펴보십시오. 그리고 그것들에 밑줄을 치십시오. "저가"나 "저를"이 나오는 곳에 당신의 이름을 넣어 이러한 약속들을 당신 자신의 것으로 만드십시오. 하나님은 이렇게 말씀하셨읍니다.
"저가 나를 사랑한즉 내가 저를 건지리라 저가 내 이름을 안즉 내가 저를 높이리라 저가 내게 간구하리니 내가 응답하리라 저희 환난 때에 내가 저와 함께하여 저를 건지고 영화롭게 하리라 내가 장수함으로 저를 만족케 하며 나의 구원으로 보이리라" (시편 91 : 14—16).

● 우리가 하나님을 예배할 때

하나님은 신령과 진정으로 그분에게 예배하는 참된 예배자들을 기뻐하십니다. 예수께서 이렇게 말씀하셨읍니다.
"아버지께 참으로 예배하는 자들은 신령과 진정으로 예배할 때가 오나니 아버지께서는 이렇게 자기에게 예배하는 자들을 찾으시느니라"(요한복음 4 : 23).

하나님께 예배한다는 것은 그분을 사랑하고, 그분을 존경하고, 그분을 경외하고, 그분을 찬미하고, 그분을 높이는 것을 뜻합니다.

하나님께 예배하는 것은 우리 마음 자세의 문제입니다. 하나님께 예배하기 위하여 우리는 정규적으로 다른 신자들과 함께 모일 필요가 있읍니다. 그렇지만 매일 우리 마음 속으로 역시 하나님께 예배할 필요가 있읍니다.

● 우리가 하나님께 순종할 때

순종은 우리의 삶에 하나님의 복을 받기 위한 필수 불가결한 조건입니다. 하나님은 순종하지 않는 자를 도저히 기뻐하실 수 없으며, 또한 그런 자에게 자신의 복을 주실 수 없읍니다.

우리가 주님을 사랑하는 일에 대하여 말을 할 수 있을는지는 모르지만, 만일 우리가 하나님께 순종하지 않는다면 우리는 참으로 하나님을 사랑하는 것이 아닙니다. 주 예수께서 이렇게 말씀하셨읍니다.
"사람이 나를 사랑하면 내 말을 지키리니 내 아버지께서 저를 사랑하실 것이요 우리가 저에게 와서 거처를 저와 함께 하리라" (요한복음 14 : 23).

● 우리가 하나님을 신뢰할 때

하나님은 그분을 신뢰하는 자, 즉 하나님이 자신들을 사랑하시고 자신들에게 친절하시리라고 믿는 자들을 기뻐하십니다. 우리는 믿음이 없이는 하나님을 기쁘시게 할 수 없읍니다. 성경은 이렇게 말씀합니다.
"믿음이 없이는 기쁘시게 못하나니 하나님께 나아가는 자는 반드시 그가 계신 것과 또한 그가 자기를 찾는 자들에게 상 주시는 이심을 믿어야 할지니라"(히브리서 11 : 6).

● 우리가 하나님을 찬양할 때

하나님은 자기 백성들의 찬양을 기뻐하십니다. "찬양(감사로 제사—개역 한글성경)을 드리는 자가 나를 영화롭게 한다"(시편 50 : 23)고 하나님은 말씀하셨읍니다. 하나님은 자기 백성들이 그분을 찬양할 때 기뻐하십니다. 다윗은 이렇게 말했읍니다.
"내가 노래로 하나님의 이름을 찬송하며 감사함으로 하나님을 광대하시다 하리니 이것이 소 곧 뿔과 굽이 있는 황소를 드림보다 여호와를 더욱 기쁘시게 함이 될 것이라"(시편 69 : 30—31).

● 우리가 감사할 때

하나님은 자기 자녀들에게 좋은 선물들을

주시기를 좋아하시며, 또한 그들이 그분에게 감사할 때 기뻐하십니다. 성경은 이렇게 말씀합니다.

"범사에 감사하라 이는 그리스도 예수 안에서 너희를 향하신 하나님의 뜻이니라" (데살로니가전서 5 : 18).

● 우리가 매일 기도와 말씀 연구로 함께 하는 시간을 가질 때

하나님은 매일 자기 자녀들과 교제하시기를 원하십니다. 우리가 시간을 내어 그분 말씀을 연구하고, 기도함으로 그분과 만날 때 그분은 기뻐하십니다. 하나님께서 이렇게 말씀하셨읍니다.

"누구든지 내게 들으며 날마다 내 문 곁에서 기다리며 문설주 옆에서 기다리는 자는 복이 있나니"(잠언 8 : 34).

> 모든 그리스도인은 하나님의 말씀 연구와 기도를 위한 별도의 시간, 즉 매일 경건의 시간을 가져야 한다.

● 우리가 그리스도인들로서 자랄 때

믿는 자는 누구든지 하나님의 가족 가운데 "새로 태어난 어린 아이"로서 그리스도인의 생활을 시작합니다. 새로 태어난 어린 아이는 부모에게 기쁨과 즐거움을 주지만, 만일 그 어린 아이가 자라지 못하고 또 제대로 성숙하지 못한다면 부모의 기쁨은 슬픔과 비탄으로 변하게 될 것입니다.

어린 아이가 자라서 성숙해 지는 대신, 사고와 행동에 있어서 여전히 어린 아이의 상태로 머물러 있다면 얼마나 불행한 일이겠읍니까!

이와 같이 하나님은 새로 태어난 자기의 어린 자녀들이 자라지 못하고 성숙하지 못할 때, 슬퍼하시며 실망하십니다. 우리는 주님을 기쁘시게 하기 위하여 우리의 그리스도인의 생활에 있어서 장성하지 않으면 안 됩니다. 성경은 이렇게 말씀합니다.

"오직 우리 주 곧 구주 예수 그리스도의 은혜와 저를 아는 지식에서 자라 가라"(베드로후서 3 : 18).

하나님은 우리가 영적으로 성장하는 데에 필요한 음식을 공급해 주셨읍니다. 이 음식은 하나님의 말씀입니다. 성경은 다음과 같이 말씀합니다.

"갓난 아이들같이 순전하고 신령한 젖을 사모하라 이는 이로 말미암아 너희로 구원에 이르도록 자라게 하려 함이라" (베드로전서 2 : 2).

● 우리가 성실하게 교회에 출석할 때

성경은 우리가 다른 신자들과 함께 정기적으로 모이는 일에 소홀히 해서는 안 된다고 말씀하고 있읍니다. 특별히 주 예수의 재림이 임박한 오늘날 다른 그리스도인과의 교제는 더욱더 필요합니다. 성경은 이렇게 말씀합니다.

"모이기를 폐하는 어떤 사람들의 습관과 같이 하지 말고 오직 권하여 그 날이 가까움을 볼수록 더욱 그리하자" (히브리서 10 : 25).

● 우리가 하나님 안에서 기뻐할 때

우리의 감정이 항상 기쁠 수만은 없고, 또 우리의 환경이 항상 기뻐할 수 있는 것만은 아니지만, 우리는 주님 안에서 항상 기뻐할 수 있읍니다. 우리는 주님이 어떤 분이시며 또 우리를 위하여 무엇을 하셨는지를 생각할 때, 기뻐할 수 있읍니다.

이것이 하나님을 기쁘시게 합니다. 성경은 이렇게 말씀합니다.

"주 안에서 항상 기뻐하라 내가 다시 말하노니 기뻐하라"(빌립보서 4 : 4).

거룩한 생활

하나님께서는 그분이 기뻐하시는 일을 행하는 자들에게 복을 주신다고 약속하십니다. 우리가 거듭하여 이러한 결정을 하게 될 때, 거룩한 습관을 가지게 되며 거룩한 생활을 향상시킬 수 있게 됩니다.

성경에 나오는 위대한 인물들은 거룩한 습관을 가지고 이것에 따라서 살았던 사람들이었읍니다. 하나님은 그들을 믿으실 수 있었읍니다. 하나님은 아브라함에게 다음과 같이 말씀하셨읍니다.

"내가 그로 그 자식과 권속에게 명하여 여호와의 도를 지켜 의와 공도를 행하게 하려고 그를 택하였나니…"(창세기 18 : 19).

당신은 당신의 생활 가운데 거룩한 습관들을 가지기 시작했읍니까? 하나의 거룩한 습관은 당신의 분명한 의지적 선택으로부터 시작되며, 그것이 습관이 될 때까지 그러한 행동을 반복함으로써 그 습관은 확고해집니다.

하나님은 우리가 기도 생활과, 하나님의 말씀을 읽고 암송하는 것과, 하나님의 일에 열중하는 것, 다른 사람에게 그리스도를 전하는 일, 그리고 믿는 교우들과 함께 예배에 참석하는 일에 충실하기를 원하십니다.

이러한 활동들은 선택과 노력, 그리고 결심에 의하여 우리의 생활의 거룩한 습관들이 되어 집니다. 우리가 어떤 일을 거듭하여 행할 때 그것은 우리 생활의 일부분이 되며, 우리는 그것을 바라보고 즐거워하게 됩니다. 이것이, 우리가 하나님을 기쁘시게 하는 생활을 향상시켜 나가는 방법입니다.

당신은 이제 거룩한 생활의 습관들을 하나하나 만들어 나가겠읍니까?

□ 확인 질문

1 우리의 큰 원수인 사단은 우리에게 어떤 일을 할 수 있읍니까? (   )
(가) 만일 우리가 깨어 있지 않는다면 하나님의 가족된 우리의 신분을 빼앗을 수 있다
(나) 우리에게 아무 일도 할 수 없다
(다) 하나님의 가족된 우리의 신분을 빼앗을 수는 없지만, 우리를 실패케 하고 낙심케 하기 위하여 가능한 모든 일을 할 수 있다

2 사단의 공격을 이길 수 있는 최선의 방법은 무엇입니까? (   )
(가) 그와 논쟁을 잘 하는 것이다
(나) 하나님의 말씀을 사용하는 것이다
(다) 사단의 공격에 대하여 생각하지 않으려고 애쓰는 것이다

3 성경은 우리의 구원의 확신 여부에 대하여 무엇이라고 가르칩니까? (   )
(가) 우리가 구원받은 사실을 확실히 알 수 없다고 가르친다
(나) 우리가 구원받은 사실을 확실히 알 수 있다고 가르친다
(다) 우리가 아무 잘못도 하지 않는 한 우리가 구원받은 사실을 알 수 있다고 가르친다

4 예수께서는 믿는 자들을 자신의 양이라고 말씀하십니다. 그러면 어떤 자들이 그 분의 양입니까? (   )
(가) 예수의 음성을 듣고 예수를 따르는 자들이다
(나) 착한 일을 행하는 자들이다.
(다) 밥티스마*를 받고 교회의 일원이 된 자들이다

5 성경은 믿는 자들의 시험에 대해서 무엇이라고 말합니까? (   )
(가) 다른 사람들보다도 더 큰 시험을 당한다고 한다
(나) 다른 사람들이 당하는 것과 똑같은 시험을 당한다고 한다
(다) 다른 사람들처럼 많은 시험은 당하지 않는다고 한다

6 우리가 시험을 만날 때에 다음의 어떤 사항이 옳습니까? (   )
(가) 하나님은 우리가 모든 시험을 다 물리치기를 기대하지 않으신다.
(나) 우리는 가끔 죄를 짓지 않으면 안 된다.
(다) 하나님이 우리를 위하여 피할 길을 만들어 주실 것이므로 범죄하지 않을 수 있다.

7 하나님께서 우리를 지극히 사랑하시는 까닭은 무엇입니까? (   )
(가) 우리는 선한 삶을 사는 훌륭한 사람들이기 때문이다
(나) 우리는 그리스도께 속해 있으며, 하나님은 "그리스도 안에서" 우리를 보시기 때문이다
(다) 우리가 하나님을 위하여 선한 일을 많이 하기 때문이다

8 하나님이 누구의 기도를 듣고 응답해 주십니까? (   )
(가) 순종하는 자녀들
(나) 순종 여부에 상관없이 모든 자녀들

*밥티스마(*baptisma*)란 교회에 따라 「세례」 혹은 「침례」라 한다.

(다) 하나님의 자녀이든 아니든 상관없이 모든 사람들

9 우리가 중요한 결정을 해야 할 때 어떤 자세를 가져야 합니까? (　)

(가) 우리는 우리 자신의 지혜에 의존해야 한다

(나) 우리는 주로 친구의 조언에 의존해야 한다

(다) 이러한 문제들을 하나님께 맡기고 하나님을 신뢰함으로 하나님의 인도하심에 의존해야 한다

10 하나님께서 기뻐하시는 것은 무엇입니까? (　)

(가) 하나님의 자녀들이 가끔 기도하고, 하나님의 말씀을 읽고, 교회에 봉사하고 참여할 때

(나) 하나님의 자녀들이 하고 싶은 때만 하나님을 섬길 때

(다) 하나님의 자녀들이 기도와, 하나님의 말씀을 읽는 것과, 봉사와, 그리고 예배 참석하는 일에 충실할 때

● 당신이 이 장에서 배운 가장 중요한 교훈은 무엇입니까?

제 13 과

그리스도안에서 새로운 생활

"내가 그리스도와 함께 십자가에 못 박혔나니 그런즉 이제는 내가 산 것이 아니요 오직 내 안에 그리스도께서 사신 것이라 이제 내가 육체 가운데 사는 것은 나를 사랑하사 나를 위하여 자기 몸을 버리신 하나님의 아들을 믿는 믿음 안에서 사는 것이라" (갈라디아서 2 : 20)

이 장에서 우리는 하나님의 율법에 관해 공부하고자 합니다. 우리는 우리가 그리스도인이 되는 데 율법이 어떠한 역할을 했으며, 그리스도께서는 어떻게 우리가 율법의 의로운 요구를 만족시킬 수 있도록 하셨는지를 알기를 원합니다. 우리는 그리스도인의 생활 방법을 배울 것입니다. 하나님의 율법에 관하여 잠시 생각해 봄으로써 시작해 봅시다.

하나님의 율법

우리가 "하나님의 율법"이라고 말할 때 이것은 무엇을 의미합니까? 이것은 하나님의 명령을 의미합니다. 율법은 어디에서 왔을까요? 율법은 하나님으로부터 왔읍니다. 시내 산에서 하나님께서는 모세에게 십계명을 주셨읍니다. 하나님께서는 친히 손가락으로 돌판 위에 이들 율법을 쓰신 것입니다.

십계명에서, 하나님은 말씀하셨읍니다. "너는 극진히 나를 사랑하고 경배하며 나보다 앞세우는 것이 없도록 하라
너는 우상을 만들지 말며 그것들에게 절

하나님께서 모세에게 십계명을 주심

하지 말라
내 이름을 망령되이 부르지 말라
안식일을 거룩하게 지키라
너의 부모를 공경하라
살인하지 말라
간음하지 말라
도적질하지 말라
거짓 증거 하지 말라
네 이웃에게 속한 소유를 탐내지 말라."

그러나, 하나님의 율법이란 단순히 십계명보다 더욱더 광범위한 것을 포함하고 있읍니다. 성경에는 하나님의 다른 많은 명령들이 있으며 이것들도 그분의 거룩한 율법 속에 포함됩니다.

하나님의 율법은 그분의 의지의 표현이며, 이 율법은 하나님 보시기에 무엇이 옳은 것이며 무엇이 그릇된 것인가를 우리에게 말해 주는 것입니다. 성경은 말씀합니다.
"여호와 보시기에 정직하고 선량한 일을 행하라 그리하면 네가 복을 얻고…"(신명기 6 : 18).

우리가 하나님의 율법을 어길 때, 우리는 죄를 범하게 되는 것이며, 그 결과는 사망이라는 것을 알고 있읍니다. 성경은 말씀합니다.
"…죄는 불법(不法)이라"(요한일서 3 : 4).
"죄의 삯은 사망이요…"(로마서 6 : 23).

사람들은 하나님의 율법을 지켜 왔는가?

아니요, 지키지 못했읍니다. 주 예수님 외에는 아무도 하나님의 율법을 완전하게 지키지 못했읍니다. 성경은 이렇게 말씀합니다.
"그러므로 율법의 행위로 그의 앞에 의롭다 하심을 얻을 육체가 없나니…"(로마서 3 : 20).

율법이 할 수 없는 것

하나님의 율법은 선하고, 거룩하며 의로운 것이지만, 그것이 할 수 없는 것 세 가지가 있읍니다.

1. 율법은 죄를 용서할 수 없읍니다.
2. 율법은 영생을 주지 못합니다.
3. 율법은 사람을 선하게 만들지 못합니다.

율법은 사람들이 무엇을 해야 하는지에 대해 말해 주지만, 그러나 사람들이 그것을 행할 힘은 주지 못합니다.

율법은 무엇을 하는가?

율법이 사람을 구원할 수 없고, 또 사람을 선하게도 만들 수 없다면, 율법이 하는 일은 무엇인가? 율법은 세 가지 일을 했읍니다.

1. 율법은 죄가 무엇인가를 보여 주었읍니다.
2. 율법은 죄인을 책망합니다.

3 율법은 사람들에게 구세주가 필요하다는 것을 보여 주었읍니다.

이제, 구약성경 시대의 사람의 경우를 생각해 보고 어떻게 율법이 이 세 가지 중요한 일을 했는가를 살펴보도록 합시다.

1 율법은 죄가 무엇인가를 사람들에게 보여 주었다

율법이 주어지기 전에는 어떤 물건을 훔친 사람은 그렇게 하는 것이 죄라는 것을 알지 못했다고 말할 수 있읍니다. 그러나 율법이 있은 후엔, 다른 사람에게 속한 어떤 물건을 훔쳤을 때, 그는 그가 죄를 지었다는 것을 알게 됩니다. 율법은 그가 죄인이라는 것을 그에게 보여 주었읍니다. 성경은 말씀합니다.
"…율법으로는 죄를 깨달음이니라"(로마서 3 : 20).

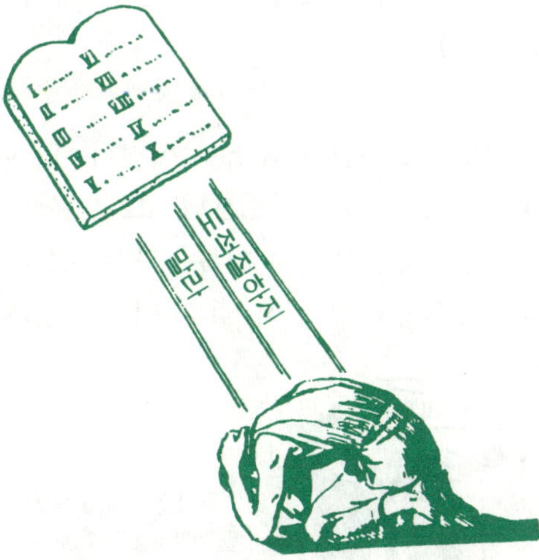

"…율법으로는 죄를 깨달음이니라" (롬 3 : 20).

2 율법은 죄인을 책망한다

하나님의 율법은 사람이 죄인이라는 것을 보여 주었을 뿐만 아니라, 그밖의 어떤 일도 했읍니다. 율법은 죄인에게 사형 선고를 하였읍니다. 성경은 말씀합니다.
"범죄하는 그 영혼은 죽을 지라…"(에스겔 18 : 20).

3 율법은 사람들에게 구세주가 필요하다는 것을 보여 주었다

사람이 그가 죄인이며 사형 선고를 받았다는 것을 알았을 때 무슨 일이 일어났읍니까? 그는 구세주가 필요하다는 것을 깨달았읍니다!

그는 어떻게 했읍니까? 믿음으로 그는 자기의 죄를 대신하는 희생으로서 양을 가지고 와서 제물로 바쳤읍니다. 이런 양의 희생이 그의 죄를 제거해 주었읍니까? 아닙니다. 그러나, 그가 이 양을 제물로 바쳤을 때 그는 하나님의 어린 양, 주 예

율법은 사람들에게 구세주가 필요하다는 것을 보여 주었읍니다.

수 그리스도께서 오실 것을 바라보았으며 하나님은 그의 희생을 받으셨읍니다.

율법이 이 사람을 위해서 무엇을 했읍니까? 율법은 그가 죄인이며 그에게는 구세주가 필요하다는 것을 알려 주었읍니다.

율법은 우리를 위해 무엇을 하는가?

율법은 구약에서 사람들을 위해 했던 일과 꼭 같이 오늘날 우리에게도 세 가지 일을 하고 있읍니다.

1. 율법은 죄가 무엇인가를 보여 줍니다.
2. 율법은 우리를 정죄합니다.
3. 율법은 우리에게 우리의 구세주로서 그리스도가 필요하다는 것을 알려 줍니다.

이제, 우리는 율법의 목적을 알았읍니다. 율법의 목적은 믿음으로 의롭다 함을 얻을 수 있도록 우리를 그리스도에게로 인도하는 것입니다. 성경은 말씀합니다.
"이같이 율법이 우리를 그리스도에게로 인도하는 몽학선생이 되어 우리로하여금 믿음으로 말미암아 의롭다 함을 얻게 하려 함이니라"(갈라디아서 3 : 24).

그리스도는 우리의 구세주시다

우리는 율법이 우리를 그리스도께로 인도한다는 것을 알았읍니다. 이제는 그리스도께서 우리를 구원하실 때 우리를 위해 무엇을 하셨는지를 보도록 합시다.

1. 그리스도는 율법의 저주로부터 우리를 구속하셨읍니다.
2. 그리스도는 율법의 지배로부터 우리를 해방시켜 주셨읍니다.
3. 그리스도는 우리 안에 사시기 위해 다시 오셨읍니다.

이제 이들 세 가지 중요한 일을 생각해 보도록 합시다.

1 그리스도는 율법의 저주로부터 우리를 구속하셨다

율법은 완벽한 복종을 요구했읍니다. 하나님의 거룩한 율법을 파기한 사람들은 율법의 저주 아래 놓이게 되었읍니다. 성경은 말씀합니다.
"…누구든지 율법책에 기록된 대로 온갖 일을 항상 행하지 아니하는 자는 저주 아래 있는 자라 하였음이라"(갈라디아서 3 : 10절).

우리는 하나님의 율법을 어겼기 때문에, 사형 선고를 받게 되었으나 그리스도께서 율법의 저주로부터 우리를 구속하셨읍니다. 그분이 어떻게 이 일을 해 주셨읍니

"그리스도께서 우리를 위하여 저주를 받은 바 되사 율법의 저주에서 우리를 속량하셨으니."

까? 우리를 위하여 죽으심으로 해결해 주셨읍니다. 그분은 우리를 위하여 율법을 어긴 대가를 대신 치러 주신 것입니다. 성경은 말씀합니다.

"그리스도께서 우리를 위하여 저주를 받은 바 되사 율법의 저주에서 우리를 속량하셨으니…" (갈라디아서 3 : 13).

2 그리스도는 율법의 지배로부터 우리를 해방시켜 주셨다

우리 주 그리스도께서는 율법의 저주에서 우리를 해방시켜 주셨을 뿐아니라 또한 율법의 지배 즉, 율법이 사람들을 지배하던 곳인 아담 안에서의 옛 피조물로부터 우리를 해방시켜 주셨읍니다.

어떻게 그리스도께서 율법의 저주로부터 우리를 해방시키셨읍니까? 우리가 그분과 함께 죽음으로써입니다. 우리가 그리스도와 함께 죽었을 때, 우리는 옛 피조물로부터 하나님 아들의 왕국으로 옮겨진 것입니다. 우리는 더 이상 율법 아래 있는 죄의 노예가 아니며 은혜 아래 있는 하나님의 아들들입니다. 성경은 말씀합니다.

"죄가 너희를 주관치 못하리니 이는 너희가 법 아래 있지 아니하고 은혜 아래 있음이라" (로마서 6 : 14).

"…법 아래 있지 않고 은혜 아래 있음이라."

3 그리스도가 우리 안에 사시기 위해 다시 오셨다

하나님의 자녀로서, 우리는 그분의 명령을 지킴으로서 하늘 아버지께 우리가 그분을 사랑한다는 것을 나타내게 됩니다. 그런데 어떻게 우리가 하나님의 명령들을 과연 지킬 수가 있을까요? 주 예수 그리스도께서 이 일을 가능하게 해 주셨읍니다. 즉, 그분이 우리 안에 살기 위해 오셔서 내주하시기 때문입니다.

왜 주 예수께서 우리 안에 살기 위해 오셨읍니까? 그분은 우리 안에서 율법의 의의 요구를 만족시킬 수 있도록 하기 위해 오셨읍니다.

율법 아래서 나는 하나님의 의의 요구를 지키려고 노력해 봤지만 실패했읍니다. 지금 주 예수께서는 내 안에 살기 위해 오셔서 말씀하십니다.

"내가 네 안에서 그것들을 만족시켜 주겠다"라고 말입니다.

어떻게 이 일을 하시는지 봅시다. 우리는 율법이 우리에게 이웃을 사랑하라고 명하는 것을 알고 있읍니다. 이 하나님의 명령은 선하고 의로운 것이지만 나는 그 것을 계속 지킬 수가 없었읍니다.

이제 그리스도께서는 내 안에 살기 위해 오셨읍니다. 그분은 다른 사람들을 사랑하십니까? 물론, 그분은 그렇게 하십니다. 그분은 그들을 위해서 죽기도 하셨읍니다. 그리스도의 사랑이 내 마음 속에 풍성하게 거할 때, 나는 나의 원수까지라도 사랑하게 될 것입니다. 율법이 밖에서 내게 명함으로써 시행할 수 없었던 그것들을 그리스도께서 내 안에서 하십니다.

어떻게 그리스도인의 삶을 살 것인가

갈라디아서 2장 20절에서 사도 바울은 그리스도인의 삶을 어떻게 살 것인가를 말해 주고 있읍니다. 그는 다음과 같이 말했읍니다.
"내가 그리스도와 함께 십자가에 못박혔나니 그런즉 이제는 내가 산 것이 아니요 오직 내 안에 그리스도께서 사신 것이라 이제 내가 육체 가운데 사는 것은 나를 사랑하사 나를 위하여 자기 몸을 버리신 하나님의 아들을 믿는 믿음 안에서 사는 것이라" (갈라디아서 2 : 20).

이 말씀은 그리스도인의 삶에 있어 중심이 되는 요절입니다. 당신은 이 말씀을 암송해야 하며 이 말씀이 무엇을 의미하는지를 알아야만 합니다. 자, 이 구절을 생각해 봅시다.
"내가 그리스도와 함께 십자가에 못박혔나니."

우리가 그리스도와 함께 십자가에 못박혔다는 그 사실은 그리스도인의 삶 속에서 모든 원수들과 대적하여 승리하는 데 기초가 되는 것입니다. 우리가 그리스도와 함께 죽고 장사되고, 그리고 부활함으로써 우리는 죄, 자아, 육신, 세상과 사단의 권세로부터 해방되었읍니다. 이것이 그리스도 안에 있는 우리의 신분임을 우리는 믿어야만 합니다. 기억하십시오.

우리의 신분에 대한 믿음이 우리의 삶 속에서 그것을 실제화시켜 준다.

"이제는 내가 산 것이 아니요 오직 내 안에 그리스도께서 사신 것이라."

하나님께서 우리를 그리스도와 함께 십자가에 못박으신 데는 위대한 목적이 있었읍니다. 그것이 무엇이었을까요? 하나님께서 그리스도와 함께 우리를 십자가에서 못박으심으로써 우리의 옛 자아중심적인 삶을 끝내고 그리스도께서 우리 안에서 그리스도의 삶을 사실 수 있도록 하기 위해서였읍니다.

성경은 그리스도를 가리켜 "하나님의 능력"이라고 말씀합니다. 그분은 우리 안에 사시며, 그분은 우리가 필요로 하는 모든 것을 이루어 주십니다. 성경은 말씀합니다.

"너희는 하나님께로부터 나서 그리스도 예수 안에 있고 예수는 하나님께로서 나와서 우리에게 지혜와 의로움과 거룩함과 구속함이 되셨으니"(고린도전서 1 : 30).

내가 어떻게 의롭게 될 수 있읍니까? 그 대답은 "그리스도께서 내 안에 계시기 때문이다"입니다. 그분이 나의 의로움입니다. 내가 어떻게 거룩하게 될 수 있읍니까? 그 대답은 "그리스도께서 내 안에 계시기 때문이다"입니다. 그분이 나의 거룩함입니다. 내가 어떻게 유혹(시험)을 이길 수 있을까요? "그리스도께서 내 안에 계시기 때문입니다." 그분은 승리하신 분입니다. 내가 어떻게 율법의 의를 만족시킬 수가 있읍니까? 그리스도께서 내 안에 계시니 할 수 있읍니다. 그분은 언제나 하나님의 뜻만을 이행하시는 분이십니다.

"내게 능력 주시는 자 안에서 내가 모든것을 할 수 있느니라"
(빌 4 : 13).

"이제 내가 육체 가운데 사는 것은 나를 사랑하사 나를 위하여 자기 몸을 버리신 하나님의 아들을 믿는 믿음 안에서 사는 것이라."

우리는 지금까지 그리스도인의 삶에 관하여 이야기해 왔읍니다. 그러면 그리스도인의 삶이란 무엇입니까? 내가 할 수 있는 최대의 노력을 다 하라는 뜻인가요? 아니, 그렇지 않습니다. 내 힘으로 율법을 만족시키는 것입니까? 아닙니다. 내가 그리스도인의 삶을 살아가도록 그리스도께서 나를 도우시는 것을 말합니까? 아니, 이것도 아닙니다. 그리스도인의 삶이란 그리스도께서 내 안에서 그분의 삶을 직접 살아가시는 것을 말합니다. 사도 바울은 다음과 같이 말했읍니다.

"이는 내게 사는 것이 그리스도니…"(빌립보서 1 : 21).

그러면 어떻게 우리가 그리스도인의 삶을 살아가게 됩니까? 우리는 믿음으로 살아가게 됩니다. 이것은 우리가 그리스도께서 우리 안에서 그분의 삶을 살아가심을 믿으며 사는 것을 의미합니다. 그리스도께서는 우리 안에 계십니다. 그분이 우리 안에서 그분의 삶을 살아가신다고 믿을 때 그분은 이 일을 신실하게 행하십니다.

오늘부터 그분을 인정하기 시작하십시오. 즉, 그리스도께서 능동적으로 당신 속에서 살아가고 계시다는 것을 깨닫도록 말입니다. 당신은 아침에 일어나서 당신 자신에게 "그리스도께서 내 안에 살아 계

신다"라고 말하십시오.

하루에도 여러 번 이것을 상기하십시오. 그리스도에 대하여, 그리고 그분이 당신에게 의미하는 모든 것으로 인하여 기뻐하십시오. 그분과 자주 대화하십시오. 그분께 당신이 그분을 사랑하며 또한 당신의 모든 행위로 인하여 그분을 기쁘시게 해 드리기를 원한다고 말씀드리십시오. 당신 안에 계시는 그분의 삶을 신뢰하고, 사도 바울과 같은 말을 하십시오.
"내게 능력 주시는 자 안에서 내가 모든 것을 할 수 있느니라"(빌립보서 4:13).

● 깨달은 진리

하나님은 나에게 그리스도가 필요하다는 사실을 알도록 율법을 주셨고, 또 하나님은 내 안에서 율법의 의를 이루시도록 그리스도를 보내 주셨다.

□ 확인 질문

1 하나님의 율법은 그분의 1□□의 2□□이며, 그분 보시기에 무엇이 선하며 무엇이 그른지를 우리에게 말해 줍니다.

2 우리가 하나님의 율법을 어길 때 우리는 1□를 범하게 되는 것이며 그 결과는 2□□입니다.

3 율법이 할 수 없는 일 세 가지가 있습니다. 즉, 1□를 2□□할 수 없으며, 3□□을 주지 못하고 사람을 4□하게 하지 못합니다.

4 율법의 목적은 1□□으로 의롭다 함을 얻을 수 있도록 우리를 2□□□□ 앞으로 인도하는 것입니다.

5 하나님께서 우리를 구원하셨을 때, 그리스도께서는 우리를 위해 세 가지 일을 하셨읍니다. 즉, 율법의 1□□로부터 우리를 구속하셨고, 율법의 2□□로부터 우리를 해방시키셨으며 우리 3□□ 사시기 위해 오신 것입니다.

6 그리스도께서는 우리 안에서 살아 가시며 율법의 1□의 2□□를 만족시키기 위해 오셨읍니다.

7 하나님께서 우리를 그리스도와 함께 십자가에 못박으신 목적은 우리의 옛 1□□□□□인 2□을 끝내고 그리스도께서 우리 안에서 그분의 2□을 사시게 하기 위함이었읍니다.

8 나는 어떻게 의로와질 수 있읍니까? 나는 어떻게 거룩해지며 어떻게 율법의 의를 만족시킬 수 있읍니까? 그 대답은 모두 1□□ 2□□□□께서 내 안에 계심으로써입니다.

9 그리스도인의 삶이란 그리스도께서 내 안에서 □□의 삶을 직접 살아 가시는 것을 의미합니다.

10 우리는 그리스도인의 삶을 □□으로 살게 됩니다.

● 당신이 이 장에서 배운 가장 중요한 교훈은 무엇입니까?

하나님과 나만의 시간

능력있는 믿음 생활의 비결은 매일 "경건의 시간"을 가지는 것입니다. 경건의 시간이란 말씀과 기도로 하나님과 단둘이 보내는 시간입니다. 여기, 당신이 매일 경건의 시간을 가지는 데 도움이 되는 몇 가지를 제공해 드리겠읍니다.

1 시간과 장소

당신에게 유리한 시간을 택하십시오. 대부분의 사람들에게 가장 좋은 시간은 이른 아침입니다.

당신이 혼자서 조용히 있을 수 있는 장소를 선택하십시오. 이 조용한 장소란 가족들이 아무도 일어나기 전에 먼저 일어나서 갖는 것을 의미할 수도 있읍니다.

시간과 장소를 선택했으면 그것을 계속해서 유지하십시오.

2 성경

인쇄 상태가 좋고 읽기 쉬운 성경을 택하십시오. 처음에 요한복음부터 읽으시면 좋습니다. 요한복음을 다 읽은 다음에 마태복음부터 시작하여 신약성경 전체를 읽어 나가십시오.

성경을 펴서 읽기 전에 먼저 눈을 감고 하나님과 이야기 하십시오. 당신의 죄를 자백하고, 성경을 읽을 때 하나님의 말씀을 통해서 당신의 마음속에 말씀해 주시기를 요청하십시오. 당신은 그분의 임재하심 가운데 있다는 것을 기억하십시오.

3 기도

성경을 읽고, 하나님께서 당신의 마음 속에 성경을 통해서 말씀하신 것을 들은 후에 기도 시간을 가지십시오. 당신에게 말씀을 주심을 감사하고, 하나님이 당신에게 축복하신 것들을 하나씩 그것들의 목록을 불러가며 감사드리십시오. 모든 죄를 깨끗케 하신 예수님의 피에 대해 감사드리고 당신의 기도들을 응답해 주심을 감사드리되 무엇보다도 중요한 것은 당신의 구주 예수님에 대하여 감사드리십시오.

다른 것을 위해 기도하시기를 원하십니까? 그분께 당신의 마음의 소원들을 말씀드리십시오. 그분은 당신의 모든 필요를 들으십니다.

당신의 가족과 친구를 위해 기도할 것을 기억하십시오. 당신이 위해서 기도해야 될 사람들의 명단을 만드는 것이 좋습니다.

당신은 정말 하나님을 알기를 원하십니까? 그렇다면 그분과 함께 단둘이서 보내는 시간이 있어야만 합니다.

제 14 과

그리스도안에서 새로운 축복

"그런즉 누구든지 그리스도 안에 있으면 새로운 피조물이라 이전 것은 지나갔으니 보라 새 것이 되었도다"
(고린도후서 5 : 17)

세상에는 아담의 가족과 그리스도의 가족, 즉 두 종류의 가족이 있습니다. 우리가 만일 아담의 가족 안에 속해 있다면 하나님은 우리를 아담 안에 있는 존재로 보시며, 만일 우리가 그리스도의 가족 안에 속해 있다면 그분은 우리를 그리스도 안에 있는 존재로 보십니다.

하나님은 모든 사람을 **아담 안에서** 아니면 **그리스도 안에서** 보십니다.

하나님은 당신이 아담 안에 있는가 아니면 그리스도 안에 있는가를 보십니다. 그분은 내가 아담 안에 있는가 아니면 그리스도 안에 있는가를 주목하십니다.

"아담 안에" 있다는 것은 무엇을 의미합니까? 아담 안에 있다는 것은 아담의 과거 상태와 그가 했던 것을 나도 함께 하고 있다는 것을 의미합니다. 본질상, 우리는 모두가 아담 안에 있어서 하나님과 분리된 채 죄와 사단에게 종노릇하였읍니다. 얼마나 끔찍한 상태입니까!

그러나, 여기에 놀라운 소식이 있읍니다. 우리가 거듭나게 되었을 때, 하나님은 우리를 그리스도 안으로 옮겨 주셨읍니다. 우리는 우리 자신이 이것을 할 수 없었지만 하나님은 우리를 위하여 이 일을 하셨읍니다. 우리는 이제 그리스도 안에 있읍

그리스도 안에서

니다.

어떻게 우리가 그리스도에게 들어갈 수 있었읍니까? 하나님께서 그 곳으로 옮겨 주셨읍니다.
"너희는 하나님께로부터 나서 그리스도 예수 안에 있고…"(고린도전서 1 : 30).

성경 전체에서 가장 귀중한 구절은 "그리스도 안에"라는 이 짧은 구절입니다. 이 구절 또는 이와 비슷한 구절이 신약성경에서 130번 이상이나 사용되고 있읍니다.

우리가 그리스도 안에서 새로운 신분이 되었다는 것을 우리에게 말해 주는 몇몇 구절을 살펴봅시다.

"너희는 하나님께로부터 나서 그리스도 예수 안에 있고…"(고린도전서 1 : 30).

"…하나님께서…그리스도 안에서 하늘에 속한 모든 신령한 복으로 우리에게 복 주시되 곧 창세 전에 그리스도 안에서 우리를 택하사…"(에베소서 1 : 3, 4).

"우리는 그의 만드신 바와 그리스도 예수 안에서 선한 일을 위하여 지으심을 받은 자니 이 일은 하나님이 전에 예비하사 우리로 그 가운데서 행하게 하려 하심이라"(에베소서 2 : 10).

"그런즉 누구든지 그리스도 안에 있으면 새로운 피조물이라 이전 것은 지나갔으니 보라 새 것이 되었도다"(고린도후서 5 : 17).

"…또한 우리가 참된 자 곧 그의 아들 예수 그리스도 안에 있는 것이니…"(요한일서 5 : 20).

"그 아들 안에서 우리가 구속 곧 죄 사함을 얻었도다"(골로새서 1 : 14).

"그러므로 이제 그리스도 예수 안에 있는 자에게는 결코 정죄함이 없나니…"(로마서 8 : 1).

"곧 그리스도 예수 안에서 거룩하여지고"(고린도전서 1 : 2).

당신은 "그리스도 안에서", "그 아들 안에서"라는 단어를 눈여겨보았을 것입니다.
당신이 신약성경을 읽을 때 당신은 이 단어들이 매우 여러 번 사용된 것을 발견할 수 있을 것입니다.

"그리스도 안에" 있다는 것은 무엇을 의미할까요? 그리스도 안에 있다는 것은 그리스도의 인격과 그분이 행하신 일에 나도 함께 참여한다는 것을 말합니다. 성경에서 하나님은 "…그리스도 안에서 하늘에 속한 모든 신령한 복으로 우리에게 복 주신다"라고 말씀하십니다. 우리는 그리스도 안에 있기 때문에 받는 몇 가지 축복을 생각해 보고자 합니다.

●그리스도 안에서 우리는 죄사함을 받는다

우리가 그리스도 안에 있기 때문에 하나님께서는 우리의 모든 죄를 용서하십니다. "그 아들 안에서 우리가 구속 곧 죄 사함을 얻었도다"(골로새서 1 : 14).

●그리스도 안에서 우리는 의롭다고 인정받는다

의롭다고 인정받는 것은 무엇을 의미할까요? 이것은 의롭다고 선포됨을 말합니다. 어떻게 우리가 하나님 앞에서 의롭다고 인정받을 수 있을까요? 우리는 그리스도 안에서만 의롭다고 인정받게 됩니다. 주 예수님은 완벽하게 의로운 분이시며, 그러므로 이제, 하나님은 그 아들 안에서 우리를 의롭다고 보시는 것입니다. 그분은 우리가 그분의 의를 가질 수 있도록 우리의 죄를 담당하셨읍니다.
"하나님이 죄를 알지도 못하신 자로 우리를 대신하여 죄를 삼으신 것은 우리로 하여금 저의 안에서 하나님의 의가 되게 하려 하심이니라"(고린도후서 5 : 21).

●그리스도 안에서 우리는 하나님께 가까이 나아갈 수 있다

죄인들이기 때문에 우리는 하나님에게서 분리되었고 그분의 존전에 나아가기를 두려워합니다. 그러나 지금, 그리스도 예수 안에서 우리는 하나님의 존전에 담대하게 나아갈 수가 있읍니다. 왜냐하면 예수 그리스도의 피가 우리를 모든 죄로부터 깨끗케 씻어 주셨기 때문입니다.
"이제는 전에 멀리 있던 너희가 그리스도 예수 안에서 그리스도의 피로 가까와졌느니라"(에베소서 2 : 13).

●그리스도 안에서 하나님이 우리를 받으신다

구원받기 전, 우리는 하나님과 원수였읍니다. 이제 우리는 하나님께 그분의 사랑하는 자녀로 받아들여집니다. 왜 우리가 하나님께 받아들여질까요? 왜냐하면 우리는 그리스도 안에 있기 때문입니다. 성

경은 이렇게 말씀합니다.
"이는 그의 사랑하시는 자 안에서 우리에게 거저 주시는 바 그의 은혜의 영광을 찬미하게 하려는 것이라"(에베소서 1 : 6).

● 그리스도 안에서 우리는 거룩하게 된다

하나님은 믿는 자들을 위한 새로운 이름을 갖고 계십니다. 그분은 믿는 자들을 "그리스도 예수 안에 있는 성도들"이라고 부르십니다.
『성도』라는 말은 "거룩한 사람"이라는 뜻입니다. 하나님의 시각에서, 모든 신자들은 그리스도 안에 있는 성도입니다. 우리 자신으로서 우리는 거룩하지 못하지만 하나님은 우리를 그리스도 안에서 보십니다. 우리가 하나님 앞에 설 때, 우리는 그리스도의 거룩함 속에 서게 됩니다. 우리는 "그리스도 안에서 거룩"합니다.

● 그리스도 안에서 우리는 인침을 받는다

우리는 하나님의 자녀이며 우리의 목적지는 하늘나라입니다. 하나님은 우리를 그리스도와 연합시키셨으며 성령으로 우리를 인치셨읍니다. 성경은 말씀합니다.
"…구원의 복음을 듣고 그 안에서 또한 믿어 약속의 성령으로 인치심을 받았으니" (에베소서 1 : 13).

● 그리스도 안에서 우리는 완전하다

그리스도인의 삶을 살아가려는 데에 우리에게 필요한 것이란 "그리스도 안에 있는

우리들"이 전부입니다. 우리는 그분 안에서 완전합니다. 성경은 이렇게 말씀합니다. "그 안에는 신성의 모든 충만이 육체로 거하시고 너희도 그 안에서 충만하여졌으니 그는 모든 정사와 권세의 머리시라"(골로새서 2 : 9, 10).

우리는 그리스도 안에 있는 것이 무엇을 의미하는지를 말해 주는 몇 구절을 생각해 보았읍니다. 하나님의 자녀로서 우리는 더 이상 아담 안에 있지 않습니다. 이제 우리는 그리스도 안에 있읍니다.

그 말은 우리가 결코 다시는 범죄하지 않게 된다는 뜻인가?

아닙니다. 그렇지만은 않습니다. 사도 바울이 고린도에 있는 신자들에게 쓴 편지에서 우리는 이해하기 어려운 어떤 점을 발견하게 됩니다. 그는 한편에서는 신자들을 가리켜 "성도"라고 부르며 그들이 그리스도 예수 안에서 성화되었다(거룩하다)고 말하고 있읍니다.
반면에, 그는 같은 편지에서 그들의 생활 속의 어떤 무서운 죄를 말하고 있읍니다. 그들 중 어떤 사람들은 교만했고, 어떤 사람들은 서로 싸우기도 했으며, 어떤 사람들은 부도덕한 행위로 범죄하기도 하였읍니다.

여기에 대해 어떻게 설명할 수 있을까요? 어떻게 바울은 그들이 "그리스도 안에서 거룩하다"고 말하는 동시에 그들은 그리스도인으로서 살아야 할 삶을 살고 있지 않다고 말할 수 있을까요? 이 질문에 답하기 위해서는 우리의 신분과 우리의 상태 사이의 차이점을 이해해야만 합니다.

● 우리의 신분은 어떠한가?

우리의 신분이란 하나님께서 우리를 그리스도 안에서 보시는 방법입니다. 그것은 그리스도 안에서 우리를 위해 하나님께서 이루신 모든 것을 포괄합니다. 하나님은 우리에게 그리스도 안에서 완전한 신분을 주셨읍니다.

그렇다면 우리의 신분은 언제든지 완전할까요? 그렇습니다. 왜냐하면, 그것은 하나님께서 그리스도 안에 있는 우리를 위해 하신 모든 일에 달려 있기 때문입니다. 우리는 그리스도 안에 있고, 하나님은 그리스도 안에서 우리를 완전하다고 보십니다. 성경은 이렇게 말씀합니다.
"저가 한 제물로 거룩하게 된 자들(그리스도 안에 있는 자들)을 영원히 온전케 하셨느니라"(히브리서 10 : 14).

● 우리의 상태는 어떠한가?

우리의 상태란 우리가 이 땅에서 살아가

는 방법을 말합니다. 성경은 이것을 "행위"라고 부릅니다.
우리의 상태(행위)는 늘 완전합니까? 아니, 그렇지 않습니다. 왜냐하면 그것은 우리의 본성이 하는 것에 의존하기 때문입니다. 우리에게는 죄성이 있읍니다. 그래서 성경은 이렇게 말씀합니다.
"만일 우리가 죄 없다 하면 스스로 속이고 또 진리가 우리 속에 있지 아니할 것이요"(요한일서 1 : 8).

우리가 만일, 우리의 신분은 하나님께서 우리를 그리스도 안에서 보시는 방법인 반면에, 우리의 상태란 이 땅에서 우리가 살아가는 방법이라는 것을 기억해두면 우리가 그리스도인으로서의 생활을 해나가는 데 도움이 될 것입니다. 그리스도 안에서 하나님의 시각으로 볼 때 우리는 언제나 완전하지만, 우리의 눈으로 볼 때 우리는 죄악투성이입니다.

이는 우리가 죄를 짓고 있음에도 불구하고 만족해도 된다는 것을 의미합니까? 절대 그렇지 않습니다! 하나님은 우리의 일상생활이 그리스도 안에 있는 신분으로서 구별되기를 원하십니다. 우리는 "그리스도 안에서 거룩한 사람"입니다. 하나님은 우리가 매일매일의 삶 속에서 거룩하게 되기를 원하고 계십니다.
"오직 너희를 부르신 거룩한 자처럼 너희도 모든 행실에 거룩한 자가 되라"(베드로전서 1 : 15).

어떻게 우리는 거룩해질 수 있는가?

하나님께서는 그분의 말씀에서 우리에게 믿음으로 행할 것을 말씀하셨읍니다. 이것은 우리가 그리스도 안에 있다고 여기는 것을 의미합니다. 성경은 이렇게 말씀합니다.
"그러므로 너희가 그리스도 예수를 주로 받았으니 그 안에서 행하되…"(골로새서 2 : 6).

바로 여기에 그리스도인의 생활의 위대한 비밀이 있읍니다.

우리의 신분에 대한 믿음이 우리의 삶에서 그것을 실제화시켜 줍니다.

"그리스도 안에서 우리는 거룩하다"는 사실을 알 때 우리의 매일의 삶은 거룩하게 되는 것입니다. 우리는 "그리스도 예수 안에 있는 성도들"이라는 것을 알 때, 성도로서 살아야 할 삶을 살기 시작합니다. 우리는 우리가 진실로 "하나님의 자녀"임을 알 때, 하나님의 자녀로서 살아야 할 삶을 살기 시작하는 것입니다.

우리는 우리가 그리스도 안에 있다고 여길 때, 성령께서 우리의 삶 속에서 실제로 그렇게 만들어 주시는 것입니다.

● 깨달은 진리

하나님께서는 나를 그리스도 안으로 옮겨 놓으셨다. 나 자신으로는 아무것도 할 수 없지만, 그분 안에서는 내가 모든 것을 할 수 있다.

하나님의 말씀

성경은 하나님의 거룩하신 말씀입니다. 그것은 하나님이 우리에게 주신 성문화(成文化)된 멧세지입니다. 성경은 세상에서 가장 귀중한 책입니다. 그것은 66권의 작은 소책자들로 구성되었기 때문에, "하나님의 전집(全集)"이라고도 불리웁니다.

성경의 전반부는 구약(Old Testament)이라고 불리웁니다. 예수께서 이 세상에 오시기 이전의 사건을 기록한 39권으로 된 책입니다. 거기에는 천지 창조에 대한 것과 하나님의 선민, 즉 이스라엘의 역사가 기록되어 있읍니다.

성경의 후반부는 신약(New Testament)이라 불리웁니다. 예수께서 이 세상에 오셔서 승천하신 후에 기록되었읍니다. 여기에서 예수 그리스도에 대한 것, 즉 그분이 누구시고 무엇을 하셨는가를 알려 주고 있읍니다. 또한 교회의 시작에 대한 기록도 나와 있읍니다.

우리가 성경을 갖게 된 경위는?

비록 하나님께서 성경을 기록하도록 많은 사람들을 사용하셨지만, 성경의 참 저자는 하나님 자신입니다. 성경은 1,600여 년 간에 걸쳐 40여 명의 사람들이 기록하였읍니다. 우리가 기억해야 할 중요한 것은 그들이 하나님의 통치 아래서 기록했다는 것입니다.

성경은 다음과 같이 말씀합니다.

"예언은 언제든지 사람의 뜻으로 낸 것이 아니요 오직 성령의 감동하심을 입은 사람들이 하나님께 받아 말한 것임이니라" (베드로후서 1:21).

성경은 하나님의 말씀을 포함하고 있는 것이 아닙니다. 성경 그것 자체가 바로 하나님의 말씀입니다! 성경의 모든 부분이 하나님의 감동(inspiration)으로 기록된 것입니다. 성경 자체가 이것을 증거하고 있읍니다.

"모든 성경은 하나님의 감동으로 된 것으로…"(디모데후서 3:16).

성경은 하나님의 감동으로 기록된 **유일한** 책입니다. 성경은 하나님이 인간에게 주신, 그분 자신에 관해 기록한 유일한 계시입니다. 성경의 마지막 장에서 하나님은 성경에 덧붙이거나 삭제하는 일에 대하여 엄중히 경고하셨읍니다(요한계시록 22:18-19 참조).

□ 확인 질문

1 하나님께서는 모든 사람을 [1]□□ 안에 있거나 [2]□□□□ 안에 있는 존재로 보십니다. [1]□□ 안에 있다는 것은 [1]□□의 [3]□□ [4]□□와 그가 했던 것을 나도 함께 하고 있다는 것을 의미합니다.

2 우리가 [1]□□□□ 되었을 때 하나님은 우리를 [2]□□□□ 안으로 옮겨 주셨읍니다. "너희는 [3]□□□께로부터 나서 [2]□□□□ [4]□□ 안에 있고…" (고린도전서 1 : 30).

3 "그리스도 안에"라는 구절 또는 이와 비슷한 구절이 신약성경에서 [1]□ 번 이상이나 사용되고 있읍니다. 그리스도 안에 있다는 것은 그리스도의 [2]□□과 그분이 행하신 일에 나도 함께 [3]□□한다는 것을 말합니다.

4 의롭다고 인정받는 것은 의롭다고 [1]□□되는 것입니다. 우리는 [2]□□□□ [3]□□□만 의롭다고 인정받게 됩니다.

5 우리가 하나님께 받아들여지는 이유는 우리가 □□□□ 안에 있기 때문입니다.

6 하나님께서 믿는 자들에게 주신 새 이름은 "그리스도 예수 안에 있는 [1]□□"로서, 이 [1]□□라는 말은 [2]□□□□□이라는 뜻입니다.

7 우리의 [1]□□이란 하나님께서 그리스도 안에서 우리를 보시는 방법입니다. 우리의 [1]□□은 언제든지 [2]□□합니다. 왜냐하면, 그것은 하나님께서 그리스도 안에 있는 우리를 위해 하신 모든 일에 달려 있기 때문입니다.

8 우리의 [1]□□란 우리가 이 땅에서 살아가는 방법을 말합니다. 성경은 이것을 우리의 [2]□□라고 부릅니다. 우리의 [1]□□는 늘 완전하지 않습니다. 왜냐하면, 그것은 우리의 본성이 하는 일에 의존하기 때문입니다.

9 하나님께서는 그분의 말씀에서 우리에게 [1]□□으로 행할 것을 말씀하셨읍니다. 이것은 우리가 그리스도 안에 있다고 [2]□□□ 것입니다.

10 우리의 [1]□□에 대한 믿음이 우리의 삶에 그것을 [2]□□□시켜 줍니다.

● 당신이 이 장에서 배운 가장 중요한 교훈은 무엇입니까?

제 15 과

그리스도안에서 새로운 관계

"나는 포도나무요 너희는 가지니 저가 내 안에, 내가 저 안에 있으면 이 사람은 과실을 많이 맺나니 나를 떠나서는 너희가 아무것도 할 수 없음이라" (요한복음 15 : 5)

우리는 앞 장에서 우리가 "그리스도 안에" 있다는 놀라운 진리를 배웠읍니다. 우리는 더 이상 아담 안에 있지 않고 그리스도 안에 있는 것입니다. 우리는 그리스도 안에 있기 때문에 하나님 앞에서 새로운 신분을 갖게 되었고, 하나님은 그리스도 안에서 우리를 완전하다고 보십니다.

이 장에서 우리는 우리가 거듭날 때 일어나는 사건에 대하여 좀더 깊이 공부할 예정입니다. 우리는 하나님 앞에서 새로운 신분을 가지게 되었을 뿐아니라 주 예수 그리스도와 더불어 새로운 관계를 갖게 되었읍니다. 이 새로운 관계를 다음과 같이 짧은 두 문장으로 표현할 수 있읍니다.

1. 나는 그리스도 안에 있다.
2. 그리스도는 내 안에 있다.

예수님과 신자와의 이런 새로운 관계에 대한 이해를 돕기 위하여 예수께서는 자연물을 예화로 사용하셨읍니다. 예수께서는 "나는 포도나무요 너희는 가지니"라고 말씀하셨읍니다.

주 예수께서는 포도나무이시며, 신자들은 그 가지들입니다. 그래서 이 장에서 "포도나무"를 언급할 때는 주 예수님을 생각

예수께서는 "나는 포도나무요 너희는 가지니…"라고 말씀하셨읍니다.

해야 하며, "가지들"이라고 하면 우리는 성도들 즉 우리 자신들이라고 생각해야 합니다.

포도나무와 가지는 하나이다

우리가 포도나무와 그 가지를 볼 때 이것들은 하나라는 것을 압니다. 그들은 생명을 공유하고 있읍니다. 포도나무를 통해 흐르는 생명과 동일한 생명이 가지에도 그대로 흐르게 됩니다.

이는 우리가 주 예수님과 하나라는 것을 가르쳐 주고 있읍니다. 성경은 "주님과 연합하는 자는 한 영이라"고 말합니다. 우리가 주 예수님을 우리의 구주로 영접하는 바로 그 순간에 우리는 그분과 연합하게 되며, 그분의 일부(지체)가 됩니다. 가지가 포도나무에 붙어 있는 것같이 우리도 예수께 붙어 있게 됩니다. 우리는 그분과 하나가 되는 것입니다.

가지는 포도나무 안에 있다

우리가 포도나무와 그 가지를 좀더 자세히 보게 될 때 우리는 좀 더 자세한 어떤 사실을 보게 됩니다. 우리는 가지가 포도나무 안에 있는 것을 보게 됩니다. 이는 우리가 그리스도 안에 있다는 것을 우리에게 가르쳐 줍니다.

우리는 이미, 우리가 그리스도 안에 있다는 것과 이제는 우리 자신이 그분과 더불어 하나의 살아 있는 연합체가 되었다는 것을 압니다. 가지가 살아 있는 포도나무에 붙어 있는 것처럼, 우리는 살아계신 주 예수 그리스도와 연합해 있읍니다. 우리는 그리스도 안에 있읍니다.

우리는 내내 그리스도 안에 있지는 않았읍니다. 하나님의 자녀가 되기 전에 우리는 아담 안에 있었읍니다. 우리는 그와 연합되어 있었읍니다. 우리는 그의 삶을 공유하였고, 우리 안에 그의 본성을 가지고 있었읍니다.

우리가 구원받았을 때 무슨 일이 일어났읍니까? 하나님은 우리를 아담 안에서 끄집어내어 그리스도에게로 접붙이셨읍니다.

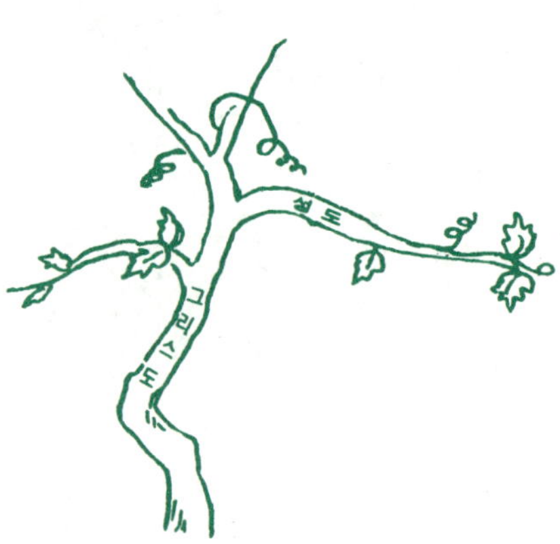

가지는 포도나무 안에 붙어 있읍니다.

가지를 접붙인다는 것은 어떤 포도나무

에서 잘라 내어 다른 포도나무에 그 가지를 연결시키는 것을 의미합니다. 처음에 옛 포도나무에서 가지를 잘라내고 그 가지를 새로운 포도나무에 알맞게 고정시켜 안전하게 묶는 것입니다. 그러면 곧 새로운 포도나무의 생명이 그 가지 속으로 흐르기 시작하며, 그 가지는 살아 있는 연합체로서 새 포도나무에 연결이 됩니다.

이제 우리는 하나님께서 우리를 위하여 얼마나 놀라운 일을 하셨는가를 볼 수가 있읍니다. 우리가 거듭났을 때 하나님은 우리를 아담에게서 잘라내어 그리스도 안으로 접붙여 주셨읍니다. 그래서 성경은 말씀합니다.

"너희는 하나님께로부터 나서 그리스도 예수 안에 있고…"(고린도전서 1 : 30).

우리는 이제 살아 있는 연합체로 주 예수 그리스도께 연결되어 있읍니다. 그분은 새 포도나무이시며, 우리는 그분 안에서 살아있는 가지들입니다. 우리는 그분과 생명을 나누고 있으며, 그분 안에서 그분의 성품을 가지고 있읍니다. 성경에서는 우리를 "신의 성품에 참여하는 자…"(베드로후서 1 : 4) 라고 말하고 있읍니다.

포도나무는 가지 안에 있다

가지가 포도나무 안에 있을 뿐아니라 포도나무 역시 가지 안에 있읍니다. 가지가 포도나무에 접붙여진 후 포도나무의 바로 그 생명이 가지에게로 흐르기 시작합니다. 이는 가지가 계속 살아있게 하여 가지가 열매를 맺게 합니다.

이것은 그리스도께서 우리 안에 계시다는 것을 우리에게 가르쳐 주는 것입니다. 우리가 그리스도 안에 있을 뿐아니라 그분이 또한 우리 안에 계십니다. 우리는 우리 안에 바로 그리스도의 생명을 가지고 있는 것입니다. 어떻게 이렇게 될 수 있을까요? 주 예수 그리스도께서 친히 이것을 그분의 제자들에게 어떻게 설명하셨는지 보도록 합시다.

세상에 계실 때, 주 예수께서는 제자들과 다니시며 이야기하셨읍니다. 그 제자들이 주님과 같이 보내는 시간이 얼마나 즐거웠는지 모릅니다! 그러나 어느 날, 주님은 그들을 매우 슬프게 만드는 말씀을 하셨읍니다. 주님은 곧 그들을 떠나게 될 것이라고 말씀하셨읍니다. 그러나, 예수께서는 제자들에게 다음과 같은 말씀으로 위로하셨습니다.
"내가 아버지께 구하겠으니 그가 또 다른 보혜사를 너희에게 주사 영원토록 너희와 함께 있게 하시리니 저는 진리의 영이라… 너희는 저를 아나니 저는 너희와 함께 거하심이요 또 너희 속에 계시겠음이라"(요한복음 14 : 16, 17).

주 예수께서는 제자들에게 놀라운 약속을 하셨습니다. 예수께서는 제자들과 영원히 함께 하실 성령을 보내시겠다고 약속하셨습니다. 그리고 성령께서는 그들과 함께 하시기만 하는 것이 아니라, 그들 속에 계실 것이었습니다. 그리고 나서 주님은 "내가 너희를 고아와 같이 버려 두지 아니하고 너희에게로 오리라"고 덧붙여 말씀하셨습니다. 이렇게 하여 우리는 성령께서 오심은 주 예수님 자신이 직접 그들 속에 살기 위해 오시는 것임을 알게 됩니다.

이 말은 주 예수께서 다음과 같이 말씀하신 것이나 다름없습니다.
"나는 가지만, 다시 새로운 방법으로 너희에게 오리라. 성령이라는 인격으로 너희 안에 살기 위해 올 것이며, 다시는 내가 너희를 떠나지 아니하리라."
예수께서는 이렇게 말씀하셨습니다.
"그 날에는 내가 아버지 안에 너희가 내 안에 내가 너희 안에 있는 것을 너희가 알리라"(요한복음 14 : 20).

예수께서는 이 말씀을 하시고 나서 얼마 후에 십자가에 못 박히고 묻히셨습니다. 제 삼일째 되던 날, 주님은 부활하시어 그분의 제자들에게 부활의 몸으로 나타나셨습니다. 40일 후에 주님은 온 우주간에 가장 높여지신 곳, 하늘로 오르셨읍니다. 성경은 말씀합니다.
"…죽은 자들 가운데서 다시 살리시고 하늘에서 자기의 오른편에 앉히사 모든 정사와 권세와 능력과 주관하는 자와 이 세상 뿐아니라 오는 세상에 일컫는 모든 이름 위에 뛰어나게 하시고…"(에베소서 1 : 20, 21).

성령의 강림

주 예수께서 승천하신 후 10일 동안 제

자들은 함께 모여서 기도하며 금식하고 있었습니다. 오순절에, 주 예수께서는 새롭고도 놀라운 방법으로 제자들에게 다시 오셨읍니다. 주님은 그들 속에 살기 위해 오셨읍니다.

그날 이후로, 사람이 거듭나기만 하면 언제나, 즉시로 그리스도의 영은 그 사람 안에 내주(内住)하십니다.
"너희가 아들인고로 하나님이 그 아들의 영을 우리 마음 가운데 보내사…" (갈라디아서 4 : 6).

그리스도께서 그분의 영으로서 우리 안에 사시므로 우리는 확실하게 "그리스도는 내 안에 사신다"고 말할 수 있읍니다.

그리스도인의 삶의 비밀

우리는 이제 그리스도인의 삶의 가장 위대한 비밀 중의 하나를 발견했읍니다. 그 비밀이란 바로 이것입니다.
그리스도께서 우리 안에 살아 계신다!
사도 바울은 이것을 큰 비밀이라고 불렀읍니다. 그는 골로새 교인들에게 다음과 같이 편지를 썼읍니다.
"하나님이 그들로 하여금 이 비밀의 영광이 이방인 가운데 어떻게 풍성한 것을 알게 하려 하심이라 이 비밀은 너희 안에 계신 그리스도시니 곧 영광의 소망이니라" (골로새서 1 : 27).

무엇이 그리스도인의 삶인가?

그리스도인의 삶이란 선하게 되려고 노력하는 것입니까? 아닙니다. 어떤 훌륭한 신자를 흉내내는 것입니까? 그것도 아닙니다. 그러면 주 예수님 그분을 흉내내는 것입니까? 아닙니다. 그리스도인의 삶이란 이런 것들이 아닙니다. 그렇다면 그리스도인의 삶이란 어떤 것입니까? 그리스도인의 삶이란 **그리스도께서 우리 안에서 그분의 삶을 사시는 것**입니다.

사도 바울은 "내게 사는 것이 그리스도니" 라고 말했지, "내가 그리스도처럼 되는 것이니"라고 말하지 않았읍니다. 바울은 "내게 사는 것이 **그리스도**"라고 말했읍니다.
바울이 실제로 말하고자 하는 것은 무엇

"내게 사는 것이 그리스도니…" (빌 1 : 21).

일까요? 그가 말하고 있는 것은 "내게 있어서 사는 것이란 내 안에서 그분의 삶을 살고 계시는 그리스도를 소유하는 것이다"라는 말입니다.

그러면 어떻게 그리스도인의 삶을 살아가는가?

우리는 우리 안에서 삶을 살아가시는 주 예수님을 신뢰함으로써 그리스도인의 삶을 살아가면 됩니다. 우리가 신자로서의 삶을 살아가려고 노력하는 대신에, 우리를 통하여 그분이 삶을 사시게 해야 합니다. 그분의 삶은 항상 하나님을 기쁘시게 해드리는 삶이었습니다.
"내가 항상 그의 기뻐하시는 일을 행하므로…"(요한복음 8 : 29).

주 예수님은 변함이 없으시다

그분은 여전히 똑같은 인격이시며, 우리를 통하여 그분의 삶을 살아가기를 원하십니다. 우리가 그분을 신뢰할 때에 우리를 통하여 자신의 삶을 사실 것입니다.

"나는 포도나무요 너희는 가지니…"라고 하시는 이 놀라운 말씀에 한 번 더 귀를 기울여 봅시다. 우리는 우리 스스로가 가지가 되려고 노력할 필요는 없습니다. 우리는 하나의 살아있는 연합체로서 그분에게 영원히 연결되어 있는 가지들입니다.

우리는 매일매일 살아가면서 우리가 그리스도와 하나가 되었다고 여겨야 합니다. 우리의 신분에 대한 우리의 믿음이 삶에서 그 사실을 실제화시켜 줍니다.

"나는 포도나무요 너희는 가지니…".

이것은 무엇을 의미합니까? 그것은 우리가 그리스도 안에 있고 그리스도가 우리 안에 있다고 생각할 때에 하나님의 자녀로서 살아갈 능력을 받게 된다는 것을 의미합니다.

> ●깨달은 진리
>
> 기지가 포도나무 안에 있는 것같이 나는 그리스도 안에 있다. 내가 그분 안에 있을 때에 그분은 내 안에서 그분의 삶을 살아 가신다.

**"주 예수님,
나는 당신 안에 있는 가지입니다.
내가 당신 안에 있고 당신이 내 안에 있음을 감사드립니다.
나는 더 이상 내 스스로 신자의 삶을 살려고 버둥거리지 않고 날마다 내 속에 당신이 대신 살아 가시도록 당신을 신뢰하겠읍니다."**

□ 확인 질문

1 예수님과의 새로운 관계를 두 개의 간단한 문장으로 표현해 보십시오.
  1. [1]□는 [2]□□□□ 안에 있다.
  2. [2]□□□□는 [3]□ 안에 있다.

2 포도나무와 가지의 비유에서 포도나무는 [1]□□□□를, 가지는 [2]□□□을 가리킵니다.

3 포도나무와 가지는 하나입니다. 이것들은 한 생명을 함께 하는 것입니다. 이것은 우리에게 우리가 [1]□ [2]□□□과 [3]□□라는 것을 가르쳐 주고 있습니다.

4 가지는 포도나무 안에 있습니다. 이는 우리가 그리스도 [1]□□ 있다는 것을 가르쳐 줍니다. 우리는 그분과 더불어 하나의 살아 있는 [2]□□□가 되었습니다.

5 우리가 항상 그리스도 안에 있지는 않았습니다. 하나님의 자녀가 되기 전에, 우리는 [1]□□ 안에 있었습니다. 가지를 접붙인다는 것은 어떤 포도나무에서 [2]□□ □□ 다른 포도나무에 그 가지를 [3]□□ 시키는 것을 의미합니다. 우리가 거듭났을 때 하나님은 우리를 [1]□□에게서 [2]□□ □□ [4]□□□□ 안으로 접붙여 주셨읍니다.

6 가지가 포도나무 안에 있을 뿐 아니라 포도나무 역시 가지 안에 있읍니다. 이것은 그리스도께서 □□ 안에 계시다는 것을 가르쳐 주는 것입니다.

7 그리스도는 새롭고도 놀라운 방법으로 제자들에게 다시 오셨읍니다. 주님은 그들 속에 □□ 위해 오셨읍니다.

8 그리스도인의 삶의 가장 큰 [1]□□ 중의 하나는 그리스도께서 우리 안에 [2]□□하신다는 것입니다.

9 그리스도인의 삶이란 그리스도께서[1]□□ 안에서 [2]□□의 [3]□을 사시는 것입니다.

10 우리는 [1]□□ 안에서 삶을 살아 가시는 주 예수님을 [2]□□함으로써 그리스도인의 삶을 살아 갑니다.

● 당신이 이 장에서 배운 가장 중요한 교훈은 무엇입니까?

제 16 과

그리스도안에서 새로운 자유

"이와 같이 너희도 너희 자신을 죄에 대하여는 죽은 자요 그리스도 예수 안에서 하나님을 대하여는 산 자로 여길지어다"
(로마서 6 : 11)

지난 과에서 우리는 주 예수 그리스도와 한 몸이라는 놀라운 진리를 배웠읍니다. 가지가 포도나무에 연결되어 있듯이, 우리도 또한 살아 있는 연합체로서 주 예수님과 연결되어 있는 것입니다. 우리는 그분 안에, 그리고 그분의 생명이 우리 안에 있읍니다.

우리가 그리스도 안에서 지니고 있는 그 놀라운 축복들로 인해서 신자(그리스도인)의 삶은 편안할 것이라고 생각할 수도 있으나, 사실은 그렇지 않습니다. 우리는 죄와 자아, 세상, 육, 그리고 사단 등과 같은 힘센 대적들을 상대하고 있읍니다. 이 장에서는 신자의 삶에 있어서 죄의 문제를 다루어 볼까 합니다.

우리가 처음 구원받았을 때, 우리에겐 기쁨이 넘치게 됩니다. 우리의 죄는 용서함 받았고, 하나님과의 화평을 누리게 됩니다. 우리는 우리가 행하는 모든 일들로 하나님을 기쁘시게 해 드리기를 원합니다. 아마도 우리는 더 이상 죄로 인해 괴로움을 당하지 않을 것이라고 생각하겠지만, 우리는 곧 그것이 아니라는 것을 발견하게 됩니다.

조만간에, 우리는 잘못 생각하고 있으며,

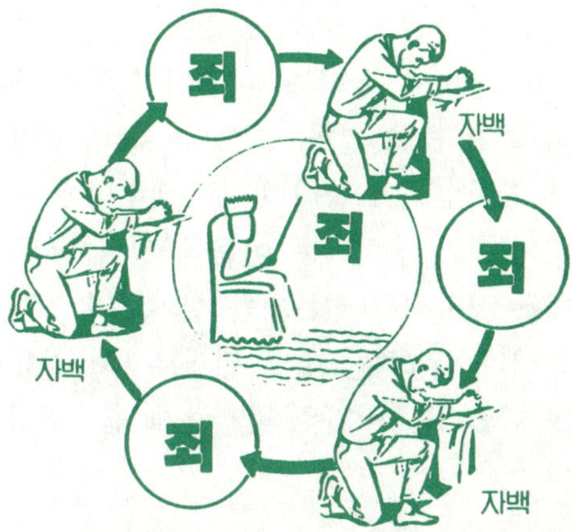

잘못된 일을 하고 있는 우리 자신을 발견하게 됩니다. 우리는 하나님께로 가서 죄를 자백하고 하나님의 용서를 받게 되지만, 곧 또다시 같은 죄를 범하게 됩니다. 문제는 우리가 죄의 권세 아래 있기 때문입니다.

어떤 그리스도인들은 될 수 있는 한 이 문제를 진지하게 취급하지 않으려고 합니다. 그들은 하나님께 가서 그분에게 용서를 받을 수 있는 한은, 그들은 모든 일이 잘 될 것이라고 생각합니다. 그러나 그렇지 않습니다.

사도 바울은 그의 편지에서 신자의 삶 속에서 짓는 죄 문제를 다루고 있읍니다. "그런즉 우리가 무슨 말하리요 은혜를 더하게 하려고 죄에 거하겠느뇨 그럴 수 없느니라 죄에 대하여 죽은 우리가 어찌 그 가운데 더 살리요"(로마서 6 : 1, 2).

사도 바울에게는 신자로서의 우리가 계속해서 죄를 짓는다는 것은 생각할 수 없는 일이었읍니다. 왜냐하면, 우리는 "죄에 대하여 죽었기" 때문입니다.

이 장에서 우리는 바울이 "죄에 대하여 죽었다"고 말한 그 의미가 무엇인가를 알아보려고 합니다. 주 예수님께서 어떻게 죄가 통치하는 어둠의 왕국에서 우리를 구원해 내셨는지를 살펴보기로 하겠읍니다. 우리는 죄의 권세로부터 자유함을 받았다는 비밀을 발견하게 될 것입니다.

우선, 우리가 어떻게 죄의 권세와 어둠의 왕국으로 들어가게 되었는가를 알아봅시다. 어떻게 주 예수님이 그 곳으로부터 우리를 구원해 내셨는가를 알게 될 것입니다.

죄는 아담을 통하여 세상에 들어왔다

처음 사람 아담은 죄 없는 상태로 창조되었으나 그가 하나님께 불순종함으로써 죄가 세상에 들어오게 되었읍니다. 죄의 결과로서 죽음이 왔읍니다.
"이러므로, 한 사람으로 말미암아 죄가 세상에 들어오고 죄로 말미암아 사망이 왔나니 이와 같이 모든 사람이 죄를 지었으므로 사망이 모든 사람에게 이르렀느니라" (로마서 5 : 12).

아담이 하나님을 반역했을 때, 최초의 반역자인 사단 편에 서게 되었읍니다. 그럼으로써 아담은 어둠의 왕국과 죄의 권세 아래 들어가게 되었읍니다. 하나님은 아담을 다스리는 존재로 지으셨지만, 그 대신 죄와 사단의 노예가 되어 버렸읍니다.

아담이 인류의 머리(조상)였기 때문에 그는 전 인류를 어둠의 왕국과 죄의 권세 아래로 데리고 갔던 것입니다. 그래서 모든 사람이 죄의 종이 되었읍니다.

인류의 상태는 희망이 없어 보였읍니다. 우리는 하나님의 생명에서 끊어지게 되었고, 사단의 왕국, 흑암의 권세 아래 들어가게 되었읍니다. 우리는 본질상 죄인이

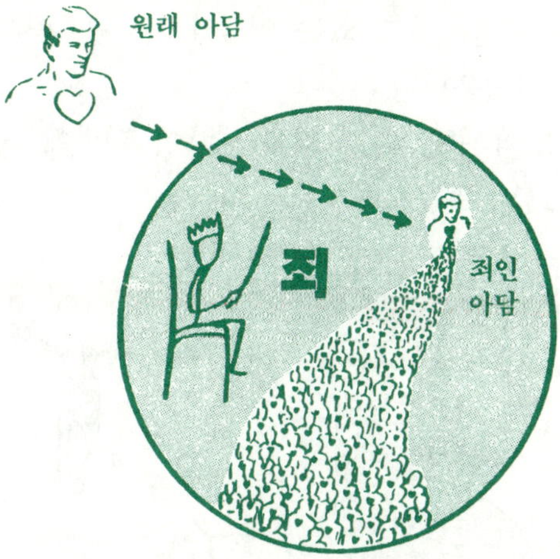

"한 사람이 순종치 아니함으로 많은 사람이 죄인 된 것같이…" (롬 5 : 19).

었고 죄의 노예였읍니다. 그러나 하나님은 우리를 사랑하셨읍니다. 그리고 하나님은 우리의 무시무시한 상태에 대하여 무엇인가를 하셨읍니다. 그분은 우리를 구원하실 분, 예수 그리스도를 주셨읍니다.

구원자가 할 일은 무엇입니까? 곧 어떤 것으로부터 당신을 자유롭게 하는 것입니다. 주 예수께서는 우리를 어둠의 왕국으로부터 해방시키고, 죄의 권세로부터 자유함을 주시기 위해 오셨읍니다. 주 예수께서는 이렇게 말씀하셨읍니다.
"주의 성령이 내게 임하셨으니 이는 가난한 자에게 복음을 전하게 하시려고 내게 기름을 부으시고 나를 보내사 포로된 자에게 자유를 눈먼 자에게 다시 보게 함을 전파하여 눌린 자를 자유케 하고" (누가복음 4 : 18).

우리는 여기서 잠시 다음의 매우 중요한 두 가지 질문을 생각해 볼 필요가 있읍니다.

1 어떻게 우리는 아담의 죄의 혈통에 들어가게 되었는가?

태어나면서부터입니다. 인간의 혈통에 들어가는 길은 오직 한 길이며 그 길은 출생에 의해서입니다.

2 어떻게 우리는 아담의 가족으로부터 벗어날 수 있을까?

죽음으로 될 수 있읍니다. 우리는 출생과 더불어 들어가게 되며 죽음과 더불어 나오게 됩니다.

우리를 구출(구원)하기 위해서, 주 예수님이 사람이 되셨읍니다. 성경은 말씀합니다.
"자녀들은 혈육(血肉)에 속하였으매 그도 또한 한 모양으로 혈육에 함께 속하심은 **사망으로 말미암아** … 일생에 매여 종노릇하는 모든 자들을 놓아 주려 하심이니" (히브리서 2 : 14, 15).

주 예수께서는 이 세상에서 한 인간으로서 사셨지만, 그분은 결코 우리와 같이 죄를 가진 분이 아니셨읍니다. 그분 자신은 결코 죄의 권세 아래 있지 않았읍니다. 주 예수께서는 어둠의 왕국에서, 죄의 권세로부터 우리를 구출해 내기 위하여 오셨읍니다.

십자가 위에서, 주 예수께서는 어둠의 왕국 안에 있는 우리의 위치를 옮겨 주셨읍니다. 십자가 위에서, 그분은 우리의 죄를 짊어지셨읍니다.
"하나님이 죄를 알지도 못하신 자로 우리를 대신하여 죄를 삼으신 것은…" (고린도후서 5 : 21).

그리스도가 우리의 위치를 옮겨 주시고
우리의 죄를 짊어 지셨읍니다.

우리의 죄가 주 예수님께 맡겨졌을 때 어떤 일이 일어났을까요? 그분은 죄를 위하여 죽으셨읍니다. 그래서 성경은 "그리스도가 우리의 죄를 위하여 죽으셨다"고 말합니다.

예수께서 죽으실 때 어떤 일이 일어났을까요? 예수께서 죽으실 때, 그분은 죄가 통치하고 있는 어둠의 왕국을 빠져나가셨읍니다.
"그의 죽으심은 죄에 대하여 단번에 죽으심이요" (로마서 6 : 10).

그리스도께서는 죽음을 통해
어둠의 왕국을 나가셨읍니다.

예수님은 죽으셨을 뿐아니라 장사지낸 바 되셨고 제 삼일에는 다시 부활하셨읍니다. 그분은 새 왕국, 빛의 왕국에서 일어나셨읍니다. 그분은 새로운 혈통(족보), 하나님의 자녀의 머리가 되기 위하여 부활하셨읍니다. 그분의 죽으심과 부활하심으로써 어둠의 왕국을 지나 빛의 왕국으로 들어가셨읍니다. 이 왕국을 "하나님의 사랑하시는 아들의 왕국"이라고 부르는데 왜냐하면 주 예수께서 이 왕국을 통치하시기 때문입니다.

그리스도와의 공동 운명체

이제 우리는 성경에서 가장 놀라운 사실 중의 하나에 직면하게 되었읍니다.

그리스도께서는 흑암의 왕국을 통해 나가 빛의 왕국으로 들어가셨으며, 우리도

함께 데리고 들어가셨읍니다! 왜냐하면 우리가 그분 안에 있기 때문입니다. 하나님은 우리를 그리스도 안에 두셨읍니다.

하나님은 그리스도 안에서도 우리를 어디에 두셨을까요? 하나님께서는 우리를 그리스도 안에 두시되 십자가에 못 박히신 그리스도 안에 두셨읍니다. 그분이 십자가에 못박히셨을 때 우리도 그분과 함께 십자가에 못박혔으며, 그분이 죽으셨을 때 우리도 그분과 함께 죽은 것입니다.

우리가 그리스도와 함께 죽었다는 것은 굉장한 사실입니다. 그것은 모든 신자(믿는 자)에게 적용되는 사실입니다. 그리스도께서 우리를 위하여 죽으셨을 뿐아니라 우리도 그분과 함께 죽었읍니다.

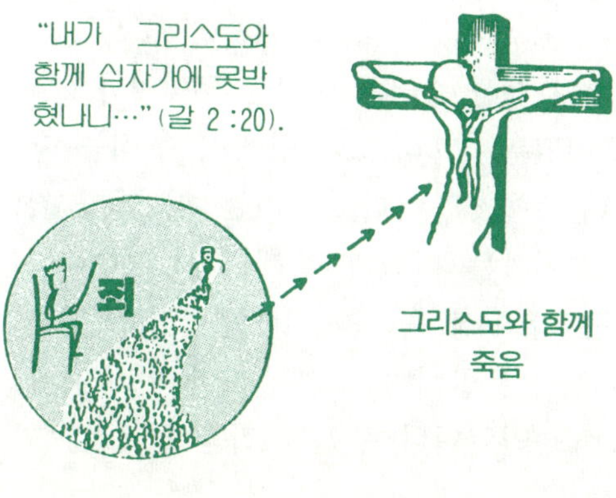

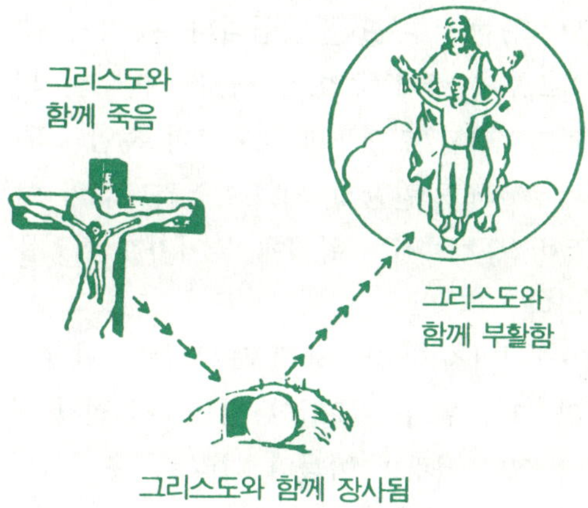

우리가 그리스도와 함께 죽었을 때, 무슨 일이 일어났을까요? 우리는 죄가 다스리는 어둠의 왕국에서 나오게 된 것입니다.

우리는 그리스도와 함께 죽었을 뿐만 아니라 그분과 함께 장사 되었읍니다. 그리고 그분과 함께 다시 살아났읍니다. 성경은 하나님께서 그리스도와 함께 우리를 살리셨다고 말씀합니다.

우리가 그리스도와 함께 부활했을 때 무슨 일이 일어났을까요? 우리는 하나님의 사랑하시는 아들이 통치하는 새 왕국(나라)에서 부활한 것입니다. 우리가 그리스도와 함께 죽었고, 장사 지낸 바 되었고, 다시 부활하게 됨으로써 흑암의 권세로부터 구원받게 되었고, 하나님의 아들이 통치하시는 왕국에 들어가게 되었습니다.

"…아버지께 감사하게 하시기를 원하노라 그가 우리를 흑암의 권세에서 건져 내사 그의 사랑의 아들의 나라로 옮기셨으니"(골로새서 1 : 12, 13).

이것은 우리에게 무엇을 의미해 주는가?

그것은 그리스도 안에서 우리가 죄의 권세로부터 구원받았다는 것을 의미합니다. 우리가 흑암의 권세(어둠의 왕국) 아래 있었을 때에는 죄가 우리를 명령했고 우리는 그것에 복종할 수밖에 없었지만, 이제 우리는 죄가 통치하는 흑암의 권세로부터 구원받았습니다.

우리는 어떻게 구원받았습니까? 우리는 그리스도와 함께 죽음으로써 구원받게 되었습니다. 우리는 그분과 함께 십자가에 못박혔습니다. 그분이 죽을 때 우리도 죽었습니다. 그분이 일어날 때 우리도 일어났습니다. 우리는 더 이상 죄가 지배하는 어둠의 왕국에 속해 있지 않습니다.

사단은 신자들이 흑암의 권세로부터 구원받았다고 하는 이 놀라운 사실(진리)을 계속해서 알지 못하게 하려고 노력합니다. 그러나, 이 비밀을 이미 배웠습니다.

죄에 대한 승리의 비밀은 무엇일까요? 그 비밀은 **"그리스도 안에서 우리는 죽었다"**는 것입니다. 우리는 더 이상 죄가 통치하는 나라에 속해 있지 않습니다. 죄는 더 이상 우리를 지배할 권리를 가지고 있지 못합니다. 그리스도가 우리의 새로운 주인입니다. 우리가 죄를 안 지을 수도 있는데 계속해서 죄를 지어도 좋단 말인가요? 물론 그렇지 않습니다! 사도 바울은 다음과 같이 말합니다.
"그럴 수 없느니라 죄에 대하여 죽은 우리가 어찌 그 가운데 더 살리요" (로마서 6 : 2).

이 말은 이제 우리가 죄를 지을 수 없다는 것을 의미합니까? 아니, 그렇지만은 않습니다. 우리가 육신의 장막 속에 거하는 동안은 죄를 지을 가능성이 있습니다. 그러나, 하나님은 우리가 죄를 짓지 않을 수 있도록 하셨습니다. 우리는 죄의 권세로부터 구원받았기 때문에 우리에게로 엄습해 오는 죄의 통치를 거부할 수 있습니다. 우리는 죄를 지을 수 있으나 그렇게 해서는 안 됩니다.

우리가 어둠의 왕국 안에 있을 때는 죄가 우리의 주인이었습니다. 그리고 우리는 거기에 복종해야만 했습니다. 그러나 지금 우리는 하나님의 아들이 통치하시는 나라에 있으므로 죄는 더 이상 우리의 주인이 아닙니다.

이 말은 우리가 이제 더 이상 죄의 유혹을 받지 않게 된다는 의미가 아닙니다. 사실상, 우리가 거룩한 생활을 살기를 원할 때는 우리는 더욱 더 유혹을 받게 되는 것처럼 보입니다. 그러나 우리를 지배했던 죄의 권세는 이미 깨뜨려졌습니다.
죄가 우리를 유혹할 수는 있지만 우리에게 복종을 명할 수는 없습니다. 우리는 죄의 권세로부터 우리의 자유를 주장할 권리가 있습니다. 성경은 "죄가 더 이상 너희를 주관하지 못하리라…"고 말하고 있습니다.

"어떻게 죄의 권세로부터 내가 자유를 주장할 수 있겠습니까?" 첫째, 당신은 그리스도 안에 있으며, 죄에 대하여 죽었다는 그 사실을 믿어야만 합니다. 둘째로, 당신은 죄를 선택하지 말아야 합니다.

1 당신이 그리스도 안에 있으며, 죄에 대하여 죽었다고 여기라

"이와 같이 너희도 너희 자신을 죄에 대하여는 죽은 자요 그리스도 예수 안에서 하나님을 대하여는 산 자로 여길지어다" (로마서 6 : 11).

"여긴다"(reckon)는 말은 "믿는다"(count on)는 의미입니다. 하나님은 우리에게, 우리는 그리스도 안에 있고, 죄에 대하여 죽었다고 말씀하셨습니다. 이것은 그리스도 안에서의 우리의 신분(standing)을 말하며 우리는 그것을 믿어야 합니다.
기억하십시오, 우리의 신분에 대한 믿음이 우리의 삶에서 그것을 실현시킵니다.

2 죄를 선택하지 말라

"그러므로 너희는 죄로 너희 죽을 몸에 왕노릇하지 못하게 하여 몸의 사욕을 순종치 말고…" (로마서 6 : 12).

이 구절은 무엇을 말합니까? "죄가 너희를 지배하지 못하게 하라!"는 말입니다. 왜냐하면 당신은 죄에 대하여 죽었기 때문입니다.

당신은 어떤 죄로 거듭거듭 실패해 왔읍니까? 당신은 죄의 권세로부터 자유를 주장할 수 있읍니다. 당신이 죄로부터 유혹을 받을 때 당신은 다음과 같이 말할 수 있읍니다.
"나는 너에게 굴복하지 않겠다. 내가 그리스도와 함께 죽었으므로 나는 너에 대하여 죽었다. 내가 너를 다스릴 것이다."

그 다음엔 하나님께 이렇게 말씀드리십시오.
"아버지 하나님, 당신의 말씀은 죄가 나를 지배하지 못할 것이라고 말씀하십니다. 주여, 내 안에 당신의 말씀으로 가득 채워 주시고 나를 이 죄의 권세로부터 자유롭게 하소서."
하나님은 이렇게 하시기에 신실한 분이십니다.

기억하십시오. 시험(유혹)은 죄가 아닙니다. 주 예수께서도 시험을 받으셨읍니다. 그러나, 죄를 짓지는 않았읍니다. 당신은 시험받기도 합니다. 그러나, 유혹을 향해 "안돼!"라고 말하십시오. 당신은 죄의 권세로부터 자유를 주장할 수 있읍니다. 당신은 하나님의 놀라운 약속을 주장할 수 있읍니다.
"죄가 너희를 주관치 못하리라."

이 교훈을 여러 번 읽으십시오. 그리고 주의깊게 공부하십시오. 하나님께서 이 위대한 진리를 당신에게 나타내 주시도록 청하십시오.

● 깨달은 진리

그리스도는 나를 위해 죽으셨고 나 또한 그분과 함께 죽었다. 그리스도와 함께 죽음으로써 죄의 권세로부터 해방되었다.

□ 확인 질문

1 하나님께 죄를 고백하는 한, 그리스도인은 계속 죄를 지을 권리를 갖게 됩니까? **예 / 아니오**

2 아담이 하나님을 거스려 반역했을 때, 최초의 반역자인 1□□편에 서게 되었읍니다. 아담이 인류의 머리였기 때문에 그는 전 인류를 2□□의 왕국과 3□의 권세 아래 들어가게 하였읍니다.

3 구원자가 할 일은 무엇입니까? 곧 어떤 것으로부터 당신을 1□□□□ 하는 것입니다. 주 예수께서는 우리를 2□□의 왕국으로부터 해방시키고 3□의 권세로부터 자유함을 주시기 위해 오셨읍니다.

4 어떻게 우리는 아담의 죄의 혈통에 들어가게 됩니까? 1□□□□□부터입니다. 어떻게 우리는 아담의 가족으로부터 벗어날 수 있을까요? 2□□으로써입니다.

5 십자가 위에서, 주 예수께서는 우리의 1□□를 옮겨 주셨읍니다. 예수께서 죽으셨을 때 그분은 2□가 통치하고 있는 3□□의 왕국을 빠져 나가셔서 4□의 왕국에서 부활하셨읍니다.

6 하나님께서는 우리를 십자가에 못박히신 그리스도 1□□ 두셨읍니다. 그분이 십자가에 못박히실 때 우리도 그분과 2□□ 못박혔읍니다.

7 우리가 그리스도와 함께 죽었을 때 우리는 1□가 통치하는 2□□의 왕국을 빠져 나갔으며, 우리가 그리스도와 함께 다시 부활했을 때, 우리는 3□의 왕국, 곧 하나님의 사랑하시는 4□□의 왕국에서 살아난 것입니다.

8 죄에 대한 승리의 비밀은 "그리스도 1□□□ 우리는 죽었다"고 2□□□ 것입니다.

9 이것은 우리가 죄를 지을 수 없다는 뜻입니까? **예 / 아니오**

10 죄의 권세로부터 자유를 주장할 수 있으려면 우리는 그리스도 1□에 있으며 죄에 대하여 죽었다고 2□□□ 하며, 죄를 3□□하지 말아야 합니다.

● 당신이 이 장에서 배운 가장 중요한 교훈은 무엇입니까?

제 17 과

그리스도안에서 새로운 자아

"저가 모든 사람을 대신하여 죽으심은 산 자들로 하여금 다시는 저희 자신을 위하여 살지 않고 오직 저희를 대신하여 죽었다가 다시 사신 자를 위하여 살게 하려 함이니라" (고린도후서 5 : 15)

우주 안에서 가장 무서운 것은 죄다

계명성은 천사들 중에서 가장 지혜롭고 가장 아름다운 천사로 창조되었지만, 죄가 그를 하나님과 사람의 대적인 사단으로 변화시켰읍니다. 죄는 아담과 하와를 그들의 사랑하는 창조주와 분리시켰읍니다. 그리고 죄는 하나님의 형상대로 창조된 사람을 죄와 사단의 노예로 전락시켰읍니다.

하나님은 죄를 너무도 미워하시기 때문에, 우리가 죄의 권세로부터 구원되기를 원하십니다. 지난 장에서, 우리는 그리스도 안에 속해 있으며, 어둠의 왕국으로부터 구원받았다는 것을 배웠읍니다. 죄에겐 우리를 지배할 권리가 없읍니다. 왜냐하면 우리는 더 이상 죄가 지배하는 나라에 있지 않기 때문입니다.

그러나 죄는 우리를 그 권세 아래 계속 머무르게 하기 위한 많은 방법들을 가지고 있읍니다. 이들 유형 중의 하나가 "육"을 통해서입니다. 육은 우리의 죄악된 인간의 본성입니다. 육은 우리를 하나님과 분리되게 하는 요소입니다. 이 육신 중의 하나가 "자아" (self) 라는 것입니다. "육" (flesh) 이라는 단어에서 마지막 "h"

아담의 죄

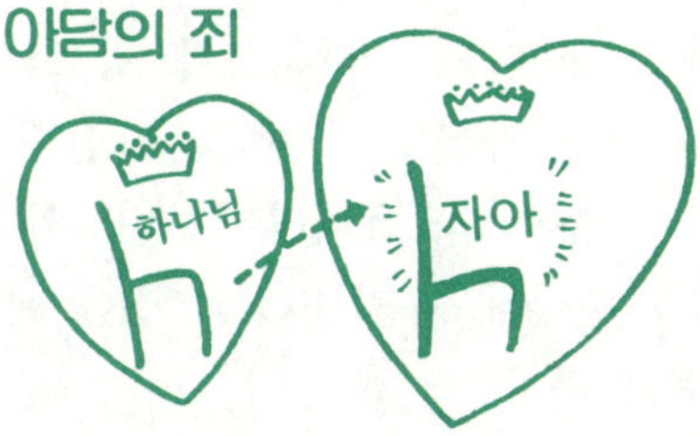

아담은 그의 마음의 보좌에서 하나님을 밀어내고 대신 자아를 올려 놓았읍니다.

를 빼내고서 "fles"를 거꾸로 읽는다면 그것이 "자아"(self)가 됩니다.

내 마음의 왕좌에 자아가 있다고 하는 것은 무엇을 의미합니까? 그것은 우리가 자아중심적이며, 우리 자신의 마음대로 하기를 원한다는 것을 의미합니다.

어떻게 우리는 자아중심적이 되었는가?

첫사람 아담은 하나님의 형상대로 창조되었읍니다. 그는 하나님을 사랑하고 하나님의 뜻에 따라 살기를 원했읍니다. 그는 하나님 중심의 사람으로, 하나님은 그의 마음의 보좌에 왕으로 앉아 계셨읍니다.

그러나, 아담이 시험(유혹)을 받았을 때, 그는 하나님께 불순종하는 쪽을 택했읍니다. 아담은 그의 마음의 보좌에서 하나님을 내려오시게 하고 대신 자아(self)를 올려 놓았읍니다. 이것은 죄였읍니다.

얼마 후 아담은 죽었지만 그는 그의 죄악된, 그 자아중심적인 본성을 그의 자녀와 전 인류에게 물려 주었읍니다. 아담은 자기와 같은(닮은) 사람, 즉 자아에 의해 다스려지는 사람을 낳았읍니다. 사람은 하나님을 사랑하고 경배하도록 창조되었으나, 이제는 자신을 사랑하고 자신을 경배하는 사람이 되었읍니다. 하나님의 길을 원하는 대신에, 우리 자신의 길을 원하게 되었읍니다.

"… 그릇 행하여 각기 제 길로 갔거늘" (이사야 53 : 6).

우리가 거듭날 때 어떤 일이 일어나는가?

다른 인격체가 우리의 중심에 살기 위해 들어 오시는데 곧 주 예수 그리스도입니다. 참으로 놀랍게도 우리는 거듭난 후에조차 여전히 "육"이라고 부르는 죄된 옛 본성을 가지고 있읍니다. 자아가 계속해서 지배하기를 원하고 있으며 이것이 문제를 야기시키게 됩니다. 그리스도와 자아 둘 다가 동시에 다스릴 수 없기 때문입니다.

자아는 계속해서 다스리려고 합니다.

그리스도만이 우리의 삶을 다스릴 권리를 가지고 계시지만 여전히 자아가 다스리려고 합니다. 모든 그리스도인들(성도들)은 그리스도에 의해 지배되든지 자아에게 지배되든지 둘 중의 하나를 선택하지 않으면 안 됩니다. 둘 다가 지배할 수는 없읍니다. 우리는 전자나 후자 중 하나를 선택해야 합니다.

결정을 하기 전에 우리 자아가 지배할 때는 어떠했는지를 살펴보도록 합시다. 여기에 우리 속에 있는 자아 자체를 명시해 주는 몇 가지가 있읍니다.

● 자애 (self- love)

이 세상에서 다른 어떤 사람보다도 우리가 사랑하는 사람은 바로 우리 자신입니다. 우리는 다른 사람들이 우리를 우러러보며 존경해 주기를 원합니다. 무슨 일어나든 우리는 우리 자신만을 바라볼 뿐입니다.

● 자만 (self- pride)

세상에서 가장 중요한 사람은 누구일까요? 우리 자신입니다. 우리의 귀에는 어떠한 이름도 우리의 이름 만큼 근사하게 들리지 않습니다. 우리는 우리 자신을 자랑하기 좋아하고 다른 사람들에게 우리가 얼마나 중요한 사람인가를 나타내기를 좋아합니다.

● 자기 연민 (self- pity)

우리는 일이 잘 되지 않을 때 자신에 대해 슬픔을 느낍니다. 우리는 쉽게 "마음이 상합니다." 우리는 다른 사람들보다 훨씬 더 어려운 일을 당한다고 생각합니다.

● 자아 추구 (self- seeking)

우리는 언제나 우리가 가지고 있지 못한 것들을 가지기를 원하고 있지는 않습니까? 우리가 가진 것만으론 불평하고 불만족해 하지는 않습니까? 이것이 또다른 자아를 표현하는 방법입니다.

● 자기 의 (self- righteousness)

우리는 다른 사람들의 죄에 관하여는 말하기를 좋아하고 비난하지만 우리 자신의 결점을 보기를 좋아하지 않습니다. 이것은 자아가 우리의 마음을 지배할 때 일어나는 또하나의 일입니다.

● 자기 합리화 (self- justification)

우리는 우리의 잘못을 인정하려 들지 않는 사람들 중의 한 부류는 아닙니까? 우리는 항상 자기 자신을 방어하면서 다른 사람을 비난하려 들지도 않습니까? 만일 그렇다면, 이것은 자아가 우리 마음의 보좌에 앉아 있다는 확실한 표시입니다.

● 자의식 (self- consciousness)

자아는 다른 사람들을 앞장세웁니다. 어쩌면 그렇지 않을지도 모르지만, 우리는 아마 아무것도 할 수 없다고 말하는 사람들 중의 한 사람일 것입니다. 우리는 다음과 같이 말합니다.
"다른 사람들에게 그 일을 시키십시오. 나는 그것을 잘 해낼 수가 없소."
이것이 바로 또다른 자아의 한 형태입니다.

● 자기 고집 (self – will)

우리는 우리 자신의 길(방법)을 원합니다. 우리는 어떤 사람들에게 명령받기를 좋아하지 않습니다. 하나님 자신이 하시는 명령조차도 말입니다. 우리가 하나님을 향해 반역할 때, 우리는 사단에 의해 통제를 받게 됩니다.

우리는 어디에서 이 자기 고집의 영을 받게 되었읍니까? 사단으로부터 받게 되었읍니다. 사단이 최초의 반역자입니다. 그는 "나는 하나님의 모든 별들 위에 내 보좌를 높이리라"하고 말했읍니다. 그런데 아담도 속으로 "나는 내 뜻대로 할 기야"라고 말했읍니다. 지금 당신과 나는 "나는 내 마음대로 할거야"라고 말하고 있읍니다.

자아는 결코 하나님께 순종치 않는다

자아는 그것 자체를 명백히 하는 데는 각기 다른 많은 방법들을 가지고 있지만, 그러나 하나님께 대한 자세는 결코 변하지 않습니다. 자아는 하나님께 굴복하지도 순종하지도 않으려 합니다. 성경은 말씀합니다.

"육신의 생각은 하나님과 원수가 되나니 이는 하나님의 법에 굴복치 아니할 뿐아니라 할 수도 없음이라"(로마서 8 : 7).

자아는 우리의 적

당신은 자아에 의해 지배받는 것이 얼마나 죄악된 것인가를 알았읍니까? 우리 자신이 불행할 뿐아니라, 또한 우리 주위에 있는 다른 사람들까지 불행하게 만들게 되는 것입니다. 우리가 자아에 의해 지배를 받게 될 때 우리는 많은 죄를 범하게 됩니다. 우리가 비록 흑암의 왕국으로부터 구원받았다고 할지라도, 자아가 우리의 삶을 지배하도록 내버려 두는 한 죄는 여전히 우리를 지배하는 능력을 갖게 됩니다.

자아는 계속해서 다스리기를 원합니다.

이제 우리는 매우 중요한 질문에 직면하게 되었습니다. 어떻게 우리가 자아의 지배로부터 구출받을 수 있을까요? 우선 하나님께서 우리의 자아중심적인 삶에 관해 무엇을 하셨는가를 살펴보도록 합시다.

하나님은 그리스도와 함께 우리를 십자가에 못박으셨다

우리의 자아중심적인 삶이 하나님에게는 너무나 혐오스러운 것이어서 하나님은 그것에 대해 무엇인가를 하셔야만 했었습니다. 무엇을 하셨을까요? 그분은 우리를 그리스도와 함께 십자가에 못박으셨습니다.

> 하나님은 우리를 그리스도 안에서 십자가 위에 못박으심으로써 자아를 처결하셨습니다. 예수께서 십자가 위에 못박히셨을 때 그분과 함께 우리도 못박혔읍니다.

어떻게 우리가 그리스도와 함께 십자가에 못 박힐 수가 있읍니까? 만일 다음과 같은 예화를 생각한다면 이것을 이해하는데 도움이 될 것입니다. 종이 한 장을 가지고 이것으로 작은 사람을 오려 보십시오. 그리고 작은 사람을 책 사이에 넣어 보십시오. 그 작은 사람은 지금 책 속에 있읍니다. 그 책을 탁자 위에 놓는다고 상상해 보십시오. 그 작은 사람은 어디에 있게 됩니까? 그 종이 사람 또한 탁자 위에 있게 됩니다. 왜냐하면 그 종이 사람은 책 속에 끼어 있기 때문입니다. 그 책을 마루 위에 놓아 보십시오. 그 작은 종이 사람은 어디에 있읍니까? 그것도 역시 마루 위에 있게 됩니다. 그 책을 피아노 위에 둔다면 역시 그것도 피아노 위에 있게 됩니다.

이제 책 속에 있는 작은 사람과 같이 그 책을 싸서 다른 나라로 보낸다고 상상해 보십시오. 그 종이 사람은 어떻게 됩니까? 그 종이 사람도 역시 다른 나라로 가게 됩니다. 왜냐하면 그것이 그 책 속에 있기 때문입니다. 그 책을 물 속에 넣게 되면 그것도 그렇게 됩니다. 그 책에 무슨 일이 생기든 간에 그 속에 있는 사람에게도 같은 일이 생기게 됩니다.

하나님이 우리를 구원하셨을 때 그분은 우리를 십자가에 달리신 그리스도 안에 두셨읍니다. 그리스도께 일어났던 일은

또한 우리에게도 일어난 것입니다. 왜냐하면 우리가 **그리스도 안에** 있기 때문입니다. 그분이 십자가에 못박히셨을 때 우리도 그렇게 되었읍니다. 그분이 죽으셨을 때 우리도 죽었읍니다. 그분이 부활하셨을 때 우리도 다시 그분과 함께 살아났읍니다. 그래서 사도 바울은 이렇게 말했읍니다.

"내가 그리스도와 함께 십자가에 못박혔나니…"

사도 바울에게 사실이었던 것이 그리스도인으로서의 우리에게도 사실이 되는 것입니다. 그리스도께서 우리를 **위하여** 죽으셨고, 우리는 그분과 같이 죽었읍니다. 이것들은 모든 그리스도인들에게 있어서 해당되는 두 가지 위대한 사실인 것입니다.

두 가지 위대한 사실

왜 하나님은 그리스도와 함께 우리를 십자가에 못박으셨을까요? 그분이 그리스도와 함께 우리를 십자가에 못박으신 것은 우리가 더 이상 자아에 의해 지배되지 않도록 하기 위함이었읍니다.

"우리가 알거니와 우리 옛 사람이 예수와 함께 십자가에 못 박힌 것은 죄의 몸이 멸하여 다시는 우리가 죄에게 종노릇하지 아니하려 함이니"(로마서 6 : 6).

그리스도는 우리의 새로운 주인이시다

하나님은 우리의 자아중심적인 삶을 처리하셨을 뿐아니라 또한 우리에게 새로운 주인을 주셨읍니다. 우리의 새로운 주인은 그리스도이십니다. 그분은 우리의 중심에 살기 위해 오셨고, 그분은 우리 삶의 주(主)이십니다.

"이를 위하여 그리스도께서 죽었다가 다시 살으셨으니 곧 죽은 자와 산 자의 주가 되려 하심이니라"(로마서 14 : 9).

그리스도께서 우리의 중심에 왕으로서 다스리실 때 성령께서 우리 안에서 그분의 삶을 낳게 되는 것입니다. 성경은 우리 속에서 어떻게 그분의 삶을 나타내시는지에 대하여 말하고 있읍니다.

"오직 성령의 열매는 사랑과 희락과 화평과 오래 참음과 자비와 양선과 충성과 온유와 절제니…"(갈라디아서 5 : 22, 23).

성령의 능력 아래서

어떻게 나의 자아로부터 해방될 수 있는가?

질문으로 돌아가서, 어떻게 우리는 자아의 지배로부터 해방될 수 있을까요? 만일 우리가 자아로부터 승리하기를 원한다면 3단계가 필요합니다.

1 자아를 부인해야 한다

만일 우리가 주님을 따르기를 원한다면, 우리는 우리 중심의 보좌에서 자아를 내려놓아야만 합니다. 우리는 다음과 같은 선택을 해야 합니다. 즉, 더 이상 자아에 의해 지배받지 않겠다고 말입니다. "내가 아니라 그리스도"여야만 합니다. 주님은 말씀하셨읍니다.
"…아무든지 나를 따라 오려거든 자기를 부인하고…" (누가복음 9 : 23)

2 그리스도 안에 있는 우리의 신분 믿어야 한다

하나님은 우리를 십자가 위의 그리스도와 연합시키셨읍니다. 그분이 십자가에 달리셨을 때, 우리도 그분과 함께 십자가에 달렸읍니다. 이것이 그리스도 안에 있는 우리의 신분이며, 우리는 이것을 믿어야 합니다.

"이와 같이 너희도 너희 자신을 죄에 대하여는 죽은 자요 그리스도 예수 안에서 하나님을 대하여는 산 자로 여길지어다"(로마서 6 : 11).

"여기다"는 말은 사실을 믿는 것을 의미합니다. 우리가 그리스도와 함께 십자가에 못박혔다는 것이 사실이라고 믿고 있읍니까? 만일 그렇다면, 다음의 문장에 서명을 합시다.

> "내가 그리스도와 함께 십자가에 못 박혔나니"
> 서명

3 그리스도께 순복해야 한다

그리스도가 우리의 새로운 주인입니다. 우리는 그분을 위해 살아야 하며 우리 자신을 위해 살아서는 안 됩니다. 성경은 말씀합니다.
"그리스도의 사랑이 우리를 강권하시는도다 우리가 생각건대 한 사람이 모든 사람을 대신하여 죽었은즉 모든 사람이 죽은 것이라
저가 모든 사람을 대신하여 죽으심은 산 자들로 하여금 다시는 저희 자신을 위하여 살지 않고 오직 저희를 대신하여 죽었다가 다시 사신 자를 위하여 살게 하려 함이니라" (고린도후서 5 : 14, 15).

주 예수께 우리가 순복한다는 것은 우리 자신을 그분께 모두 드리고 매일 매일 그분을 따르는 것을 말합니다. 매일 우리는 자아(self)에게는 "안돼"라고 말하면

서 주 예수께만 "예"라고 말해야 합니다.
주 예수께서 말씀하셨읍니다.
"…아무든지 나를 따라오려거든 자기를 부인하고 날마다 제 십자가를 지고 나를 좇을 것이니라" (누가복음 9 : 23).

당신은 어떤 선택을 할 것인가?

당신은 예수 그리스도를 당신의 삶의 모든 것의 주(主)로 섬길 준비가 되어 있읍니까?

어떤 대가를 지불하더라도 그분께 순종할 결심이 되어 있읍니까? 당신은 자아(self)에게 "안돼"라고 말하면서 당신의 삶을 그리스도께 굴복시키기로 하겠읍니까? 만일 그렇게 결심이 된다면, 지금 당장 그분께 기도할 수가 있읍니다. 다음의 기도를 따라 하십시오.

" 주 예수님,
나는 나의 자아가 아닌 당신에게 지배받기를 원합니다.
나는 나의 자아중심적인 옛 삶이 내가 당신과 함께 십자가에 달릴 때 십자가에서 끝났다는 것을 압니다. 나의 새로운 삶은 당신께 속해 있읍니다.
나는 나의 삶을 당신께 굴복시킵니다.
지금부터 영원까지 말입니다.
내 뜻이 아닌 당신의 뜻대로 내 삶이 이루어지게 하소서."

● 깨달은 진리

하나님은 내가 더 이상 자아에 의해 지배받지 않도록 그리스도와 함께 나를 십자가에 못박으셨다. 따라서 그리스도가 나의 새 주인이시다.

□ 확인 질문

1 이 우주 상에서 가장 무서운 것은 ¹□입니다. 하나님은 ¹□를 너무도 미워하시기 때문에 그분은 우리가 그 ²□□에서 구출되기를 원하십니다.

2 죄가 우리를 그 권세 안에 계속 머무르게 하기 위한 방법 중의 한 가지가 ¹□을 통한 것입니다. 그 ²□의 한 형태가 바로 ³□□입니다.

3 우리 마음의 보좌에 「자아」가 앉아 있다는 것은 무슨 뜻입니까? 이것은 우리가 ¹□□□□적이며 또한 우리 자신의 ²□을 고집하고 싶어한다는 것입니다.

4 우리가 구원받았을 때 우리에게서 □이 제거되는 것은 아닙니다. 그러나, 자아는 계속해서 우리를 다스리고 싶어 합니다.

5 우리는 ¹□□에게서 자기 고집의 정신을 받았읍니다. 자기 고집은 결코 하나님께 ²□□하거나 ³□□하려 하지 않읍니다.

6 우리의 자기중심적인 삶을 몹시 혐오하시기 때문에, 하나님께서는 그것에 대해 어떤 일을 하셨는데, 곧 하나님께서는 우리를 그리스도와 함께 ¹□□□에 ²□□□□읍니다.

7 모든 그리스도인에게 있어서 해당되는 두 가지 위대한 사실은 그리스도께서 우리를 ¹□□ 죽으셨다는 것과, 우리가 그리스도와 ²□□ 죽었다는 것입니다.

8 하나님께서 우리를 그리스도와 함께 못박으신 이유는 더 이상 우리가 □□의 지배를 받지 않게 하기 위함이었읍니다.

9 새 주인이신 그리스도께서 우리의 중심에 ¹□으로서 다스릴 때 ²□□께서 우리 안에서 그분의 ³□을 낳게 됩니다.

10 우리는 어떻게 자아의 지배로부터 해방될 수 있을까요?

1. ______________________________
2. ______________________________
3. ______________________________

● 당신이 이 장에서 배운 가장 중요한 교훈은 무엇입니까?

제 18 과

그리스도안에서 새로운 권능

"내가 이르노니 너희는 성령을 좇아 행하라 그리하면 육체의 욕심을 이루지 아니하리라"
(갈라디아서 5 : 16)

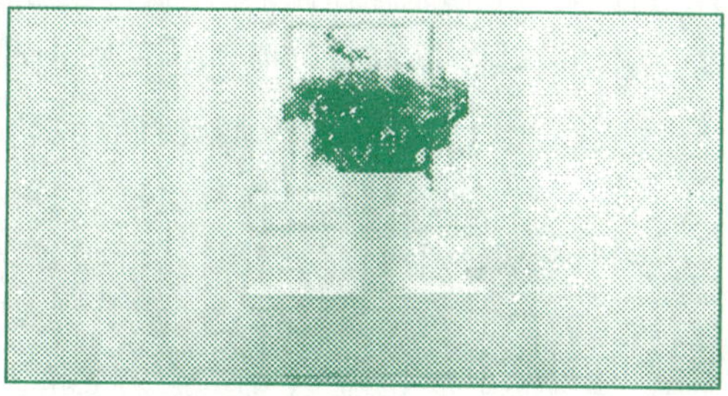

모든 그리스도인들은 내면에 두 개의 반대 세력을 가지고 있는데, 곧 육과 성령이라는 것입니다. 성령께서는 우리가 하나님의 뜻을 행하기를 원하시지만 육은 우리 자신을 좋게 하기를 원하게 됩니다. 잠시 동안 이들 두 세력을 생각해 보도록 합시다.

모든 사람은 성경이 말하는 "육"이라는 죄된 본성을 가지고 태어납니다. 이 죄된 본성은 구원받지 못한 사람들이 가지고 있는 유일한 본성입니다.

우리가 거듭날 때 놀라운 일이 생깁니다. 성령께서 우리 속에 거하기 위해 들어오십니다. 그래서 그리스도인은 그 속에 "육" 그리고 "성령"을 가지고 있읍니다.

어떤 그리스도인들은 그들이 구원받았을 때 옛 성품이 파괴되었거나 없어졌다고 생각하지만 그렇지가 않습니다. 하나님은 그분이 우리를 구원하실 때 우리의 죄된 옛 본성을 제거시키는 것이 아니라, 대신에 우리가 옛 본성을 이길 수 있도록 성령을 주십니다. 우리의 생명이 다할 때까지 우리는 육의 본성을 가지고 있으며,

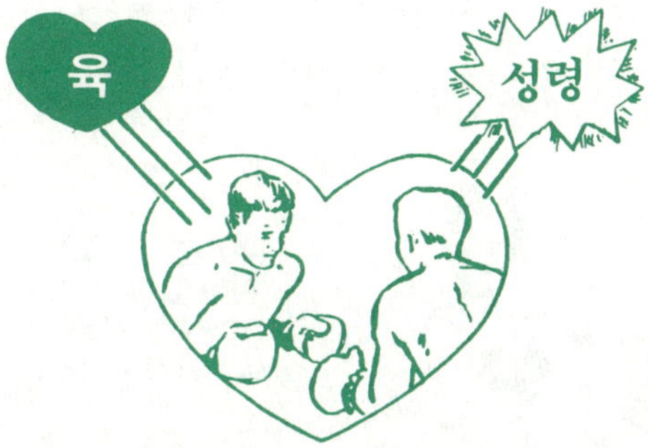

"육체의 소욕은 성령을 거스리고 성령의 소욕은 육체를 거스리나니."

이것은 항상 우리 안에 거하시는 하나님의 영에 대항하게 되는 것입니다. 성경은 말씀합니다.

"육체의 소욕은 성령을 거스리고 성령의 소욕은 육체를 거스리나니 이 둘이 서로 대적함으로…" (갈라디아서 5 : 17).

이 장에서 우리는 우리 안에 있는 육이라는 이 대적에 관하여 생각해 볼까 합니다. 이것이 어디에서 왔으며 이것이 우리를 다스릴 때 무슨 일이 일어나게 되며, 어떻게 이것을 이길 수 있는가를 살펴볼까 합니다.

"육"이란 무엇인가?

육은 하나님이 없는 인간의 본성을 말합니다. 그것은 하나님으로부터 분리되어 있는 우리 자신 안에 있는 것을 말합니다. 성경에서 하나님은 육에 관한 많은 일들을 말하고 있으며 육의 일들은 결코 선한 것이 없다고 하셨읍니다. 여기에 다섯 가지가 있읍니다.

1. 육은 매우 죄된 것이다.
2. 육은 하나님께 순종할 수 없다.
3. 육은 하나님을 알지 못한다.
4. 육은 하나님을 기쁘시게 못한다.
5. 육은 선을 행할 수 없다.

"내 속 곧 내 육신에 선한 것이 거하지 아니하는 줄을 아노니…" (롬 7 : 18).

지난 장에서 우리는 육의 한 형태가 「자아」로서, 제 길을 고집하는 것임을 배웠읍니다. 그러나, 육의 다른 부분으로서 죄악된 정욕과 육체의 소욕으로 행하는 것도 있읍니다. 비록 우리 마음의 중심 보좌에서 우리가 자아를 내려놓고 대신에 그리스도를 왕으로 모셨다 할지라도 우리는 여전히 육체의 죄된 정욕(lusts)과 소욕에 의해 유혹받게 됩니다.

육은 어디에서 왔는가?

육은 아담으로부터 왔읍니다. 하나님께서는 아담이 하나님의 성령에 의해 지배되기를 원하셨지만 아담은 하나님께 불순종하였읍니다. 그러했을 때 그는 영적으로 죽었읍니다. 그는 하나님의 영으로부터 분리되어 아담의 영혼과 육체는 죄악된 것이 되었읍니다.

하나님의 영에 의해 지배받는 대신에 아담은 성경에서 말하는 "육"이라는 죄악된 영혼과 육체에 의해 지배를 받게 되

"한 사람의 순종치 아니함으로 많은 사람이 죄인된 것…"

었읍니다. 아담은 인류의 머리이기 때문에, 그는 그의 죄된 본성을 전 인류에게 물려 주었읍니다.

육이 지배할 때 무슨 일이 일어나는가?

당신은 육이 사람을 통제하게 되었을 때 무슨 일이 일어났는지 아십니까? 그의 육체는 "죄 공장"이 되었읍니다! 공장이 무엇하는 곳인지 모르는 사람은 없을 것입니다. 공장이란 어떤 생산품을 만들어 내기 위하여 사용되는 건물입니다.

육이 사람을 통제하게 될 때, 그것은 육체를 "죄 공장"으로 바꾸는 것입니다. 주 예수께서도 우리에게 그렇게 말씀하셨읍니다.

"속에서 곧 사람의 마음에서 나오는 것은 악한 생각 곧 음란과 도적질과 살인과 탐욕과 악독과 속임과 음탕과 흘기는 눈과 훼방과 교만과 광패니 이 모든 악한 것이 다 속에서 나와서 사람을 더럽게 하느니라" (마가복음 7 : 21 – 23).

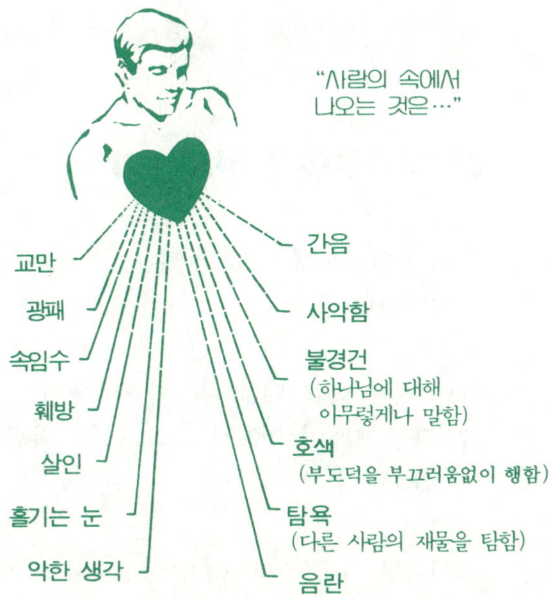

하나님이 육을 다루시는 방법

우리는 이미 육은 우리가 구원받을 때 파괴되거나 제거되지는 않는다고 배웠읍니다. 육은 우리가 구원받기 전과 같이 죄악된 상태로 있읍니다. 그것은 결코 어떤 선한 것으로 바뀔 수 없읍니다.

우리를 완전히 구원하시기 위하여 하나님은 "죄 공장"을 파산시켜야만 했읍니다. 그분은 우리의 죄를 용서해야 했을 뿐아니라 육을 처결하셔야만 했읍니다.

하나님은 무엇을 하셨을까요? 그분은 우리를 그리스도와 함께 십자가에 못박았읍니다. 이는 우리가 더 이상 육에 의해 지배받지 않도록 하기 위해서입니다. 로마서 6장 6절은 다음과 같이 말하고 있읍니다.

"우리 옛 사람이 예수와 함께 십자가에 못박힌 것은 죄의 몸이 멸하여 다시는 우리가 죄에 종노릇하지 아니하려 함이니".

하나님은 육 안에 있는 죄를 정죄하셨읍니다. 육은 여전히 우리와 함께 있지만, 우리를 지배할 권리는 가지고 있지 않습니다. 그것의 능력은 파괴되었읍니다. 우리는 죄를 지을 수 있지만 그렇게 해서는 안 됩니다. 우리는 육에게 "안 돼"라고 말할 수 있읍니다.

"그러므로 형제들아 우리가 빚진 자로되 육신에게 져서 육신대로 살 것이 아니니라" (로마서 8 : 12).

"그러므로 너희는 죄로 너희 죽을 몸에 왕노릇하지 못하게 하여 몸의 사욕을 순종치 말고" (로마서 6 : 12).

하나님은 우리에게 새로운 권능을 주셨다

하나님은 십자가에서 육을 처리하셨을 뿐아니라, 그밖의 어떤 일도 해 주셨읍니다. 그분은 우리에게 새로운 권능을 주셨읍니다. 그 새로운 능력이 바로 성령이십니다.

"너희가 아들인고로 하나님이 그 아들의 영을 우리 마음 가운데 보내사…" (갈라디아서 4 : 6).

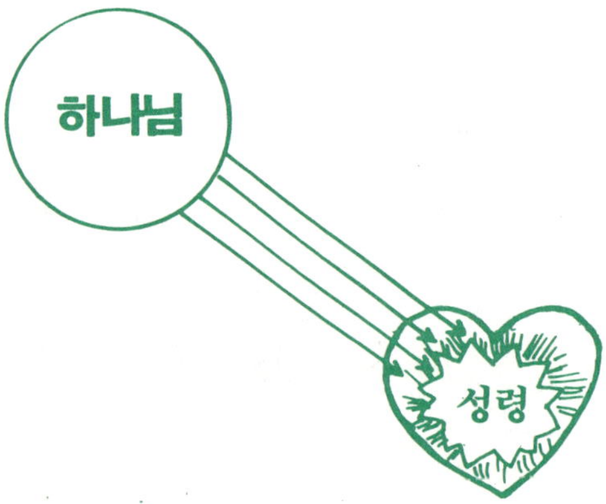

성령은 누구인가 ?

성령은 하나님이십니다! 그분은 선(善)을 끼치는 어떤 영향력이 아닙니다. 그분은 인격체이십니다. 우리는 결코 성령을 "그것"이라고 언급해서는 안 됩니다. 성령은 인격체이시며 하나님이십니다. 우리는 우리 자신에게 되풀이해서 이 위대한 사실을 생각나게 해야 할 필요가 있읍니다.

"우리 안에 내주하시는 하나님의 성령은 인격이시며 하나님은 나의 중심에 살고 계신다"고 말입니다.

성령은 하나님께서 그 자녀들에게 주시는 선물이십니다. 주 예수님 안에 있는 모든 신자들은 그 안에 내주하시는 성령을 모시고 있읍니다. 그리고 그분이 한 번 들어오시면 결코 우리를 떠나지 않습니다. 주 예수께서는 다음과 같이 말씀하셨읍니다.

"내가 아버지께 구하겠으니 그가 또 다른 보혜사를 너희에게 주사 영원토록 너희와 함께 있게 하시리니" (요한복음 14 : 16).

성령은 무엇을 하시는가 ?

우리 안에 내주하시는 성령의 사역은 이중적입니다.

1. 그분은 육을 대적해서 싸웁니다.
2. 그분은 우리 안에서 그리스도의 삶을 산출하십니다.

성령의 이 이중적 사역을 생각해 보기

로 하겠읍니다.

[1] 성령은 육을 대적해서 싸우신다

우리 안에 있는 육의 힘은 매우 강합니다. 때로는 그것이 너무 강해서 우리의 의지를 압도하기도 합니다. 우리는 정말로 원하지 않는 일을 하게 되기도 합니다. 사도 바울조차도 그의 안에 있는 세력을 극복할 수가 없었읍니다. 그래서 그는 말했읍니다.
"내가 원하는 바 선은 하지 아니하고 도리어 원치 아니하는 바 악은 행하는도다" (로마서 7 : 19).

> 그러나 하나님은 우리 자신의 힘으로 육신의 세력을 극복하기 위해 애쓰도록 그냥 버려 두지 않으셨읍니다. 그분은 우리에게 새로운 권능인 성령을 보내주셨읍니다. 그리고 그 성령께서 우리를 대신하여 육을 대항하여 싸워 주셨읍니다.

그분은 거룩한 영이십니다. 이 말은 그분이 죄를 미워하신다는 뜻입니다. 그분은 우리의 삶 속에 있는 모든 죄를 대적하십니다.
"육체의 소욕은 성령을 거스리고 성령의 소욕은 육체를 거스리나니…" (갈라디아서 5 : 17).

어느 쪽이 더 위력이 있을까요? 육일까요, 아니면 성령일까요? 물론 성령입니다. 그러나 성령께서는 우리의 의지와 무관하게 우리를 인도하지 않으십니다. 우리는 육의 사역으로부터 해방되기 위해서는 선택해야 합니다.

예를 들어, 우리가 무서운 유혹을 받고 있다고 상상해 보십시오. 이것은 육의 사역입니다. 우리는 선택해야 합니다. 계속해서 그것이 우리를 지배하도록 허용할 것입니까, 아니면 그것으로부터 우리가 해방되는 편을 선택할 것입니까?

하나님께서는 육이 우리를 지배하지 못하게 하며, 대신에 그것을 죽여야 한다고 말씀하십니다. 여기에 동의하십니까? 육의 일로부터 해방되기를 선택하십니까? 그렇다면 그리스도와 함께 우리가 죽었다고 여기듯 성령께서 육을 죽여 주시도록 요청하시고 그분이 그렇게 하신다는 것을 믿어야 합니다.
"영(성령)으로 몸의 행실을 죽이면 살리니" (로마서 8 : 13).

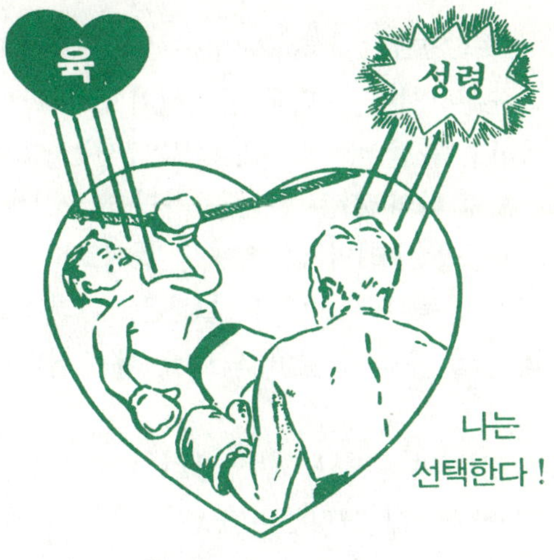

[2] 성령은 우리 안에서 그리스도의 삶을 산출하신다

성령께서는 육을 대적해서 싸워 주실

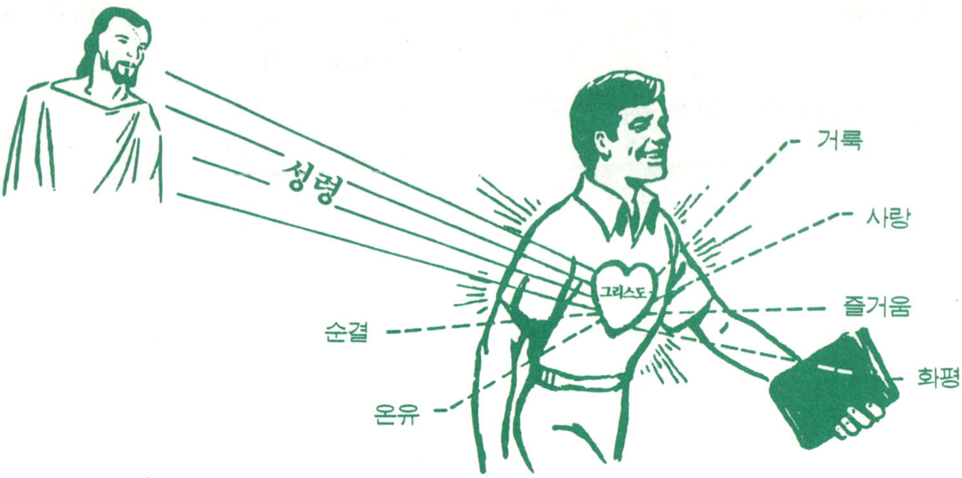

뿐아니라 또 다른 일도 하십니다. 그분은 우리 안에서 그리스도의 삶을 만들어 나가십니다. 주 예수께서는 이렇게 말씀하셨읍니다.
"그가 내 영광을 나타내리니 내 것을 가지고 너희에게 알리겠음이라"(요한복음 16:14).

그리스도는 거룩하시며… 온유하시고 …순전하시며 …오래 참으시며… 비이기적이고 …신실하십니다. 성령께서는 그리스도의 이와 같은 면들을 가지고 계시며 그것들을 우리의 삶 속에서 실제로 나타나게 만들어 주십니다. 그분은 그리스도의 삶을 우리의 삶이 되도록 해 주십니다.

"성령의 열매"는 단지 우리 안에서의 그리스도의 삶 그것입니다. 성경은 이러한 삶이 어떠한 것인가를 명백히 말해 주고 있읍니다.
"…오직 성령의 열매는 사랑과 희락과 화평과 오래 참음과 자비와 양선과 충성과 온유와 절제니…"(갈라디아서 5:22, 23).

두 길

그리스도인은 그 속에 두 세력을 가지고 있는 것처럼, 그 앞에는 언제나 두 갈래의 길이 있게 될 것입니다. 우리는 육을 따라 행할 수도 있고 성령을 따라 행할 수도 있읍니다.

육을 따라 행한다는 것은 육의 통제 아래 있다는 것을 의미하며, 성령을 따라 행한다는 것은 성령의 통제 아래 있다는 것을 의미합니다.

우리는 이미 사람 속에서 육이 지배하

게 될 때 어떤 일이 일어나게 되는가를 보았읍니다. 이들 소름끼치는 육의 죄들은 구원받지 못한 모든 사람들의 생활 속에서 가능한 일이며, 또한 그리스도인의 생활 속에서도 가능한 일들인 것입니다.
그러한 육의 죄들 가운데 우리가 범할 가능성이 없는 것이란 단 한 가지도 없읍니다. 따라서, 성경은 우리에게 경고합니다.
"그런즉 선 줄로 생각하는 자는 넘어질까 조심하라" (고린도전서 10 : 12).

어떻게 육을 정복할 수 있는가?

육의 욕심을 채우는 일에서 멀리하기 위해서는 우리는 성령을 따라서 행하여야 합니다. 이 말은 성령의 통제 아래 있어야 한다는 의미입니다. 사도 바울은 다음과 같이 기록했읍니다.
"내가 이르노니 너희는 성령을 좇아 행하라 그리하면 육체의 욕심을 이루지 아니하리라" (갈라디아서 5 : 16).

어떻게 우리는 성령을 따라 걸을 수 있을까?

성령을 따라 걷기 위해서는 세 가지 일이 필요합니다.

1. 우리는 우리의 마음을 성령의 일에다 고정시켜야 합니다.
2. 우리는 성령께 굴복해야 합니다.
3. 우리는 성령을 신뢰해야 합니다.

이 세 가지 일을 생각해 보도록 합시다.

마 음

성령을 따라 걷기 위해서, 우리는 우리의 마음을 성령의 일에 고정시켜야 합니다. 그럼으로써 우리는 매일 하나님과 단둘이서 조용한 시간을 가지고, 그분의 말씀을 읽으며, 기도로 그분과 대화하면서 시작해야 합니다.

날마다, 할 수 있을 때는 언제든, 우리는 우리의 마음을 그리스도와 그분의 말씀에로 집착시켜야 합니다. 우리가 우리의 마음을 성령의 일들로 가득 채우게 될 때 우리는 성령께서 우리의 삶을 주관하고 계신다는 사실을 깨닫게 됩니다. 반대로, 만일 우리가 육의 일로 마음을 가득 채우게 되면, 육은 죄를 낳게 할 것이며 하나님과의 교제도 끊어지게 할 것입니다. 성경은 "육의 생각은" 사망이지만, "영의 생각은" 생명과 평안이라고 말씀합니다.

우리는 무엇에 마음을 고정시키고 있읍니까? 우리를 사로잡고 있는 것들은 무엇입니까? 우리는 우리의 시간과 돈을 무슨 일에 소비하고 있읍니까? 그것들의 근원을 추적해 보십시오. 그것들이 영적인 일에 사용되고 있읍니까? 아니면 육의 일에 사용되고 있읍니까?

성령을 따라 행하기 위해서 우리는 성령께 굴복해야 합니다. "굴복"이란 말은 "응한다" (to give in to=몸을 맡긴다) 라는 의미입니다. 우리는 성령께로는 "예"

라고 대답해야 하며, 육에게는 "안돼"라고 말해야 할 것입니다. 육에게 응하는 대신에, 우리는 육을 죽음에 내어주어야 합니다.

"그리스도 예수의 사람들은 육체와 함께 그 정(情)과 욕심을 십자가에 못박았느니라"(갈라디아서 5 : 24).

신 뢰

성령을 따라 걷기 위해서 우리는 성령을 신뢰해야 합니다. 우리는 우리 자신의 힘만으로는 도저히 강한 육의 세력을 이길 수가 없읍니다. 육을 이길 수 있는 것은 오직 성령이시며 그분은 우리가 그분을 신뢰할 때 이 일을 하십니다. 우리가 그분을 의지할 때, 그분은 우리 안에서 그리스도의 삶을 산출하시며, 그리스도의 삶은 육을 정복할 수가 있읍니다.

"성령을 좇아 행하라 그리하면 육체의 욕심을 이루지 아니하리라"(갈 5 : 16).

● 깨달은 진리

내가 영을 따라 걷게 될 때 성령께서 내 안에서 그리스도의 삶을 산출해 주시며 그분의 삶이 육을 정복하게 된다.

□ 확인 질문

1 모든 그리스도인은 자기 내부에 두 가지 반대 세력, 곧 1□과 2□□을 지니고 있습니다.

2 육은 매우 1□□ 것이며 하나님께 2□□할 수 없고, 하나님을 3□□ 못하고 4□□□□도 못하며, 5□을 행할 수 없습니다.

3 하나님께서는 우리를 그리스도와 함께 십자가에 못박으셨는데, 이는 우리가 더 이상 1□에 의해 2□□되지 않게 하시기 위함입니다.

4 로마서 6장 6절은 우리 1□ □□이 예수와 함께 십자가에 못박힌 것은 죄의 몸이 멸하여 다시는 우리가 죄에 2□□□하지 아니하려 함이라고 말합니다.

5 육은 여전히 우리와 함께 있지만 우리를 지배할 1□□는 가지고 있지 않습니다. 그것의 2□□은 파괴되었습니다. 우리는 죄를 지을 수는 있지만 그렇게 해서는 안 됩니다.

6 성령은 한 1□□□이며 또한 2□□□이십니다. 그분은 모든 그리스도인 안에 거하시며 결코 떠나지 않으십니다.

7 우리 안에서 행하시는 성령의 사역은 이중적입니다. 즉, 성령은 1□을 대적하여 싸우시며, 또한 우리 안에서 2□□□□의 삶을 산출하십니다.

8 성령께서는 우리의 1□□와 무관하게 우리를 인도하지 않으십니다. 우리는 2□의 사역으로부터 해방되기 위해 3□□을 해야 합니다.

9 육을 따라 행한다는 것은 육의 □□ 아래 있다는 것을 의미하며, 성령을 따라 행한다는 것은 성령의 □□ 아래 있다는 것을 뜻합니다.

10 성령을 따라 행하는 데에는 세 가지가 필요합니다. 즉, 우리의 1□□을 성령의 일에 2□□시켜야 하며, 성령에게 3□□하고, 또한 성령을 4□□해야 합니다.

● 당신이 이 장에서 배운 가장 중요한 교훈은 무엇입니까?

제 19 과

그리스도안에서 새로운 승리

"또 여러 형제가 어린 양의 피와 자기의 증거하는 말을 인하여 저를 이기었으니 그들은 죽기까지 자기 생명을 아끼지 아니하였도다" (요한계시록 12 : 11)

그리스도인의 삶은 전쟁을 하는 삶입니다. 우리는 주 예수 그리스도의 선한 군사로서 "선한 싸움을 싸우도록" 소집되었읍니다.

그리스도인의 삶을 전쟁이라고 하는 이유는 우리를 멸망시키기 위하여 힘쓰는 무시무시한 원수가 있기 때문입니다. 그 원수가 곧 사단입니다. 성경은 우리에게 다음과 같이 경고하고 있읍니다.
"근신하라 깨어라 너희 대적 마귀가 우는 사자같이 두루 다니며 삼킬 자를 찾나니" (베드로전서 5 : 8).

우리의 대적 – 사단

원래 사단은 아름답고도 지혜로운 계명성이라는 천사로 창조되었으나 교만이 그의 마음 속에 들어가 하나님을 반역하였읍니다. 하늘의 많은 천사들이 하나님을 반역하는 일에 사단을 따르게 되었읍니다.

사단은 "공중의 권세잡은 자(왕자 : prince)"라고 불리어집니다. 왜냐하면 사단과 그의 타락한 천사들은 이제 이 땅 위의 대기 중에 머무르고 있기 때문입니다. 비록 우리가 그들을 볼 수는 없지만, 사단과 그의 타락한 천사들은 하나님의 자녀의 실질적인 원수입니다. 성경은 말씀합니다.
"우리의 씨름은 혈과 육에 대한 것이 아니요 정사와 권세와 이 어둠의 세상 주관자들과 하늘에 있는 악의 영들에게 대함이라" (에베소서 6 : 12).

어둠의 권세

사단의 사역 방법

사단의 목적은 사람들을 멸망시키는 것입니다. 주 예수께서도 그를 가리켜 "처음부터 살인한 자"라고 말씀하셨읍니다. 사단은 사람들을 멸망시키는 많은 방법들을 가지고 있으나 그의 주요 무기는 속임수와 거짓말하는 것입니다.

● 사람들을 속인다

사단은 사람들로 하여금 모든 초자연적인 현상들이 하나님께로부터 온다고 생각하게 만들도록 속이고 있읍니다. 그러나 **모든** "기적들"이 한결같이 하나님께로부터 나오는 것은 아닙니다. 사단과 그의 악한 영들도 사람의 힘으로는 할 수 없는 많은 기적들을 행할 수가 있읍니다. 예수님께서는 마지막 때가 되면 거짓 선지자들이 나타날 것이며 그들은 "큰 표적과 기사로" 많은 사람들을 속일 것이라고 말씀하셨읍니다.

■ **경고** : 점장이, 강신술사, 운명가들, 점성가들, 마술사들 등과 접촉하지 마십시오. 이와 같은 일들은 어둠의 왕국에 속한 것들입니다.

"너희는 열매 없는 어두움의 일에 참여하지 말고 도리어 책망하라" (에베소서 5 : 11).

● 하나님의 일을 방해한다

사단은 하나님의 일을 방해합니다. 복음이 전파될 때, 사단은 복음을 듣는 자들의 마음 속에 의심과 불신을 퍼뜨리기 위하여 거기에 있는 것입니다.

● 그리스도인에게 중압감을 준다

그는 그리스도인들의 마음 속에 의심과 두려움과 절망을 집어넣고 있읍니다. 그는 그리스도인들로 하여금 절망에 빠뜨리어 하나님을 위해 살지 못하도록 하려고 애쓰고 있읍니다.

● 사람들을 유혹한다

사단은 그리스도인들이 무서운 죄를 범하도록 유혹합니다. 그는 그들을 속여서 그리스도인들이 "이러이러한 일을 해도 나쁜 짓이 아니다"고 생각하게끔 합니다. 그는 세상의 일들을 이용하여 그리스도인들의 마음을 하나님에게서 등을 돌리고 하나님의 뜻을 행하는 데로부터 멀어지게 하려고 합니다. 그는 그리스도인들로 하여금 하나님께 그들의 삶을 온전히 순종치 못하게 하려고 애쓰고 있읍니다.

이 장에서 우리는 이 무서운 적인 사단과 싸워 이긴 그리스도의 능력있는 승리에 대하여 생각해 보려 합니다. 어떻게 그리스도의 승리가 또한 우리의 승리가 되는가를 살펴보기로 하겠읍니다.

그리스도께서 오신 이유

주 예수 그리스도는 마귀의 일을 멸하시기 위하여 세상에 오셨읍니다.
"…하나님의 아들이 나타나신 것은 마귀의 일을 멸하려 하심이라"(요한일서 3 : 8).

십자가는 그리스도께서 사단의 권세로부터 사람들을 되찾아 내신 장소입니다. 사단은 죄 때문에 사람들을 사로잡아 둘 수 있었읍니다. 그러나 주 예수께서 우리의 죄 값을 지불하셨읍니다. 예수께서는 우리에 대한 사단의 모든 권리들을 종식시키셨읍니다. 사람들은 이제 누구를 섬길 것인가를 선택할 수 있읍니다. 주 예수 그리스도를 그들의 주님으로 선택한 사람들은 사단의 권세로부터 구출될 수가 있읍니다.
"…아버지께 감사하게 하시기를 원하노라 그가 우리를 흑암의 권세에서 건져 내사 그의 사랑의 아들의 나라로 옮기셨으니…"(골로새서 1:12, 13).

십자가는 또한 사단이 패배한 장소입니다. 성경은 주 예수께서 우리의 육신을 입으시고 사망으로 말미암아 사망의 세력을 잡은 자 곧 마귀를 없이하셨다"고 말씀합니다.

주 예수께서 십자가 위에서 죽으셨을 때, 어두움의 권세가 그분을 이긴 것처럼

원수들을 이기고 주님께서 무덤에서 살아나셨읍니다!

보였읍니다. 그러나 삼일 째 되던 날 그분은 사단과 어두움의 권세를 이기고 참으로 의기양양하게 무덤에서 일어나셨읍니다.

주 예수께서는 부활 후 40일 동안 지상에 모습을 나타내셨읍니다. 그분이 천국에 올라가시기 전에, 그분은 "하늘과 땅의 모든 권세를 내게 주셨으니"(마태복음 28 : 18) 라고 말씀하셨읍니다.

어두움의 권세는 패배하였다!

사단과 그의 악령들은 그들의 모든 권위를 빼앗겼읍니다. 주 예수께서는 어두움의 모든 권세를 이기시고 승리자로서 하늘로 올라가셨읍니다. 그분은 그것들을 밝히 드러내셨읍니다.

"정사와 권세를 벗어버려 밝히 드러내시고 십자가로 승리하셨느니라"(골로새서 2 : 15).

사단과 어둠의 권세를 향한 위대한 승리와 마찬가지로 주 예수께서 하늘나라로 다시 올라가셨다는 것은 보이지 않는 영적인 세계에서는 얼마나 놀라운 광경이었을까요!

그리스도는 높여지셨다

하나님 아버지께서는 그분의 사랑하시는 아들을 영광으로 맞아들이셨고 그분께 최고의 명예와 권세의 자리를 허락하셨읍니다. 예수 그리스도는 모든 어두움의 권세 훨씬 위인, 바로 하늘의 보좌 위에 앉으셨읍니다. 성경은 말씀합니다.

"…죽은 자들 가운데서 다시 살리시고 하늘에서 자기의 오른편에 앉히사 모든 정사와 권세와 능력과 주관하는 자와 이 세상 뿐아니라 오는 세상에 일컫는 모든 이름 위에 뛰어나게 하시고"(에베소서 1 : 20, 21).

그리스도의 승리는 곧 우리의 승리

여기에 놀라운 진리가 있읍니다. 즉, 어둠의 권세에 대한 그리스도의 승리는 곧 우리의 승리입니다!

그리스도께서 하신 일, 그분은 우리의 대표자로서의 역할을 하셨읍니다. 우리는 그분의 죽음에 참여하였고, 그분의 장사됨에도 참여하였으며 그분의 부활에도, 그리고 또한 사단에 대한 승리에도 참여한 것입니다! 하나님께서는 그리스도를 살리셨고 그분의 오른편에 앉히셨으며 또한 우리를 그리스도와 함께 살리셨읍니다.

"또 함께 일으키사 그리스도 예수 안에서 함께 하늘에 앉히시니"(에베소서 2 : 6).

우리의 새로운 영적 지위

우리는 그리스도와 함께 어둠의 권세 훨씬 위에 앉게 됩니다. 그리스도께 속한 우리는 지극히 높은 권세와 승리의 자리에 그리스도와 함께 앉혀지게 됩니다. 우리는 그분의 보좌의 영광을 같이 나누게 됩니다!

그리스도의 보좌에 함께 하게 된다는 것은 그분의 권세를 나누어 갖게 된다는 것입니다. 우리는 원수의 모든 힘에 대항할 수 있는 권세를 부여받았읍니다. 주 예수께서는 제자들에게 다음과 같이 말씀하셨읍니다.

"내가 너희에게 원수의 모든 능력을 제어할 권세를 주었으니…"(누가복음 10 : 19).

그리스도로부터 권세를 받았다는 것은 우리가 그분의 대리자로서 행할 권리를 가지고 있다는 것을 의미합니다. 우리는 그분의 이름으로 말하고 행동할 수 있읍니다.

"능력"(힘)과 "권세" 사이에는 차이가 있읍니다. 트럭은 힘을 가지고 있으나, 경찰관은 권세를 가지고 있읍니다. 경찰관의 배후에는 행정부의 권세가 있으므로 트럭 운전수는 이 권세를 인식하고 경찰관에게

힘

권세

복종하게 됩니다.

사단과 그의 악령들은 힘(능력)을 가지고 있으나 그리스도께서는 우리에게 권세를 주셨읍니다. 만일 우리가 그리스도 안에서 살고 있다면 우리는 예수님의 이름으로 말할 수 있으며 어둠의 권세는 우리에게 복종해야만 합니다. 그들은 우리의 배후에 그리스도의 권세가 있다는 것을 알고 있읍니다.

"내가 너희에게 원수의 모든 능력을 제어할 권세를 주었으니" (눅 10 : 19).

전쟁은 아직 끝나지 않았다

사단은 패배한 대적입니다. 얼마 후에는 사단과 그의 악령들이 불못에 던져질 것이며, 그들은 다시는 불안을 야기시키지 못할 것입니다. 그러나 그렇게 되기까지는 매우 활동적입니다. 사단은 "울부짖는 사자"처럼 유혹하고 속이며 파괴하고 다닐 것입니다. 이 무서운 적과 홀로 싸워 이길 수 있는 하나님의 자녀란 아무도 없읍니다. 오직 그리스도를 통해서만 그를 이길 수 있읍니다. 성경은 이렇게 말씀합니다.

"너희가 주 안에서와 그 힘의 능력으로 강건하여지고" (에베소서 6 : 10).

하나님의 승리자들

요한계시록은 사단을 이긴 "승리자들"에 관하여 말하고 있읍니다. 성경은 그들이 사단을 이긴 방법의 비밀을 우리에게 말해 주고 있읍니다. 여기엔 세 가지 비밀이 있읍니다.

"저들이 저를 이기었으니

1 어린 양의 피와

2 자기의 증거하는 말을 인하여

3 죽기까지 자기 생명을 아끼지 아니하였도다" (요한계시록 12 : 11).

이 세 가지를 잘 생각해 보고 사단과 싸워 이기는 데 이것들을 어떻게 사용할 것인지를 살펴보도록 합시다.

어린 양의 피

사단은 속이는 자요 살인하는 자이지만 그리스도인을 대항하는 가장 중요한 공격 중의 하나는 그들을 비방하는 것입니다. 그는 "형제를 참소하는 자"라고 불립니다. 그는 하나님 앞에서 우리를 참소하며, 또한 우리를 우리의 마음 속에서 참소합니다. 그는 우리에게 우리는 선하지 않다고 말해 줍니다. 그는 우리에게 우리는 악하고, 죄악되며, 언제나 이와 같을 것이라고 말해 줍니다.

사단의 비방에 대한 우리의 방어책은 무엇일까요? 우리의 방어책은 "어린 양의 피"입니다. 주 예수님의 피로 우리는 사단의 비방을 극복할 수 있읍니다. 우리는 사단에게 "그래, 나는 죄인이야. 그러나 하나님의 아들, 주 예수님의 피가 나를 모든 죄로부터 깨끗케 해주셨어!"라고 단호하게 말할 수 있읍니다.

하나님은 우리에게 사단의 고소에 대한 방어책으로서 "어린 양의 피"를 주셨읍니다. 그분은 또한 우리에게 사단 자체를 대항해서 사용할 무기를 주셨읍니다. 그 무기는 "우리의 증거의 말"입니다. 이것은 사단을 정복한 그리스도의 위대한 승리의 사실을 사단에게 선언할 수 있다는 것을 의미합니다.

우리는 사단에게 다음과 같이 말할 수 있읍니다.
"너는 패배했어! 예수 그리스도는 주님이시다! 예수님은 승리자야! 예수님은 왕이시다! 나는 예수님과 함께하는 사람이야!"
이것들은 굉장한 사실들입니다. 그리고 사단은 그것들을 논박할 수 없읍니다. 그는 그것들이 사실이라는 것을 알고 있읍니다.

자기의 생명을 사랑하지 않음

사단을 이기려면 우리는 우리 자신을 사랑해서는 안 됩니다. 만일 우리가 우리

내가 아니라 그리스도

자신을 사랑하게 되면, 우리는 패배하고 말 것입니다. 또한 우리는 자아(self)가 우리를 다스리도록 해서도 안 됩니다. 우리가 그리스도와 함께 십자가에 못 박힌 것은 더 이상 우리 자신을 위해서 살기 위해서가 아니라 우리를 위해 돌아가신 그분을 위해서 살기 위한 것입니다. 우리는 사도 바울처럼 말할 수 있어야 합니다.
"내가 그리스도와 함께 십자가에 못박혔나니 그런즉 이제는 내가 산 것이 아니요 오직 내 안에 그리스도께서 사신 것이라" (갈라디아서 2 : 20).

그리스도와 함께 우리가 죽고, 장사되고, 다시 부활함을 통해서 우리는 모든 적의 권세로부터 해방되었읍니다. 우리는 죄에게, 자아에게, 육신에게, 세상에게, 그리고 사단 자신에게 "안 돼"라고 말할 수 있읍니다.

주 예수께서 우리를 대적의 권세로부터

나는 그리스도와 함께 죽었다!
그리스도가 내 안에 사신다!

해방시켜 주셨을 뿐아니라, 승리의 부활을 하신 그리스도께서 우리 안에 살고 계십니다. 우리는 승리할 수 있읍니다!

"자녀들아 너희는 하나님께 속하였고 또 저희를 이기었나니 이는 너희 안에 계신 이가 세상에 있는 이보다 크심이라" (요한일서 4 : 4).

●깨달은 진리

그리스도께서 사단을 물리치셨다. 내가 그리스도 안에 있기 때문에, 나는 그분의 승리를 받아 누릴 수 있다!

●참고 / 편집자 註

사단과 그의 악한 영들은 영적인 존재들이기 때문에 그들에게는 몸이 없읍니다. 그렇지만 그들은 실재하므로 어둠의 권세를 이기신 그리스도의 큰 승리를 강조하기 위해서 우리는 화가들의 그림을 사용하였읍니다.

□ 확인 질문

1 그리스도인의 삶은 ¹□□하는 생활입니다. 우리는 우리를 멸망시키려는 끔찍한 원수를 대하고 있습니다. 그 원수란 ²□□입니다.

2 사단의 목적은 우리를 멸망시키려는 것으로, 그의 주요 무기는 ¹□□□와 ²□□□입니다.

3 주 예수께서는 ¹□□의 ²□을 ³□하시기 위해 세상에 오셨읍니다.

4 십자가는 그리스도께서 ¹□□의 ²□□로부터 사람들을 되찾아 내신 장소이며 또한 ²□□이 ³□□한 곳입니다.

5 어둠의 권세에 대한 그리스도의 승리는 곧 ¹□□의 승리입니다. 그리스도께서는 우리의 ²□□□로서의 역할을 하셨읍니다.

6 우리는 그분의 ¹□□에 참예하였고, 그분의 ²□□□□과 ³□□에도, 그리고 또한 ⁴□□에 대한 ⁵□□ 에도 참예한 것입니다.

7 우리의 새로운 영적 지위는 그리스도와 함께 □□의 권세 훨씬 위에 자리하게 됩니다.

8 그리스도의 보좌에 함께하게 된다는 것은 그분의 ¹□□를 나누어 갖게 된다는 것입니다. 우리에게는 그분의 ²□□□로서 행할 권리가 있읍니다. 우리는 그분의 ³□□으로 말하고 행할 수 있읍니다.

9 사단의 비방에 대한 우리의 방어책은 ¹□□□의 ²□입니다. 사단을 대적하는 데 사용할 우리의 무기는 ³□□의 ⁴□입니다. 이것은 사단을 정복한 그리스도의 승리의 사실을 사단에게 ⁵□□할 수 있다는 것을 의미합니다.

10 주 예수께서는 우리를 우리의 대적의 권세로부터 구출하셨을 뿐아니라 승리의 부활하신 그리스도께서 우리 □□ 살고 계십니다.

● 당신이 이 장에서 배운 가장 중요한 교훈은 무엇입니까?

제 20 과

그리스도안에서 새로운 헌신

"그러므로 형제들아 내가 하나님의 모든 자비하심으로 너희를 권하노니 너희 몸을 하나님이 기뻐하시는 거룩한 산 제사로 드리라 이는 너희의 드릴 영적 예배니라" (로마서 12 : 1)

우리는 계속해서 하나님께서 그리스도 안에서 우리를 위해 행하신 놀라운 일들에 대하여 공부하고 있읍니다. 우리는, 하나님께서 어떻게 우리를 그리스도와 연합시키고, 어떻게 어둠의 왕국에서 우리를 해방시켜 주셨으며, 어떻게 죄의 권세와, 자아, 육신, 세상과 사단으로부터 우리를 해방시켜 주셨는가를 알았읍니다. 우리는 그리스도께서 우리로 하여금 율법의 의의 요구를 만족시킬 수 있도록 하시고 우리 안에 내주하시기 위하여 어떻게 다시 오셨는가를 알았읍니다.

이런 굉장한 모든 일들은 "하나님의 자비"입니다. 우리에겐 죽음만이 기다리고 있었지만 하나님께서는 이 큰 복들을 값없이 베풀어 주셨읍니다. 이제 하나님께서는 우리가 그분을 위해 무엇인가를 드리기를 요구하십니다.

하나님은 우리가 무엇을 하기를 원하실까요? 하나님은 우리 자신을 온전히 그분께 헌신하기를 요구하십니다. 하나님께서 그분의 종 바울을 통해 우리에게 말씀하시는 것을 들어 봅시다.

"그러므로 형제들아 내가 하나님의 모든 자비하심으로 너희를 권하노니 너희 몸을 하나님이 기뻐하시는 거룩한 산 제사로

"너희 몸을 거룩한 산 제사로 드리라."

드리라 이는 너희의 드릴 영적 예배니라"
(로마서 12 : 1).

헌신이란 무엇입니까? 헌신의 근본은 무엇일까요? 그것의 동기는? 헌신의 결과는 무엇일까요? 이것들은 중요한 질문이므로 이 장에서 그 해답을 찾아 보도록 하겠읍니다.

헌신이 의미하는 것

헌신이란 무엇입니까? 헌신이란 나 자신의 뜻 대신에 하나님께서 그분의 뜻대로 행하시도록 나의 삶을 하나님께 드리는 것입니다. 헌신은 내가 "살아있는 희생제물"로 그분께 나의 몸을 드리는 것을 의미합니다.

구약에서는 동물들을 죽여서 하나님께 바쳤읍니다. 동물들은 죽어서 희생제물이 되었읍니다. 하나님은 나의 몸을 죽여서 제단에 바치기를 요구하시지는 않습니다. 대신에, 그분은 내가 "살아 있는 희생제물"이 되기를 바라고 계십니다. 이 말은 내가 그분을 위해 살아드리기를 원하신다는 의미입니다. 자, 헌신의 의미를 좀더 생각해 봅시다.

죽여서 바쳐진 희생

살아있는 희생

구약의 희생은 주 예수님의 모형이었읍니다. 예를 들면, 양이 속죄물로 바쳐질 때 이것은 주 예수께서 십자가 위에서 우리 죄를 위하여 죽으시는 **예표나** 모형을 말하는 것입니다.

그러나 죄와는 상관없이 바쳐지는 또다른 하나의 희생이 있었읍니다. 이 희생을 "번제" (the burnt offering)라고 합니다.

번제

번제는 무엇을 설명하는 말입니까? 그것은 주 예수께서 아버지의 뜻을 행하기 위해 그분의 삶을 하나님 아버지께 바치신 것을 나타냅니다. 이 희생은 하나님께 대단히 고귀한 것이며, 이것으로부터 우리는 헌신에 관한 많은 것을 배울 수가 있읍니다.

"내 원대로 마옵시고
아버지의 원대로 되기를
원하나이다" (눅 22 : 42).

번제.

헌신은 자원적인 행동이다

번제에 관해서 성경은 다음과 같이 말씀

합니다.

"너희 중에 누구든지 여호와께 예물을 드리려거든… 여호와 앞에 열납하시도록 드릴지니라"(레위기 1 : 2, 3).

이 구절은 헌신이란 "여호와께" 드리는 것이며 이것은 자원적인 행동이어야 한다고 우리에게 말하고 있읍니다. 하나님은 나의 삶을 그분께 바치도록 강요하시지는 않지만, 대신에 그분은 "나는 네가 그렇게 하기를 간절히 바란다"라고 말씀하십니다. 하나님은 나의 삶을 그분께 드리기를 원하시는데 반드시 그렇게 해야 하기 때문에가 아니라, 그분을 사랑하며 그분을 섬기기 원하기 때문에 그렇게 하기를 원하십니다.

헌신은 주님께 드리는 것이다

내가 주님께 헌신한다고 할 때, 그것이 곧 설교자나 선교사가 된다는 것을 의미할까요? 아닙니다. 나는 설교자나 선교사가 되도록 헌신하는 것이 아닙니다. 단지, 내 자신을 주님께 드리는 것을 말합니다. 내가 어디에 있든지, 학교에서나, 가정에서나, 혹은 그분이 보내시는 어느 곳에서든, 그분의 뜻대로 행하는 것을 말합니다. 하나님은 내가 무엇을 하는 것이 하나님이 원하시는 것이며, 내가 어디에서 하나님에게 봉사하는 것이 하나님이 원하시는 것인가를 결정하는 분이시며, 하나님이 나를 위해 선택하시는 것은 무엇이든지 간에 나에게 최선의 길이 된다는 것을 확신합니다.

헌신은 삶 전체를 하나님께 드리는 것이다

구약 시대에 하나님은 번제로 쓰여질 희생제물로서 네 종류의 동물들을 사용하도록 허락하셨읍니다. 부유한 사람들은 수소와 같은 값비싼 동물을 가져왔으며, 그보다 못한 사람들은 양을 가져왔고, 이들 둘 중의 어느 하나도 가져올 수 없는 사람들은 집비둘기나 산비둘기를 가져왔읍니다. 그러나 이 각각의 경우, 이것은 하나님께 전체를 헌물로 드렸읍니다. 하나님께서는 모자라는 것은 받지 않으셨읍니다.

이것은 헌신에 관하여 우리에게 무엇을 말해 주고 있읍니까? 곧, 헌신이란 "삶 전체"를 하나님께 드리는 것을 말합니다. 나는 내 삶의 일부분만 하나님께 드릴 수는 없으며, 나를 위해 삶의 일부분을 간직하지도 말아야 합니다. 이것은 하나님을 만족시켜 드리지 못할 뿐더러 나도 만족시키지 못합니다. 그리스도인의 삶에서의 모든 기쁨과 축복은 우리의 모든 것을 하나님께 전폭적으로 바치는 데에 있읍니다.

헌신은 최종적인 것이다

일단 동물이 하나님께 번제물로 제단 위에 올려지면 그것은 다시 끄집어 내리지 못합니다. 그것은 하나님께 거룩한 것입니다. 성경은 이렇게 말씀합니다.

"오직 여호와께 바친 그 물건은 … 바친 것은 다 여호와께 지극히 거룩함이며"(레위기 27 : 28).

일단 내가 나의 삶을 하나님께 바쳤으면, 나는 다시 그것을 되돌릴 수가 없읍니다. 하나님은 나의 헌신이 그분께 단번에 내 자신을 남김없이 드리는 것이 되기를 기대하고 계십니다.

만일 내가 죄를 범하게 되면 어떻게 됩니까? 나의 삶을 하나님께 "재헌신"해야만 합니까? 아닙니다. 재헌신을 할 필요는 없읍니다. 만일 내가 죄를 범했다면 나는 나의 죄를 하나님께 자백해야만 합니다. 내가 다시 그분과 친밀한 교제를 즐길 수 있도록 말입니다. 그러나, 이미 그분께 드렸다면 "재헌신"할 필요는 없읍니다.

헌신은 연속적인 것이다

번제는 아침 저녁으로 매일 매일 계속해서 하나님께 드려졌읍니다. 이것은 우리에게 무엇을 의미할까요?

우리의 헌신도 계속해서 드려져야만 한다는 말입니다. 나의 헌신은 주님께 내 자신을 드리는 행위로 시작하지만 그것으로 끝나는 것이 아닙니다. 나는 나의 헌신에 의거하여 살아야 합니다. 날마다, 나는 주님께 내 자신의 의지 대신에 그분의 뜻대로 살아가기 위하여 나 자신을 드려야 합니다. 이것을 주 예수님은 다음과 같이 말씀하셨읍니다.
"아무든지 나를 따라 오려거든 자기를 부인하고 날마다 제 십자가를 지고 나를 좇을 것이니라" (누가복음 9 : 23).

왜 주님께 헌신해야 하는가?

왜냐하면 나는 그분께 속해 있기 때문입니다. 성경은 말씀합니다.
"너희 몸은 너희가 하나님께로부터 받은 바 너희 가운데 계신 성령의 전인 줄을 알지 못하느냐 너희는 너희의 것이 아니라, 값으로 산 것이 되었으니"(고린도전서 6 : 19, 20),

"…사나 죽으나 우리가 주의 것이로라" (로마서 14 : 8).

이들 구절들은 나는 나 자신의 것이 아님을 명백하게 말해 주고 있읍니다. 나는 주님께 속해 있읍니다. 주님은 나를 피로 값주고 사셨읍니다.

주 예수께서 나를 위해 지불하신 값은 무엇입니까? 그분 자신의 보배로운 피입니다! 성경은 말씀합니다.
"너희가… 구속된 것은 은이나 금같이 없어질 것으로 한 것이 아니요… 그리스도의 보배로운 피로 한 것이니라" (베드로전서 1 : 18, 19).

주 예수께서는 나를 구속해 주셨읍니다. 그분은 나의 주이시며 주인입니다. 나는 그분께 속해 있읍니다. 내가 그분께 속해 있으므로, 내가 나 자신을 그분께 드리는 것이 정말 옳은 일입니다. 문제는 "내가 주님께 속하는가"가 아니라 "내가 이미 그분께 속해 있으므로 나는 주님께 드려졌는가?"입니다.

헌신이란 단순히 나에 대한 그리스도의 소유권을 인정하고, 그분께 "주님, 정당하게 저는 당신의 것이며 저는 당신의 것이 되기를 소원합니다"라고 말씀드리는 것입니다.

성경은 이것이 모든 거듭난 사람들의 "합당한 예배"라고 분명하게 해주고 있읍니다.

헌신을 위한 동기

나는 주님께 나 자신을 드려야 한다는 것을 알고 있읍니다. 그러나, 나를 이렇게 하고 싶어하게 만드는 것은 무엇일까요? 그것은 그리스도의 사랑입니다. 성경은 말씀합니다.
"그리스도의 사랑이 우리를 강권하시는도다"(고린도후서 5 : 14).

그리스도의 사랑이 내 마음을 감동시킬 때 나는 그분 앞에 엎드려 나의 모든 것을 드리는 일 외에는 아무것도 할 수 없읍니다.

"주달려 죽은 십자가
나항상 생각 할때에
세상에 속한 욕심을
헛된줄 알고 버리네

온세상 만물 가져도
그은혜 못다 갚겠네
놀라운 사랑 받은나
몸으로 제물 삼겠네."

헌신의 목적은 무엇인가?

헌신의 목적은 하나님의 뜻이 나의 삶 속에서 이루어지도록 하는 데 있읍니다. 내 안에서 하나님의 뜻을 행하는 이는 실로 주 예수님이십니다. 성경은 말씀합니다.
"…평강의 하나님이 모든 선한 일에 너희를 온전케 하사 자기 뜻을 행하게 하시고 그 앞에 즐거운 것을 예수 그리스도로 말미암아 우리 속에 이루시기를 원하노라"(히브리서 13 : 20, 21).

복음서들은 주 예수께서 이 땅에 사실 동안 아버지의 뜻을 어떻게 행하셨는가를 우리에게 말해주고 있읍니다. 그리고 사도행전은 그분이 그 당시의 사도들과 제자들을 통해서 아버지의 뜻을 어떻게 끊임없이 행하셨는가를 말해 줍니다. 지금은 주 예수께서 우리들을 통해서 하나님의 뜻을 행하기를 원하고 계십니다. 이렇게 하기 위해서, 그분은 우리가 우리의 몸을 산 제사(living sacrifice)로 드리기를 바라십니다.

주 예수께서 만일 땅 위에서 우리의 손을 빌리지 않는다면 하나님의 사역을 행하실 손이 없게 됩니다. 그분에게는 우리의 발이 아니면 잃어버린 영혼에게 하나님의 멧세지를 전할 발이 없읍니다. 그분은 우리의 입이 아니면 하나님의 구원을 사람들에게 전해 줄 입이 없게 됩니다. 이것이 바로 성경이 다음과 같이 말하는 이유입니다.

"그러므로 형제들아 내가 하나님의 모든 자비하심으로 너희를 권하노니 너희 몸을 하나님이 기뻐하시는 거룩한 산 제사로 드리라 이는 너희의 드릴 영적 예배니라" (로마서 12 : 1)

우리가 우리 자신을 주 예수님께 완전히 드리게 될 때, 하나님 아버지께서 그분을 통해 역사하신 것처럼 그분은 우리를 통해 역사하실 것입니다.

어떻게 나 자신을 하나님께 헌신하는가?

성경은 우리가 "죽음에서 살아난 사람처럼" 우리 자신을 하나님께 바쳐야 한다고 말하고 있읍니다. 하나님은 나의 옛 자아를 그분께 바치기를 원하지 않으십니다. 하나님께서 내가 바치기를 원하시는 것은 그리스도 안에 있는 새로운 삶입니다. 성경은 말씀합니다.

"…너희 자신을 죽은 자 가운데서 다시 산 자같이 하나님께 드리며…" (로마서 6 : 13).

하나님은 어떠한 옛 삶도 사용하지 않으십니다. 오직 "죽음에서 산 자" 만이 하나님을 섬길 수가 있읍니다. 내가 그리스도와 함께 십자가에 못박히고 그분과 함께 장사되고, 그분과 함께 다시 살아났다는 것을 알 때에, 나는 진정으로 하나님께 나의 삶을 헌신할 수가 있는 것입니다.

자신을 죽은 자 가운데서 산 자같이 하나님께 바치십시오.

헌신의 결과는 나 자신의 계획과 야망은 죽어지고, 하나님의 뜻을 행하며 사는 것입니다.

주 예수는 우리의 모범이 되신다

그분은 그분 자신의 뜻이나, 사람들의 눈에 위대하게 보이려고 세상에 오신 것이 아닙니다. 그분은 아버지의 뜻을 이루시려고 세상에 오셨읍니다. 그분은 하나님이셨지만 기꺼이 자신을 낮추시고 종의 형태를 취하셨읍니다. 그분은 십자가 위에서 죽기까지 하나님의 뜻에 복종하셨읍니다. 하나님은 지금 우리에게 말씀하십니다.

"너희 안에 이 마음을 품으라 곧 그리스도 예수의 마음이니…"(빌립보서 2 : 5).

다음과 같이 생각하지는 마십시오. 만일 당신이 당신의 삶을 주님께 헌신하면 당신은 세상의 유명한 설교자나 복음 전도자가 될 것이라고 말입니다. 우리의 구주께서는 사람들로부터 멸시를 받고 거절당하셨읍니다. 우리는 그분의 종입니다.
"…종이 상전보다 크지 못하고…" (요한복음 13 : 16).

사람들의 눈에 우리는 위대하게 보이지 않을지 모르나, 헌신에는 큰 축복이 있읍니다. 그것이 무엇일까요?

헌신에 대한 축복은 나의 삶을 위한 하나님의 온전한 뜻을 발견하는 데에 있읍니다. 하나님은 그분의 모든 자녀들을 위하여 어떤 일을 계획하고 계십니다. 성경은 말씀합니다.
"우리는 그의 만드신 바라 그리스도 예수 안에서 선한 일을 위하여 지으심을 받은 자니 이 일은 하나님이 전에 예비하사 우리로 그 가운데서 행하게 하려 하심이니라" (에베소서 2 : 10).

나의 삶을 주님께 헌신하게 될 때 그분은 나를 위하여 가지고 계신 그 일을 내게 보여 주실 수가 있읍니다. 나에게 있어서 가장 큰 만족은 내가 나의 삶을 위한 하나님의 뜻을 발견하고 그것을 행할 때 오는 것입니다. 영광의 주님을 만나 이렇게 말씀하시는 그분의 음성을 들을 때의 기쁨을 생각해 보십시오.
"잘 하였도다 착하고 충성된 종아… 네 주인의 즐거움에 참여할지어다" (마태복음 25 : 21).

하나님은 나의 몸을 산 제사로 그분께 바칠 것을 요구하셨읍니다. 이것을 대신하여 바칠 수 있는 다른 것은 없읍니다. 기도하고, 성경을 읽고, 봉사하고, 증거하며, 교회에 출석하는 이 모든 것들도 훌륭한 일들이지만, 헌신을 대신할 수는 없을 것입니다.

하나님께서 당신에게 요구하시는 것이 무엇인지를 아십니까? 당신은 당신의 인격과 당신의 재산이 평생 동안 그분께 속해 있다는 것을 아셨읍니까? 당신을 위해서 그분이 무엇을 하셨는지 생각해 보셨읍니까? 당신이 자원해서 당신 자신을 그분께 드리도록 그리스도의 사랑이 당신의 마음을 감동시킨 적이 있읍니까? 만일 그렇다면, 헌신에 관한 다음 문장들을 주의깊게 살펴보십시오. 그런 다음 당신의 결심이 분명하다면 아래의 난에 당신의 이름을 적어 서명하십시오.

나의 헌신

●거듭난 사람으로서 나는 주 예수 그리스도께 속해 있다는 것을 안다 (고린도전서 6 : 19, 20).

●주 예수께서 성령으로 내 안에 거하신다는 것을 나는 믿는다. 하나님께서 그렇게 말씀하시기 때문이다 (고린도후서 13 : 5 / 로마서 8 : 9, 10).

●그분은 나를 통해서 그분의 목적을 이루려 하신다고 믿는다 (요한복음 15 : 16 / 에베소서 2 : 10).

●나는 그분이 이 목적을 성취하실 수 있도록 하기 위해서 내 삶을 그분께 굴복시켜야 한다는 것을 깨닫는다(로마서 6 : 13).

●그분이 나를 부르시는 것을 듣는다. "내가 하나님의 모든 자비하심으로 너희를 권하노니 너희 몸을 하나님이 기뻐하시는 거룩한 산 제사로 드리라 …."

●나는 지금 그 부르심에 주의를 기울인다.

주 예수님, 오늘 나는 분명하게, 내 사는 날 동안 내가 아는 최대한으로 주님을 의뢰하고 순종하며 섬기도록 내 삶을 주님께 헌신합니다. 하늘 나라에서 주님과 얼굴을 맞대면하고 살게 되는 날을 소망하는 것과 같이, 여기서도 주님께서 나를 도우사 주님께 대한 믿음과 사랑과 헌신의 삶을 살 수 있게 해 주시기를 기도합니다.

날짜 ______________________ 이름 ______________________

□ 확인 질문

1 헌신이란 나 자신의 ¹□ 대신에 하나님께서 그분의 ²□대로 행하시도록 나의 ³□을 드리는 것입니다.

2 번제는 주 예수께서 ¹□□□의 뜻을 행하기 위해 그분의 ²□을 ³□□□께 바치신 것을 나타냅니다.

3 내 삶을 주님께 헌신할 때, 그것은 곧 내가 선교사나 설교자가 되는 것을 의미하지 않습니다. 나는 학교에서나 가정에서나, ¹□□□께서 보내시는 곳 어디나 내가 있는 곳에서 그분의 ²□대로 행하도록 나를 드리는 것입니다.

4 나는 내 삶의 일부분만을 드리거나 일부를 내가 간직할 수 없읍니다. 헌신이란 하나님께 내 삶 □□를 드리는 것입니다.

5 내가 주님께 헌신해야 하는 이유는 그분께 ¹□□ 있기 때문입니다. 주님은 나를 위해 그분의 ²□□□□ ³□를 값으로 지불하셨읍니다.

6 나는 주님께 헌신해야 하는 것을 압니다. 그런데, 나를 그렇게 하고 싶게 만드는 것은 ¹□□□□의 ²□□입니다.

7 헌신의 목적은 하나님의 ¹□이 나의 ²□속에서 이루어지도록 하는 데 있읍니다. 내 안에서 하나님의 ¹□을 행하는 이는 실로 ³□ ⁴□□□ 이십니다.

8 생명은 우리가 "¹□□에서 ²□□□자처럼" 우리 자신을 하나님께 바쳐야 한다고 말하고 있읍니다.

9 헌신의 결과는 나 자신의 ¹□□과 ²□□은 죽어지고 ³□□□의 ⁴□을 향하여 사는 것입니다.

10 나에게 있어서 가장 큰 만족은 내가 나의 ¹□을 위한 하나님의 ²□을 발견하고 그것을 행할 때 오는 것입니다.

● 당신이 이 장에서 배운 가장 중요한 교훈은 무엇입니까?

제 21 과

그리스도안에서 새로운 성장

**"네가 진리의 말씀을 옳게 분별하며 부끄러울 것이 없는 일꾼으로 인정된 자로 자신을 하나님 앞에 드리기를 힘쓰라"
(디모데후서 2 : 15)**

우리 주님의 지상 명령입니다. "너희는 온 천하에 다니며 만민에게 복음을 전파하라." 하나님은 그리스도 안에서 세상이 의지해야 할 구원을 이루셨으며, 모든 세상 사람들은 이 복음에 대해 들어야 할 필요가 있읍니다.

누가 세상으로 복음을 들고 나가야 합니까? 하나님의 종된 자들 모두입니다. 구원받은 우리들은 하나님을 섬기며 잃어버린 자들에게 복음을 전해야 합니다.

우리가 한때 잃어버린 자들이었고, 죄를 범하여 죄 가운데서 죽은 자들이었으며, 그래서 하나님의 생명으로부터 분리되었던 사람들이라는 사실을 우리는 잊어서는 안 됩니다. 어떤 하나님의 종이 주 예수님에 관하여 우리에게 말해 주었기에 우리가 그분을 믿게 되고 그럼으로써 우리는 예수 그리스도 안에서 믿음을 통하여 하나님의 아들이 되었읍니다. 이제, 우리는 다른 사람들이 복음을 들을 수 있도록, 또 구원받을 수 있도록 하나님의 종들이 되어야 합니다.

죄인이 **아들**로, 다시 **종**이 되는 것은 세상이 복음을 접하도록 하기 위한 하나

세상에 복음을 전하는 데 있어서의 하나님의 계획 안에 있는 절대 필요한 연결 단계

님의 계획 안에 있는 절대 필요한 연결쇠들입니다. 죄인들이 복음을 듣고, 주 예수님을 믿고, 그리고 아들들이 되는 것입니다. 조만간 이들은 다른 사람들에게 복음을 전하기 위한 하나님의 종들이 되는 것입니다.

이번 장에서는 우리가 어떻게 하면 쓸모있는 하나님의 종이 되도록 우리 자신들을 준비시킬 수가 있는가를 배우겠습니다.

하나님께 봉사하기 위한 준비

의사나 교사, 또는 법관이 되기 위해서는 자신을 준비시키는 일에 많은 시간들을 보내야 합니다. 쓸모있는 하나님의 종이 되기 위해서도 역시 부지런한 준비가 필요합니다.
"네가 진리의 말씀을 옳게 분변하며 부끄러울 것이 없는 일군으로 인정된 자로 자신을 하나님 앞에 드리기를 힘쓰라"(디모데후서 2 : 15).

효과적인 하나님의 종이 되려면, 필수불가결한 두 가지가 요구됩니다.

1 성경에 대한 연구와 지식
2 주 예수님과 매일 교제하는 삶

어떻게 성경에 대한 지식을 쌓을 수 있읍니까? 성경을 읽고, 성경을 연구하고, 그리고 성경의 필요한 부분 부분을 암기함으로써 가능합니다.

성경은 세상의 어떤 것보다도 가장 중요한 책입니다. 그러나, 불행하게도 많은 그리스도인들은 성경을 읽고 성경과 친숙해 지는 데 시간을 보내지 않고 있읍니다.

성경을 읽을 때, 우리는 성경의 진리가 우리에게 나타나도록 성령을 의지해야 합니다. 성경은 그 자체가 다른 책들과는 달라서 성령의 조명(illumination)하심이 없이는 이해할 수가 없읍니다. 그래서 구원받지 못한 사람은 성경을 이해할 수 없다는 설명이 됩니다. 그 사람이 성경을 이해할 수 없는 이유는 그가 성령을 모시지 않고 있기 때문입니다. 성경은 말씀합니다.
"육에 속한 사람은 하나님의 성령의 일을 받지 아니하나니 저에게는 미련하게 보임이요 또 깨닫지도 못하나니 이런 일은 영적으로라야 분변함이니라"(고린도전서 2 : 14).

거듭난 사람들은 그들 안에 성령께서 내주하시므로 그들은 하나님의 일을 이해할 수가 있읍니다. 성경은 "우리가 세상의 영을 받지 아니하고 오직 하나님께로 온 영을 받았으니 이는 우리로 하여금 하나님께서 우리에게 은혜로 주신 것들을 알게 하려 하심이라"(고린도전서 2 : 12) 고 말씀합니다.

성경을 읽기 위해 하나님의 말씀을 펼 때마다, 잠깐 멈추어 기도하는 시간을 갖고서, 성령께서 말씀의 진리를 우리에게 나타내 주시기를 간구하십시오. 다윗의 기도는 우리에게 좋은 본보기가 될 것입니다.
"내 눈을 열어서 주의 법의 기이한 것을 보게 하소서"(시편 119 : 18)

성경은 …

믿어야 할 사실,
주장해야 할 약속,
순종해야 할 명령

…을 담고 있습니다.

우리는 하나님의 말씀을 따름으로써 성장한다

그리스도인들은 은혜와 주 예수 그리스도를 아는 지식 안에서 성장해야 합니다. 자라기 위해서 우리는 음식을 먹어야 합니다. 우리의 영적인 음식은 무엇일까요? 우리의 영적인 음식은 하나님의 말씀입니다. 성경은 말씀합니다.
"갓난 아이들같이 순전하고 신령한 젖을 사모하라 이는 이로 말미암아 너희로 구원에 이르도록 자라게 하려 함이라"(베드로전서 2 : 2)

우리가 음식을 먹을 때 음식은 우리 몸 안으로 흡수됩니다. 그 음식은 우리 몸의 일부가 됩니다. 마찬가지로, 하나님의 말씀도 우리의 삶 속에 흡수되어 우리의 일부분이 되어야 합니다.

어떻게 우리가 하나님의 말씀을 우리의 삶 속에 흡수시킬 수 있을까요? 그 말씀을 순종함으로써 됩니다. 성경은 말씀합니다.
"너희는 도를 행하는 자가 되고 듣기만 하여 자신을 속이는 자가 되지 말라"(야고보서 1 : 22).

말씀을 읽음으로써 말씀의 진리를 믿으며 말씀하신 약속을 주장하고, 그리고 말씀의 명령을 따르도록 합시다.

오늘부터 시작하라!

오늘부터 하나님의 말씀을 읽기 시작하십시오. 요한복음부터 시작하십시오. 당신이 말씀을 이해할 수 있도록 성령의 도우심을 요청하십시오. 특별히 당신의 마음에 말씀하시는 구절이 있으면 표시를 하십시오. 이렇게 할 때 당신의 성경책은 당신에게 더욱 소중하게 될 것입니다. 색연필을 사용하는 것이 가장 좋습니다 (볼펜이나 잉크는 사용하지 마십시오. 책에 번질 염려가 있읍니다).

요한복음에서 당신은 다음과 같은 것을 발견하게 될 것입니다.
예수님은 하나님의 말씀이시다.
그분은 하나님의 어린 양이시다.
그분은 하늘로부터 내려온 생명의 떡이시다.
그분은 곧 길이며, 진리며, 생명이시다.
그분은 선한 목자이시다.
그분은 부활이요 생명이시다.
그분은 참 포도나무이시다.
그분은 우리의 죄를 위해 죽으신 분이시다.
그분은 생명이시며 부활하신 그리스도이시다.

요한복음을 읽은 후에 사도행전을 읽으십시오. 이 책은 초대 교회에 대해 말씀해 주실 것입니다. 그 다음엔 마태복음으로 시작해서 신약 전체를 읽어 나가십시오. 그리고 구약을 읽으십시오. 구약은 시간이 좀 걸리겠지만, 그러나 가치있게 보내는 시간이 될 것입니다.

성경을 읽어 나갈 때, 당신이 완전히 이해하지 못하는 내용에 대해서 너무 걱정하지 마십시오. 어떤 사람은 성경 읽기는 마치 생선을 먹는 것과 비슷하다고 말했읍니다. 당신이 생선을 먹을 때 때때로 가시를 만나게 됩니다. 가시를 만나면 어떻게 할까요? 당신은 단순히 그 가시는 빼어내버리고 생선을 계속 먹을 것입니다. 당신이 가시를 발견했다고 해서 그 고기 전체를 버리지는 않을 것입니다. 마찬가지로, 당신이 성경에서 이해하지 못하는 어떤 내용을 만났을 때에는 "내가 이해할 수 없는 가시가 있구나. 일단 접어 두고 다른 말씀을 계속 읽어 나가야지"라고 말하면서 계속 성경을 읽으십시오.

성경에서 어떤 잘못이나 모순을 발견했다고 주장하는 사람들에 의해 당신의 믿음이 흔들리도록 방치하지 마십시오. 수백 년 동안 믿지 않는 사람들은 성경을 불신하도록 시도해 왔읍니다. 그러나, 성경은 아직도 하나님의 틀림없는 말씀으로서 오늘날에 이르고 있읍니다.

말씀을 암기하라

성경에 대한 실제로 도움이 되는 지식을 얻는 가장 빠르고 가장 효과적인 방법은 말씀의 필요한 부분 부분을 암기하는 일입니다. 우리는 다른 사람들에게 증거하기를 원하지만 무슨 말을 해야 할지를 모를 때가 종종 있읍니다. 만일 당신이 말씀을 암기하고 있다면 당신은 "하나님께서 이렇게 말씀하십니다"라고 말할 수가 있으며, 그것이 하나님의 말씀이기 때문에 당신은 확신을 가지고 말할 수 있을 것입니다. 성경은 우리들의 말이 아니라, 성령께서 다른 사람들을 구원하시는 데 사용하시는 하나님의 말씀이라는 사실을 항상 기억하십시오. 성경은 말씀합니다.
"너희가 거듭난 것이 썩어질 씨로 된 것이 아니요 썩지 아니할 씨로 된 것이니 하나님의 살아 있고 항상 있는 말씀으로 되었느니라" (베드로전서 1 : 23).

당신이 하나님의 말씀 한 구절 한 구절을 암기할 때마다 당신은 하나님을 섬기는 데 사용하기 위한 또다른 장비를 갖추고 있는 것입니다.

성경을 암기하는 방법

암기하는 비결은 반복입니다. 만약 당신이 어떤 것을 몇 번이고 여러 번 반복해서 말한다면 그것을 기억하게 될 것입니다. 성경 구절을 암기하는 가장 좋고 간단한 방법은 카드를 사용하는 것입니다. 5 × 7 cm의 카드를 구입하여 카드의 한 면에는 당신이 원하는 구절을 쓰고 다른 한 면에는 인용 요절을 쓰십시오. 정확하게 그 구절을 베껴 쓰십시오.

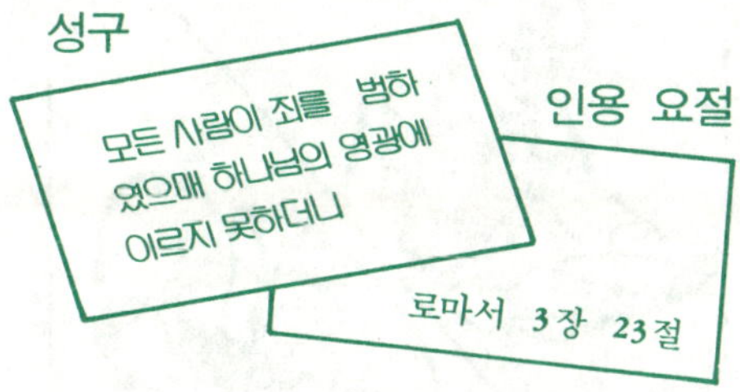

암기 카드를 가지고 다니면서 하루 동안 할 수 있는 한 여러 번 반복해서 암송하십시오. 인용 요절을 보면서 그 구절을 완전히 암송할 수 있는지를 검토하십시오. 카드를 넘기면서 구절을 정확하게 암기할 수 있는지를 점검하십시오. 여러 번 이렇게 반복하되 그 구절을 정확히 인용할 수 있을 때까지는 절대로 만족해서는 안 됩니다. 이 구절을 당신이 완전히 암기했다고 생각되면 또다른 구절을 만들어 암기하십시오. 이렇게 될 때 당신은 더 많은 암송 구절을 갖게 될 것입니다.

복습해야 한다!

당신은 배운 것을 얼마나 기억할 수 있을까요? 당신이 배운 것을 기억하기 위해서 당신은 종종 복습해야 합니다. 당신은 매주마다 새로운 구절을 암송해 나갈 수 있지만, 일단 당신이 배운 것을 꼭 복습해야만 합니다. 복습! 복습! 복습해야 합니다.

당신도 성경을 암송할 수 있습니다. 계획한 것을 성실히 수행해 볼 때까지는 "나는 참 암기력이 부족한 사람이야" 라고 핑계하지 마십시오. 당신은 암기할 수 있습니다. 당신이 암송하는 구절들은 당신이 하나님의 종으로서 사용할 수 있는 하나의 도구가 됩니다. 그러므로 지금 당장 성경 구절을 암송하십시오. 여기에 몇 구절들을 제시해 드리겠습니다.

● 제 1 주	● 제 2 주
로마서 3 : 23	로마서 3 : 10
로마서 6 : 23	히브리서 9 : 27
요한복음 3 : 16	로마서 5 : 8
요한복음 1 : 12	사도행전 16 : 31
요한복음 3 : 36	요한일서 5 : 11, 12
● 제 3 주	**● 제 4 주**
이사야 53 : 5, 6	디도서 3 : 5
베드로전서 3 : 18	에베소서 2 : 8, 9
요한복음 14 : 6	갈라디아서 3 : 26
사도행전 4 : 12	갈라디아서 4 : 6
요한복음 3 : 3	요한일서 5 : 13

주님과 매일 교제를 가지라

만일 당신이 하나님의 쓸모있는 종이 되기를 바란다면, 성경 말씀에 대한 실제로 도움이 되는 지식을 가져야 할 뿐아니라 또한 주 예수님과 매일 매일 교제를 가져야 합니다.

강건한 그리스도인의 삶을 사는 비결은 매일 경건의 시간을 갖는 데 있읍니다. 경건의 시간이란 매일 매일 그분의 말씀을 연구하고 기도하는 가운데서 주님과 단둘이서 시간을 보내는 것을 말합니다. 만일 우리가 경건의 시간을 유지시켜 나가며 믿음으로 그것을 계속한다면 많은 놀라운 하나님의 축복이 우리에게 임할 것입니다.

1 더욱 그리스도를 닮아간다

우리가 주님과 같아지는 것은 주 예수 그리스도의 영광을 봄으로써입니다. 물론, 오늘날에는 우리가 예수님을 인간으로서는 볼 수가 없읍니다. 그러나 우리는 성경 말씀 속에서 주님에 관하여 읽음으로써 그분의 영광을 볼 수 있는 것입니다. 성경 말씀은 마치 거울과 같아서 그것을 읽음으로써 예수님을 만나볼 수 있는 것입니다. 성경은 이렇게 말씀합니다.

"우리가 다 수건을 벗은 얼굴로 거울을 보는 것같이 주의 영광을 보매 저와 같은 형상으로 화하여 영광으로 영광에 이르니 곧 주의 영으로 말미암음이라" (고린도후서 3 : 18).

2 하나님은 그분의 뜻을 우리에게 나타내신다

하나님께서 말씀을 통해서 우리에게 말씀하시고 또 그분의 뜻을 우리에게 나타내시는 것은 주로 우리가 주님과 단둘이 있을 때입니다.

3 우리는 주님을 알게 된다

이는 모든 복 중에서 가장 큰 축복입니다. 주님을 알기 위한 다른 어떠한 방법도 없읍니다. 주님을 알기 위해, 주님의 임재하심을 자각하기 위해, 그리고 주님의 능력을 입기 위하여 우리는 하나님과 단 둘이 보내는 시간을 가져야 합니다. 하나님은 말씀하십니다.

"…너희는 가만히 있어 내가 하나님 됨을 알지어다…" (시편 46 : 10).

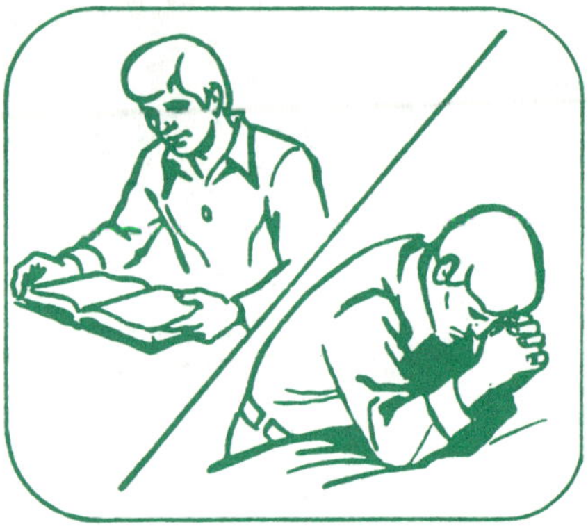

하나님과 둘만의 시간을 가지십시오.

경건의 시간을 어떻게 세울 것인가?

경건의 시간을 갖는 데는 세 가지가 필요합니다. 즉, 일정한 장소와 일정한 시간과 일정한 계획입니다.

1 일정한 장소

주님과 단 둘이 있을 장소가 있어야 합니다. 책을 펴고 글을 쓸 수 있는 밝은 등불과 책상이 필요합니다.

2 일정한 시간

시간을 결정해야 합니다. 대부분의 사람들에게는 이른 아침 첫시간이 좋습니다. 훌륭한 음악가들은 항상 연주 **전에** 악기를 조율하지 연주 후에 악기를 조율하지 않습니다. 이른 아침 맨 먼저 주님과 만나는 것이 우리에게는 훨씬 더 좋을것입니다. 그리고 주님의 뜻을 이루어 드리지 못하여 저녁에 우리의 하루의 실패를 그분께 자백하는 것보다는 이른 아침에 우리의 마음을 그분께서 주관해 주시도록 내드리는 것이 훨씬 가치있는 일일 것입니다.

주님과 함께 첫 시간을 보내는 것이 얼마나 중요한가는 아무리 강조해도 지나치지 않습니다. 성경은 주 예수님에 대해 말씀합니다.
"새벽 오히려 미명에 예수께서 일어나 나가 한적한 곳으로 가사 거기서 기도하시더니."

죄 없으신 주 예수께서 한적한 곳을 찾아 하나님 아버지와 매일 단 둘이서 시간을 보내셨다면 우리는 얼마나 많은 시간을 하나님과 보내야 할까요!

하나님께 봉사하기 위해 자신을 준비하는 일에 대해 당신은 진지합니까? 만일 당신이 그러하시다면, 당신은 그분과 만나기 위해 아침에 일찌기 일어나야만 합니다. 자명종을 준비하시고 사용하십시오. 일어나기 원하는 시간을 정하고 그 시간에 일어나십시오. 이렇게 함으로써 당신이 주님을 얼마나 사랑하는지를 보여드릴 수 있는 실제적인 방법입니다.

3 일정한 계획

일정한 계획을 세워야 합니다. 주님께 짧은 기도를 드리면서 경건의 시간을 시작하십시오. 그분이 당신의 마음 속에 성경을 통해 말씀해 주시도록 간구하십시오. 그리고 나서, 성경을 펴고 읽어 나가십시오. 서두르지 말고 당신이 읽고 있는 성경에 대하여 생각할 여유를 가지면서 읽어 나가십시오. 당신이 읽고 있는내용을 하나님께 말씀드리십시오. 실제로 당신에게 와 닿는 구절이 종종 있을 것입니다. 그것을 카드에 옮겨 적고 그것을 암기해 나가십시오.

어느 정도의 시간을 소요하면 좋은가?

이것은 당신에게 달린 문제가 됩니다. 최소한 30분은 해야겠지요. 한 시간이면 더욱 좋겠지요. 진실된 마음을 가진 그리스도인들이라면 하루 24시간 중 한 시간은 할애할 수 있어야 합니다.

당신은 먼저 성경 읽기에 시간을 사용하십시오. 그 다음엔 기도로써 주님께 나아가 당신의 죄를 자백하십시오. 당신의 모든 일에 대해 주님을 찬양하며 복주심을 감사하십시오. 마음에 와 닿는 사람을 위해 기도하십시오. 오늘 하루도 주님께서 주관해 주시길 간구하십시오. 그리고 당신은 주님을 사랑한다고 말씀드리십시오.

꼭 지키라!

일단 당신이 장소와 시간을 정하고 계획을 세웠으면 끝까지 이것을 고수해 나가십시오! 만일 당신이 경건의 시간을 고수하지 못하고 깨어지도록 허용해 버린다면, 곧 경건의 시간을 가지지 못하게 될 것입니다. "나는 시간이 없어"라고 자신을 변명하지 마십시오. 내가 하고 싶은 모든 일을 다 할 수 있을 만큼 시간이 없다는 것은 사실입니다. 그러나, 우리는 가장 중요한 일을 먼저 선택할 수 있어야 합니다. 우리는 첫자리에 놓아야 할 일을 첫자리에 놓아야 합니다. 예수께서 말씀하셨읍니다.

"너희는 **먼저** 그의 나라와 그의 의를 구하라…" (마태복음 6 : 33).

> ■ 경고 : 당신이 경건의 시간을 가지는 데 있어서 방해하는 모든종류의 일들에 대해 대비책을 마련하십시오.
> 사단은 매일 매일의 경건의 시간이 하나님의 자녀들의 삶 속에 얼마나 많은 가져다주는지를 능력을 알고 있읍니다. 그래서 사단은 당신의 삶 속에 경건의 시간이 습관이 되지 못하도록 방해하는 데 가능한 모든 것을 다 동원하고 있읍니다.

기꺼이 대가를 치를 준비가 되어 있는가?

하나님의 쓸모있는 종이 되는 데에는 그만한 대가가 필요합니다. 하나님의 말씀을 배우는 데 시간을 투자해야 합니다. 성경 구절을 암기하는 데 시간을 투자해야 합니다. 오직 하나님과만 있을 시간을 투자해야 합니다.

만일 당신이 하나님과 하나님의 말씀을 위해 시간을 할애하지 않는다면, 당신은 하나님을 얼마나 사랑하고 또 당신이 하나님을 얼마나 섬기기를 원한다는 말은 할 필요조차도 없읍니다. 하나님은 우리의 말에 감명을 받으시는 분이 아니라, 우리의 행위를 보고 계십니다. 성경은 말씀합니다.

"…여호와는 지식의 하나님이시라 행동을 달아 보시느니라" (사무엘상 2 : 3).

당신은 한 사람의 그리스도인으로서 성공하기 위한 비결을 알고 싶겠지요? 그것은 간단합니다. **하나님을 첫자리에** 모시는 것입니다. 하나님은 말씀하십니다.

"…나를 존중히 여기는 자를 내가 존중히 여기고 나를 멸시하는 자를 내가 경멸히 여기리라" (사무엘상 2 : 30).

당신의 삶이 하나님께 가치있는 것이 되기를 원하십니까? 그렇다면 하나님의 말씀을 매일 읽기 시작하십시오. 성구를 암기하기 시작하십시오. 경건의 시간을 설정하시고 그것을 계속 유지시켜 나가십시오. 지금 당장 시작하십시오.

성장하려면
매일 기도하며 하나님께 나아가라.
매일 하나님의 말씀을 읽어가라.
모든 일에서 하나님께 순종하라.
매일 그리스도를 증거하라.

□ 확인 질문

[1] 세상에 복음을 전하기 위한 하나님의 계획에서 절대 필수적인 연결쇠는 ¹□□에서 ²□□로, 다시 ³□이 되는 것입니다.

[2] 하나님의 종에게 필수적인 두 가지는 ¹□□에 대한 연구와 지식, 그리고 주 예수님과 매일 ²□□하는 삶입니다.

[3] 성경에 대한 실제 도움이 되는 지식을 쌓을 수 있으려면 성경을 읽고, 성경을 ¹□□하고, 그리고 성경의 필요한 부분들을 ²□□해야 합니다.

[4] 구원받지 못한 사람이 성경을 이해하지 못하는 이유는 그 안에 ¹□□께서 ²□□하시지 않기 때문입니다.

[5] 우리의 영적인 음식은 ¹□□□의 ²□□입니다.

[6] 암기하는 비결은 ¹□□하는 것입니다. 우리가 배운 것을 기억하기 위해서는 ²□□해야 합니다.

[7] 강건한 그리스도인의 삶을 사는 비결은 매일 ¹□□의 ²□□을 갖는 것으로, 이것은 그분의 말씀을 연구하고 기도하는 가운데 주님과 단 둘이서 시간을 보내는 것을 말합니다.

[8] 경건의 시간을 계속 갖게 될 때 우리에게 오는 하나님의 축복을 세 가지로 말해 보십시오.

1. ______________________

2. ______________________

3. ______________________

[9] 한 사람의 그리스도인으로서 성공하기 위한 비결은 ¹□□□을 ²□□□에 모시는 것입니다.

[10] 하나님께서는 "나를 ¹□□히 여기는 자를 내가 ¹□□히 여기고 나를 ²□□하는 자를 내가 ³□□히 여기리라"고 말씀하셨읍니다.

● 당신이 이 장에서 배운 가장 중요한 교훈은 무엇입니까?

제 22 과

그리스도안에서 새로운 전도

"… 지혜로운 자는 사람을 얻는니라"
(잠언 11 : 30)

우리가 그리스도인으로서 가질 수 가장 큰 기쁨 중의 하나는 사람을 그리스도께로 인도하는 즐거움입니다. 생각해 보십시오! 나와 당신은 다른 사람을 구원하는 데 있어서 하나님의 도구가 될 수 있는 것입니다.

누가 사람을 그리스도께로 인도하는 특권을 가질 수 있을까요? 모든 믿는 사람들입니다! 이는 단지 선택된 몇몇 사람들만의 일이 아닙니다. 모든 그리스도인들은 그리스도를 증거하도록 부름을 받았으며 그리스도인은 영혼 구원자가 될 수 있읍니다. 주 예수께서 말씀하셨읍니다. "나를 따라 오너라 내가 너희로 사람을 낚는 어부가 되게 하리라 하시니" (마태복음 4 : 19).

다른 사람을 그리스도께로 인도하는 법을 배우는 것이 왜 그렇게 중요할까요? 그것은 사람의 영혼이 가치가 있기 때문입니다. 영혼이 왜 그토록 가치가 있을까요? 그 이유는 인간의 영혼은 영원히 살기 때문입니다. 당신이 만나는 모든 사람들은 모두가 영원히 사는 영혼을 지니고 있읍니다. 비록 천국의 축복을 받게 되든지 아니면 지옥의 고통을 받게 되든지 간에 말입니다. 성경은 말씀합니다.
"아들을 믿는 자는 영생이 있고 아들을 순종치 아니하는 자는 영생을 보지 못하고 도리어 하나님의 진노가 그 위에 머물러 있느니라" (요한복음 3 : 36).

모든 사람의 영혼은 두 장소 중 어느 한 곳에서 영원히 살게 됩니다.

하나님은 사람들을 구원하시기 위해 자신의 아들을 세상에 보내어 십자가에 죽게 하실 만큼이나 사람의 영혼을 매우 소중히 여기십니다. 모든 사람이 하나님께는 얼마나 귀중한가를 알게 될 때 우리는 사람들을 그리스도께로 인도하기 위해 우리가 할 수 있는 모든 노력을 다 할 것입니다.

이 장에서 우리는 다른 사람들을 그리스도께로 인도하는 방법을 배우게 될 것입니다.

하나님의 말씀을 사용해야 한다

영혼을 건지기 위해, 우리는 하나님의 말씀을 사용하는 방법을 알아야 합니다. 의사가 모든 환자에게 똑같은 처방을 하지 않는 것과 마찬가지로, 똑같은 성경 구절이 모든 사람의 필요에 부합되지는 않을 것입니다. 당신은 실제로 도움이 되는 성경 지식을 가지고 있어야 합니다. 앞 장에서 우리는 실제로 도움이 될 수 있는 성경 지식을 얻는 방법을 배웠읍니다. 성경을 매일 읽고 있읍니까? 성경을 암기하고 있읍니까? 경건의 시간을 정하여 지키고 있읍니까? 당신이 영혼을 인도하려 한다면 이와 같은 일들을 게을리하지 마십시오.

하나님의 능력을 받아야 한다

영혼 구원자가 되려면 그 밖에도 달리 필요한 것이 있읍니다. 우리에겐 하나님의 능력이 필요합니다. 영혼을 인도하는 자의 능력은 성령으로부터 옵니다.

주 예수께서 그분의 제자들에게 복음을 전하라고 명령하셨을 때도 주님은 성령의 능력을 그들에게 약속하셨던 것입니다. "오직 성령이 너희에게 임하시면 너희가 권능을 받고 예루살렘과 온 유대와 사마리아와 땅끝까지 이르러 내 증인이 되리라"(사도행전 1:8).

오순절에 사도들은 성령으로 충만했읍니다. 베드로가 일어나 성령의 능력으로 설교했을 때 약 3,000여 명의 영혼이 구원을 받았읍니다.

오늘날, 모든 신자들에겐 성령께서 내주하고 계십니다. 사람들에게 죄를 깨닫게 하는 분이 성령이시며, 사람들에게 구원의 필요를 알게 하시는 분이 성령이시며, 그리스도를 그들에게 나타내 보여 주시는 것도 성령께서 하십니다. 당신도 효과적인 영혼 구원자가 될 수 있도록 성령의 충만함을 위해 하나님께 간구하십시오.

사람들에게 복음을 전해야 한다

영혼 구원자가 전할 멧세지는 복음입니다. 복음이란 뜻은 좋은 소식(good news)이며, 좋은 소식은 그리스도께서 우리의 죄를 위하여 죽으셨고 우리의 살아계신 구세주가 되기 위하여 다시 부활하셨다는 내용입니다. 사도 바울은 다음과 같이 말합니다.
"형제들아 내가 너희에게 전한 복음을 너희로 알게 하노니…내가 받은 것을 먼저 너희에게 전하였으니 이는 성경대로 그리스도께서 우리 죄를 위하여 죽으시고 장사 지낸 바 되었다가 성경대로 사흘만에 다시 살아나사…”(고린도전서 15 : 1, 3, 4).

네 가지 기본 진리

복음을 전하는 데는 네 가지 기본 진리가 있읍니다.

1 죄에 대한 사실
2 죄에 따른 형벌
3 그리스도께서 그 대가를 지불하셨다.
4 우리는 그리스도를 영접해야 한다.

이 네 가지 사실을 당신의 마음에 확실히 정립시키십시오. 왜냐하면 당신이 영혼을 그리스도께로 인도하려면 이것을 사용하게 될 것이기 때문입니다.

사람을 그리스도께로 인도하는 방법

어떤 사람을 그리스도께로 인도할 때, 복음의 이 네 가지 기본 진리를 간단하게 설명해 주는 것입니다.

1 그가 죄인이란 사실을 보여 주라(로마서 3 : 23 참조)

사람을 그리스도께로 인도하는 첫 단계는 그가 죄인이라는 사실에 대해 하나님의 말씀을 보여 주는 것입니다. 이를 위해 사용하기에 좋은 구절은 로마서 3장 10, 11, 12 절입니다. 그 사람이 이 구절을 읽어 보게 하십시오. 이는 우리들에 대한 하나님의 말씀입니다. 그 다음에 그가 로마서 3장 23절을 읽게 하십시오. 사람이 구원받기 전에, 그가 죄인이란 사실과 그가 그의 죄를 기꺼이 씻어야 한다는 사실을 깨달아야 합니다. 주 예수께서 말씀하셨읍니다.

“모든 사람이 죄를 범하였으매 … ”

“너희에게 이르노니 아니라 너희도 만일 회개치 아니하면 다 이와 같이 망하리라”(누가복음 13 : 5).

2 죄에 따른 형벌은 사망이란 사실을 보여 주라(로마서 6 : 23 참조)

다음 단계는 죄의 삯은 사망이라는 하나님의 말씀을 보여 주는 것입니다.
“죄의 삯은 사망이요…”

“죄의 삯은 사망이요 … ”

여기서 말하는 『사망』이란 “하나님과의 분리”, 즉 불못에서의 영원한 분리를 의미한다고 설명하십시오. 우리는 죄인이며 영원한 사망을 선고받았기 때문에 우리에게는 구세주가 필요합니다.

3 그리스도께서 우리의 죄의 대가를 지불하셨음을 보여 주라 (요한복음 3 : 16 참조)

다음 구절은 너무나 널리 알려진 구절입니다. 요한복음 3장 16절을 읽게 하십시오. 하나님께서 『세상』이라고 말씀하신 의미는 누구를 말하는것입니까? 모든 사람을 뜻합니다. 여기엔 당신도, 나도 포함됩니다.

그리스도는 우리 죄를 대신하여 죽으셨읍니다.

하나님은 우리에게 무엇을 주셨읍니까? 하나님께서는 그분의 아들을 우리에게 주셨읍니다. 이는 우리의 죄를 위하여 예수께서 십자가 위에서 죽으시도록 내어주셨다는 의미입니다.

왜 하나님은 구세주를 우리에게 주셨을까요? 그분이 우리를 사랑하시기 때문에, 그리고 우리에겐 구세주가 필요하기 때문입니다! 우리는 우리 자신을 구원할 수 없읍니다. 그래서 하나님께서는 우리에게 구세주로서 예수님을 보내 주셨읍니다.

만일 내가 당신에게 어떤 선물을 한다면 당신은 그것의 대가를 나에게 지불하겠읍니까? 아니오, 그럴 필요가 없읍니다. 그러나 당신이 해야 할 한 가지 일이 있는데, 당신이 그것을 받는 일입니다. 그것을 받아야만 당신의 것이 되는 것입니다. 하나님께서는 우리에게 우리의 구세주로서 주 예수님을 보내 주셨읍니다. 그런데 우리가 해야 할 일은 우리가 그분을 모셔들여야만 합니다.

4 그리스도를 구세주로 영접하도록 요구하라 (요한복음 1 : 12 참조)

요한복음 1장 12절을 펼쳐서 그에게 읽히십시오. 어떻게 사람이 하나님의 자녀가 될 수 있을까요? 주 예수 그리스도를 영접함으로 가능합니다! "영접하는 자 곧 그 이름을 믿는 자들에게는 하나님의 자녀가 되는 권세를 주셨으니…."

우리는 그리스도를 영접해야 합니다.

이제 다음의 질문을 할 수가 있읍니다. "당신은 예수 그리스도가 하나님의 아들이심을 믿습니까?
예수께서 당신의 죄를 위하여 십자가 위에서 죽으셨고 다시 부활하셨다는 것을 믿습니까?
예수께서 당신을 구원하실 수 있다는 것을 믿습니까?
예수께서 당신을 기꺼이 구원하실 것을 믿습니까?
당신이 그분께 요청하기만 한다면 예수께

서 당신의 마음에 들어오셔서 지금 당장 당신을 구원하실 것을 믿습니까?"

만일 "예"라고 대답하면 다음과 같이 요구할 수 있습니다.
"주 예수께서 당신의 마음 속에 지금 당장 들어오시도록 요청할 수 있습니까?"
만일 그렇게 하겠다면 함께 기도하십시오.
"주 예수님, 저는 죄인임을 압니다. 저는 당신이 하나님의 아들이며 저의 죄를 위하여 십자가 위에서 죽으신 것을 믿습니다. 제 마음 속에 지금 들어오셔서 저의 구세주가 되어 주시옵소서."

당신이 구원받았다는 것을 알라

사람이 진실로 그리스도를 자신의 구주로 영접할 때 하나님은 그가 구원받았다는 것을 알기를 원하십니다. 어떻게 자신이 구원받았다는 것을 알 수 있습니까? 하나님의 말씀을 믿음으로써, 그리고 성령의 증거를 통해서 알 수 있습니다.

구원의 확신을 위하여 사용할 수 있는 좋은 구절은 요한복음 3장 36절입니다. 하나님께서는 이 구절에서 두 부류의 사람들이 있음을 말씀하고 계신다는 데에 주목하십시오. 즉, 하나님의 아들을 믿는 사람과 하나님의 아들을 믿지 않는 사람입니다.

하나님은 그분의 아들을 믿는 사람들에 관해 어떻게 말씀하고 계십니까? 하나님께서는 "아들을 믿는 자는 영생이 있다"고 말씀하십니다. 『있고』라는 말은 "지금 곧 영생을 가진다"는 의미입니다. 자, 요한일서 5장 11-13절을 펴 봅시다. 하나님이 이 말씀을 하신 것은 우리에게 영생이 있음을 알게 하기 위한 것임을 주목하십시오.
하나님이 말씀하셨습니다!
내가 그것을 믿습니다!
그리하여 영생을 얻었습니다!

구원의 확신은 또한 성령의 증거로 봅니다. 이것은 단순히 성령께서 우리가 구원받은 사실을 우리의 영으로 알도록 하신다는 것을 의미합니다. 성경은 말씀합니다.
"성령이 친히 우리 영으로 더불어 우리가 하나님의 자녀인 것을 증거하시나니" (로마서 8 : 16).

다른 사람이 구원받은 것을 우리가 어떻게 알 수 있을까요? 확실히는 알 수 없습니다. 우리는 그가 그리스도를 그의 구세주로 받아들이고 있다는 사실만을 믿을 수 있을지 모르나, 그러나 실수할 수도 있습니다. 왜냐하면 우리는 그가 구원받은 사람이라고 말해서는 결코 안 되기 때문입니다. 이 일은 성령께서 하시는 일입니다.

예의 바른 태도

사람을 그리스도께로 인도하려고 할 때는 담대해야 합니다. 그러나 예의 바르고 재치가 있어야 합니다. 거부 반응을 일으키지 않도록 영적인 문제에 관한 대화로 이끌어 나가야 합니다. 다음에, 구원의 도에 대하여 사람들이 믿는 바를 간파해야 합니다. 이러한 일을 하는 한 방법으로, 이런 질문을 해 보십시오.

"만일 어떤 사람이 당신에게 「내가 어떻게 하나님의 자녀가 될 수 있나요?」라고 물어 온다면 뭐라고 대답하겠습니까?"

대부분이 구원받지 못한 사람들은 세례(침례)를 받음으로, 교회에 출석함으로, 선한 일을 함으로써 그리스도인이 된다고 생각합니다. 물론 이 같은 일들은 모두 좋은 일들입니다. 그러나, 이것들은 단 한 사람도 구원시키지 못합니다. 성경은 말씀합니다.

"너희가 그 은혜를 인하여 믿음으로 말미암아 구원을 얻었나니 이것이 너희에게서 난 것이 아니요 하나님의 선물이라" (에베소서 2 : 8, 9).

당신이 이 구절을 설명하고 난 후 "사람이 어떻게 구원받는지에 대해 하나님은 무엇이라 말씀하셨는지 성경을 보여 드릴까요?"라고 물으십시오. 만약 "예" 라고 대답하면 그때 당신은 사람을 그리스도께로 인도하는 4단계를 밟아 나가십시오.

사랑은 필수적이다

영혼 구원자로서 갖추어야 할 필수적인 자질은 다른 사람을 사랑할 수 있어야 합니다. 영혼을 사랑하지 못한다면 당신은 영혼을 인도할 수 없습니다. 하나님은 모든 사람을 사랑하십니다. 하나님이 보시기에는 모든 사람이 귀한 존재입니다. 당신의 마음 속에 하나님의 사랑이 충만하기를 간구하십시오.

어린이도 인도할 수 있다

어린이도 구원받을 수 있습니까? 물론 그들도 확실히 구원받을 수 있습니다. 어른들보다 어린이들에게 예수님을 구주로 믿게 하는 것이 훨씬 더 쉽습니다. 예수께서는 이 문제에 대해 다음과 같이 말씀하셨습니다.

"…너희가 돌이켜 어린아이들과 같이 되지 아니하면 결단코 천국에 들어가지 못하리라" (마태복음 18 : 3).

어린이를 인도하는 데 소홀히 하지 마십시오.

몇 살 정도면 구원을 받을 수가 있습니까? 자기가 나쁜 일을 했다는 사실을 알 수 있을 정도의 나이면 됩니다.

당신은 어떻게 어린이를 그리스도께로 인도하십니까? 간단하게 그가 죄인이며 구세주가 필요하다는 사실을 하나님의 말씀을 통해 보여 주십시오. 그런 다음 그를 위해서 죽으신 구세주에 대해 말해 주고 주님을 진실한 마음으로 영접할 것을 요청하십시오.

어떤 사람들은 반대 의견을 말할 것이다

● "나는 그리 큰 죄인이 아니다"
대답 : 하나님은 모든 사람이 죄인이라고 하십니다.
"모든 사람이 죄를 범하였으매 하나님의 영광에 이르지 못하더니"(로마서 3 : 23).

● "나는 교인이다"
대답 : 교회 회원으로는 어떠한 사람도 구원받지 못합니다. 당신은 거듭나야 합니다. 예수께서 이렇게 말씀하셨읍니다.
"진실로 진실로 네게 이르노니 사람이 거듭나지 아니하면 하나님 나라를 볼 수 없느니라" (요한복음 3 : 3).

● "교회 안에는 위선자가 많다"
대답 : 예, 있읍니다. 그러나 천국에는 위선자가 없읍니다. 당신은 다른 사람이 어떤 행동을 했느냐에 따라 심판받는 것이 아니라 당신 자신의 행위에 의해 심판을 받습니다. 성경은 말씀합니다.
"이러므로 우리 각인이 자기 일을 하나님께 직고하리라" (로마서 14 : 12).

● "나는 너무 많은 것들을 포기해야 한다"
대답 : 만일 당신이 당신의 죄를 씻지 않으면 영원히 죽게 될 것입니다. 영생이 얼마나 가치있는지를 아시지요? 예수께서는 말씀하셨읍니다.
"사람이 만일 온 천하를 얻고도 제 목숨을 잃으면 무엇이 유익하리요" (마가복음 8 : 36).

● "좀더 착해진 다음에 믿겠다"
대답 : 스스로 선해질 수는 없읍니다. 주님은 있는 그대로 주님께 나오길 원하십니다. 주님은 있는 그대로를 받으신다고 약속하십니다.
"…내게 오는 자는 내가 결단코 내어 쫓지 아니하리라" (요한복음 6 : 37).

● "나는 그리스도인답게 살지 못할 것 같다"
대답 : 그리스도께서 사람 안에 들어가 살기 전까지는 아무도 그렇게 살지 못합니다. 그리스도께서 우리로 하여금 그리스도인다운 삶을 살게 하십니다. 사도 바울은 말했읍니다.
"내게 능력 주시는 자 안에서 내가 모든 것을 할 수 있느니라"(빌립보서 4 : 13).

● "나는 너무 죄가 많다"
대답 : 예수께서는 죄인을 구하러 오셨읍니다. 그분은 자기에게 오는 어떠한 사람도 다 구원하십니다. 사도 바울은 말했읍니다.
"미쁘다 모든 사람이 받을 만한 이 말이여 그리스도 예수께서 죄인을 구원하

시려고 세상에 임하셨다 하였도다 죄인 중에 내가 괴수니라"(디모데전서 1:15).

● "나는 최선을 다하고 있다"

대답 : 우리는 우리의 선한 행위로 구원받는 것이 아니라 그리스도를 믿는 믿음으로 구원받습니다.

"너희가 그 은혜를 인하여 믿음으로 말미암아 구원을 얻었나니 이것이 너희에게서 난 것이 아니요 하나님의 선물이라 행위에서 난 것이 아니니 이는 누구든지 자랑치 못하게 함이니라"(에베소서 2:8-9).

● "진실하기만 하다면 어느 길을 가든 마찬가지라고 생각한다"

대답 : 당신은 신실할지도 모르지만, 그러나 그릇된 일에 신실할 수가 있읍니다. 성경은 말씀합니다.

"어떤 길은 사람의 보기에 바르나 필경은 사망의 길이니라"(잠언 14:12).

예수님은 구세주이시며 구세주는 오직 한 분이십니다. 그분이 아니면 우리는 결코 하나님께로 갈 수 없읍니다. 예수께서는 이렇게 말씀하셨다.

"내가 곧 길이요 진리요 생명이니 나로 말미암지 않고는 아버지께로 올 자가 없느니라"(요한복음 14:6).

● "조금 더 있다 믿겠다"

대답 : 중요한 일을 뒤로 미룬다는 것은 위험합니다. 성경은 말씀합니다.

"너는 내일 일을 자랑하지 말라 하루 동안에 무슨 일이 날는지 네가 알 수 없음이니라"(잠언 27:1).

● 나는 죄사함 받기를 원치 않는다"

대답 : 그러면 당신은 영원히 잃어버린 바 될 것입니다. 예수께서는 이렇게 말씀하셨읍니다.

"너희에게 이르노니 아니라 너희도 만일 회개치 아니하면 다 이와 같이 망하리라"(누가복음 13:5).

● "나는 지옥이 있다는 것을 믿지 않는다"

대답 : 당신이 믿지 않는다고 해서 지옥이 있다는 사실이 변하지 않습니다. 성경은 말씀합니다.

"그러나 두려워하는 자들과 살인자들과 술객들과 우상 숭배자들과 모든 거짓말하는 자들은 불과 유황으로 타는 못에 참예하리니 이것이 둘째 사망이니라"(요한계시록 21:8).

> 당신이 필요할 때 알 수 있도록 이 같은 반대 의견과 대답들을 암기하십시오.

해야 할 것과 하지 말아야 할 것

● 항상 성경을 이용하십시오.

사람들을 그리스도께로 인도할 때 당신이 성경 구절을 인용할 수 있어도 인도받는 사람이 직접 읽도록 하는 것이 좋습니다.

● 성구를 너무 많이 사용하지 마십시오.

● 기도로 하나님께 아뢰십시오.
성령께서 도우시도록 간구하십시오.

● 전도받는 자가 자신을 직시케 하십시오.
그들의 문제점을 규명하도록 할 것이며, 그 문제를 피하여 모른 척하지 마십시오. 주 예수와의 그들의 관계에 관한 문제로 그 초점을 돌리게 하십시오.

● 성실하십시오.
농담하는 시간이 아닙니다. 영혼을 인도한다는 것을 너무도 진지한 일입니다.

● 논쟁하지 마십시오.
하나님은 우리를 논쟁에서 이기라고 보내신 것이 아닙니다. 영혼을 얻도록 보내신 것입니다.

● 언행을 조심하십시오.
필요없이 사람들의 감정을 상하게 하지 마십시오.

● 질문에 대해 답을 모를 때는 그것을 인정하십시오.
"나는 그 질문에 대한 대답을 모르겠읍니다. 그러나 확실한 것은 예수 그리스도께서 내 생활을 변화시키셨으며 예수께서는 당신에게도 똑같이 일하시길 원하신다는 것입니다"라고 말하십시오.

● 모든 사람을 높이 평가하십시오.
그리스도는 모든 사람을 위해 죽으셨다는 것을 알아야 합니다. 만일 사람을 낮추어 본다거나 경멸하는 눈으로 본다면, 그리스도의 종이 될 가치가 없는 사람입니다.

● 용기를 잃지 마십시오.
어떤 사람은 구세주를 반대할 것입니다. 그러나 끝까지 그리스도를 위한 증인이 되십시오.

● 관심을 가지십시오.
예수께서는 울기도 하셨고 잃어버린 영혼을 위해 기도도 하셨읍니다. 우리도 그렇게 해야 합니다.

● 새로 믿기로 한 사람들에게 용기를 주십시오.
그들이 다른 사람들에게 그리스도를 고백하도록 하고, 처음부터 성경을 믿는 교회에 참석할 수 있도록 격려하십시오.

두려움을 극복하라

개별적인 사역을 하는 데 있어서 가장 큰 장애물 중의 하나가 사람을 두려워하는 일입니다. 우리는 다른 사람이 어떻게 생각할까를 두려워하고 있읍니다.

두려움이 없이 일을 했던 한 그리스도인이 항상 그가 담대했는가 하는 질문을 받았읍니다. 그는 자신있게 "한때는 아주 소심한 사람이었다"고 대답하였읍니다. 어느 날, 더 이상 그 상태로는 있을 수 없다고 느낀 그는 시편 34편 4절을 펴고 무릎을 꿇었읍니다.
"내가 여호와께 구하매 내게 응답하시고 내 모든 두려움에 나를 건지셨도다."
그는 하나님께 기도했읍니다.
"주님, 당신은 다윗을 담대하게 하셨읍니다. 지금 나에게도 행하시옵소서." 하나님은 그의 기도를 들으셨고 기도에 응답하셨읍니다.

하나님이 당신에게도 그처럼 행하시도록 요청하십시오. 당신은 영원한 생명을 다른 사람에게 전해 줄 멧세지를 가지고 있으며, 그리고 담대하게 그것을 밖으로 전해야 합니다. 우리가 사람을 두려워할 때, 우리는 복음의 멧세지보다 그들을 더 크게 만드는 것이 됩니다. 이것은 죄입니다.

당신도 영혼을 건질 수 있다

구원받아야 할 사람들이 당신 주위에 많이 있읍니다.

1. 지금 그들을 위해 기도하십시오.
2. 그들에게 복음을 전할 기회를 찾으십시오.
3. 복음의 네 가지 기본 진리를 배우십시오.
4. 반대 의견에 답할 것을 배우십시오.
5. 준비하십시오. 그러면 하나님께서 사용하실 것입니다.

실수할 것을 두려워하지 말라

만약 당신이 어떤 사람을 그리스도께로 인도하려고 노력하지 않는다면 당신은 그 어느 것보다 가장 큰 실수를 하게 될 것입니다.

□ 확인 질문

1 사람들을 그리스도께로 인도할 특권은 모든 1□□ 2□□□에게 있습니다.

2 다른 이들을 그리스도께로 인도하는 방법을 배우는 것이 중요한 이유는 사람의 1□□이 2□□가 있기 때문입니다.

3 사람의 1□□이 가치가 있는 이유는 사람의 1□□이 2□□□ 3□□ 때문입니다.

4 영혼을 건지기 위해 우리는 1□□□의 2□□을 사용하는 방법을 알아야 합니다.

5 영혼 구원자의 능력은 □□□께로부터 옵니다.

6 복음의 멧세지에 있어서 네 가지 기본 진리는 1□에 대한 사실, 1□에 따른 2□□, 그리스도께서 그 3□를 지불하셨으며, 우리는 그리스도를 4□□해야 한다는 것입니다.

7 사람이 자기가 구원받았음을 알 수 있는 것은 1□□□의 말씀을 2□□으로써, 그리고 3□□의 4□□를 통해서입니다.

8 사람은 다른 사람이 구원받았는지의 여부를 말할 수가 없읍니다. 그것은 □□의 하실 일이기 때문입니다.

9 영혼 구원자가 필히 지녀야 할 자질은 다른 영혼을 □□하는 것입니다.

10 아이들은 구원받을 수 있읍니다. 그들도 자기가 1□□ 2□을 했다는 사실을 알 수 있을 정도의 나이면 됩니다.

- **당신은 영혼 구원자가 되기를 원하십니까?**
- **당신은 성경 구절들을 암송하고 있읍니까?**
- **당신은 경건의 시간을 갖고 있읍니까?**

- 당신이 이 장에서 배운 가장 중요한 교훈은 무엇입니까?

제 23 과

그리스도안에서 새로운 영적 전투

"내 이름으로 무엇이든지 내게 구하면 내가 시행하리라" (요한복음 14 : 14)

바로 앞에서 우리는 사람을 그리스도께로 인도하는 방법을 배웠읍니다. 영혼을 구원한다는 것은 전율을 느낄 만큼 몹시 감동적인 일이지만, 이 일을 할 때 우리는 사단과 어둠의 권세들과의 투쟁에 직면하게 됩니다. 그리스도께로 온 모든 영혼은 사단의 손아귀로부터 빼앗아 온 영혼인 것입니다. 바로 이것이 우리가 사단과 싸움을 하는 원인이 됩니다.

그리스도인의 삶이 무엇인지에 대해서는 영적 투쟁을 해보지 않고서는 결코 이해할 수가 없읍니다. 두 왕국, 즉 하나님의 왕국과 사단의 왕국 사이에는 전쟁이 있읍니다. 그것은 사람들의 영혼을 두고 하는 전투입니다.

우리도 이 전쟁의 어느 한 편에 속해 있읍니까? 물론, 전쟁을 하고 있읍니다. 우리가 속해 있는 편은 하나님께서 사단과의 싸움에서 군대로 쓰실 수 있는 편입니다.

우리가 사단과의 싸움에서 사용하는 무기는 어떤 종류입니까? 우리는 영적인 무기를 사용합니다. 가장 훌륭한 무기는 하나님께서 우리에게 주신 기도입니다. 왜냐하면 기도는 하나님의 능력을 공급하기 때문입니다. 우리가 기도할 때, 하나님은 역사하기를 시작하십니다. 하나님은 말씀하십니다.
"너는 내게 부르짖으라 내가 네게 응답하겠고 네가 알지 못하는 크고 비밀한 일을

기도를 통하여 우리는 하나님께서 세상에 역사하시게 할 수가 있읍니다.

네게 보이리라"(예레미야 33 : 3).

우리는 기도해야 합니다! 우리는 기도 없이 그리스도인의 삶을 살 수가 없읍니다. 기도를 통해서 우리는 하나님과 교제합니다. 또한 기도를 통해서 우리에게 필요한 것을 얻게 됩니다. 다른 사람들을 위해 중재(intercede)하며, 사단의 능력을 결박하는 것도 기도를 통해서 합니다.

이 장에서는 사단과의 전투에서 하나님은 우리의 기도를 어떻게 사용하시는가를 알게 될 것입니다. 먼저, 기도에 대하여 어떤 중요한 일들에 관하여 생각해 보도록 합시다.

기도는 무엇인가?

기도는 하나님과 대화하는 것입니다. 기도는 교회에서 행하는 의식(儀式)이나 공적인 행사가 아닙니다. 기도는 당신과 하나님간의 개인적인 일입니다. 주 예수께서는 말씀하셨읍니다.
"너는 기도할 때에 네 골방에 들어가 은밀한 중에 계신 네 아버지께 기도하라."
주 예수님은 "중언부언"하지 말라고 하십니다. 즉, 똑같은 일을 놓고 자꾸자꾸 되풀이해서 말하지 말라는 말씀입니다. 우리의 기도는 진실해야 하며 중심에서 나오는 기도를 해야 합니다.

누구에게 기도해야 하는가?

아버지께 기도합니다. 주 예수께서는 이렇게 말씀하셨읍니다.

"그러므로 너희는 이렇게 기도하라 하늘에 계신 우리 아버지여…"(마태복음 6 : 9).

아무라도 하나님을 아버지라고 호칭할 수 있읍니까? 아닙니다. 오직 하나님의 자녀인 사람만이 "아버지"라고 부를 수 있읍니다.

하나님께서 구원받지 못한 사람으로부터 들으시는 기도가 하나 있는데, 그 기도는 용서를 구하는 기도입니다. 하나님은 구원받지 못한 사람으로부터 이런 기도를 꼭 들으십니다.

예수 그리스도의 이름으로 기도해야 한다

우리의 기도를 하나님께서 들어 주시기를 원한다면 예수님의 이름으로 기도해야 합니다. 예수께서 이렇게 말씀하셨읍니다.
"너희가 무엇이든지 아버지께 구하는 것을 내 이름으로 주시리라"(요한복음 16 : 23).

주 예수께서는 천국에서 우리의 위대한 중보자이십니다. 우리는 예수님의 이름으로 아버지께 기도합니다. 하나님이 우리의 기도를 들으시고 응답하시는 이유는 예수님의 신분과 그분이 하신 일을 보시기 때문입니다.

성령께서도 우리의 기도를 도우신다

우리는 천국에 있는 중보자 뿐만 아니라 마음 속에도 중보자(성령)를 모시고 있읍니다. 성령께서는 우리의 기도를 도우십니다. 우리는 어떤 문제에 대하여 하나님의 뜻을 알지 못하거나 기도하는 방법을 알지 못할 때가 많이 있읍니다. 그러나 성령께서는 하나님의 생각을 알고 계시며 하나님의 뜻에 따라 우리의 기도를 도우십니다. 성경은 말씀합니다.
"이와 같이 성령도 우리의 연약함을 도우시나니 우리가 마땅히 빌 바를 알지 못하나…"(로마서 8 : 26).

성령께서는 우리의 기도를 도우십니다.

기도는 실제로 하나님의 역사하심에 영향을 줍니까? 그렇습니다! 어떻게 그걸 알 수 있을까요? 하나님께서 그렇게 말씀하시기 때문입니다. 주 예수께서 이렇게 말씀하셨읍니다.
"내 이름으로 무엇이든지 내게 구하면 내가 시행하리라"(요한복음 14 : 14).

이 구절에서 주님은 우리의 간구에 따라 주님께서 행하신다고 명백하게 말씀하십니다.

"너희가 구하면…내가 시행하리라."

하나님은 전능하십니다…그분은 자신이 하시고자 하는 것은 무엇이든지 하실 수 있읍니다. 그러나, 하나님은 이 땅에서 그분의 과업을 성취시키는 데 우리의 기도를 사용하는 편을 택하셨읍니다. 기도가 이처럼 중요한 것입니다.

기도의 세 가지 형태

기도란 어떤 일을 위하여 하나님께 구하는 것만은 아닙니다. 세 가지 중요한 기도의 형태가 있읍니다. 즉, 교제와 간구와 중보입니다. 이것들을 살펴봅시다.

1 교제

이것은 하나님과의 친교입니다. 우리는 하나님이 우리에게 말씀하시도록 「말씀」을 읽습니다. 그 다음엔 기도로 그분께 나아갑니다. 우리는 그분께 예배합니다. 그분을 찬양합니다. 축복하심을 감사드리고 우리가 얼마나 하나님을 사랑하는지를 그분께 고백합니다.

교제는 또한 자백을 포함합니다. 만일 우리의 삶 속에 자백하지 않은 죄를 품고 있고서는 하나님과 교제할 수 없기 때문입니다.

하나님과의 교제는 절대적으로 필수적인 것입니다. 우리는 하나님과의 교제를 통해서 하나님을 알게 되고 하나님의 능력을 경험하게 됩니다. 성경은 "여호와를 아는 자는 강건해질 것이라"고 말씀합니다.

2 간구

간구는 우리에게 필요한 것을 요청하는 것입니다. 우리에겐 많은 것이 필요합니다. 유혹을 이기기 위해서는 강한 힘이 필요합니다. 우리에겐 지혜가 필요합니다. 효과적으로 봉사할 수 있도록 능력이 필요합니다. 우리는 의사 결정을 하는 데 인도가 필요합니다. 우리에겐 양식, 의복, 기타 생활 필수품이 필요합니다.

우리는 어디에서 우리에게 필요한 공급을 찾아야 합니까? 하나님으로부터 찾아야 합니다. 그분은 하늘에 계신 우리의 아버지이십니다. 그분은 우리를 사랑하시며 우리가 그분께로 나아가 필요한 것들을 구하는 것을 기뻐하십니다. 예수께서 이렇게 말씀하셨읍니다.
"너희가 악한 자라도 좋은 것으로 자식에게 줄 줄 알거든 하물며 하늘에 계신 너희 아버지께서 구하는 자에게 좋은 것으로 주시지 않겠느냐" (마태복음 7 : 11).

어떤 것이 필요할 때, 하나님께 그것을 요청하십시오. 계속해서 요구하십시오. 우리는 때때로 부족한 경우가 있읍니다. 성경은 말씀합니다.
"…너희가 얻지 못함은 구하지 아니함이요" (야고보서 4 : 2).

그러면, 하나님은 기도에 항상 응답하실까요? 아닙니다. 기도에 항상 응답하시지는 않습니다. 응답을 위해서는 두 가지 조건이 맞아야 합니다.

1. 하나님의 뜻 안에서 기도해야 합니다. 하나님의 뜻에 따르지 않고 어떤 것을 구하면 우리에게 주지 않으실 것입니다. 우리는 이에 대해서도 매우 감사해야 합니다. 왜냐하면 우리는 항상 무엇이 우리에게 최선인지를 알지 못하기 때문입니다. 어린 아이가 자기 아버지에게 면도칼이나 예리한 칼을 달라고 할 수도 있읍니다. 그러나 아버지는 아들을 사랑하고 또한 칼이 아이에게 상처를 낼 것을 알기 때문에 아이의 요구를 용납하지 않을 것입니다.

우리가 하나님께 구할 수 있는 가장 훌륭한 기도는 "주님의 뜻이 이루어지이다" 입니다. 이 말은 우리가 하나님의 사랑과 그분의 지혜를 신뢰한다는 것을 보여 주는 것입니다. 우리는 우리가 원하는 모든 것을 기도할 수는 있으나, 우리의 모든 기도에서 "주님의 뜻이 이루어지이다" 라고 기도할 수 있어야 합니다.

"그의 뜻대로 무엇을 구하면 들으심이라" (요일 5 : 14).

2. "응답의 터전 위에서" 살아야 합니다. 이것은 우리의 생활이 하나님을 기쁘시게 한다는 것을 의미합니다. 세속적이며 순

좋지 않는 그리스도인들의 기도는 응답하시지 않습니다. 그러나 그분을 기쁘시게 하는 성도들의 기도는 기꺼이 응답해 주십니다. 성경은 말씀합니다.
"사랑하는 자들아 만일 우리 마음이 우리를 책망할 것이 없으면 하나님 앞에서 담대함을 얻고 무엇이든지 구하는 바를 그에게 받나니 이는 우리가 그의 계명들을 지키고 그 앞에서 기뻐하시는 것을 행함이라"(요한일서 3 : 21, 22).

기도에 응답받지 못할 때 우리는 "하나님께서 내 기도에 응답하시는 일을 방해하는 것이 내 생활 가운데 있는가?"라고 반문해 보아야 합니다.

기도의 큰 장애물은 죄와 이기심, 용서하지 않는 것, 그리고 불신앙입니다. 이러한 것들은 사단이 우리의 생활 속에 침투하도록 발판을 제공하는 것들이며, 하나님께서는 이 때 우리의 기도를 듣지 않으십니다.
"내가 내 마음에 죄악을 품으면 주께서 듣지 아니하시리라"(시편 66 : 18).

3 중보

이것은 다른 사람을 위한 기도입니다. 교제나 간구는 주로 자기의 필요한 것을 구하기 위한 것이지만 중보 기도는 다른 사람을 돕는 기도입니다. 우리는 구원받지 못한 친구나 친척을 위해 기도합니다. 복음 전도자들과 지도자들, 병든 사람을 위해 기도합니다. 이 기도 형태는 하나님께서 위대한 사랑의 계획 안에서 사람들을 다시 그분의 품에 돌아오도록 하는 일을 돕습니다. 「중보」라는 기도 방식은 기도를 통해 투쟁하는 것입니다. 이것은 사단을 대적하는 기도입니다.

사단과의 전투

우리가 기도와 말씀 읽기를 통해서 하나님과 교제하는 방법을 배웠을 때에 하나님께서는 우리를 사단과 대적하는 전투에 사용하실 수가 있읍니다.

자, 이제 하나님과 사단과의 전투에 관하여 몇 가지 사실을 살펴봅시다.

첫째, 하나님은 이 땅을 창조하셨읍니다. 이 땅은 하나님께 속했읍니다. 성경은 말씀합니다.
"땅과 거기 충만한 것과… 다 여호와의 것이로다"(시편 24 : 1).

둘째, 하나님은 사람에게 이 땅의 통치권을 주셨읍니다. 하나님은 아담에게 모든 땅의 통치권을 주셨읍니다.

세째, 아담은 하나님을 반역했읍니다. 그는 사단의 편에 섰으며 사단의 권세 아래 속했읍니다. 그래서 아담은 세상의 지배권을 잃어버렸으며 사단이 세상을 지배하게 되었읍니다. 사단이 세상을 지배하게 된 것은 죄를 통해서였읍니다.

네째, 하나님은 이 세상을 되찾기를 원하셨으며, 그 일을 한 사람을 통해 이루고자 하셨읍니다. 그래서 하나님은 그분의 아들이신 주 예수 그리스도를 그분의 둘째 사람으로서 세상에 보내신 것입니다.

다섯째, 사단과 하나님의 둘째 사람이신 예수님과의 사이에 전쟁이 벌어졌읍니다. 일찌기 모든 사람이 시험(유혹) 받은 것처럼 예수님도 시험을 받으셨읍니다. 그러나 예수께서는 모든 시험에서 승리하셨읍니다. 마침내 필사적으로 사단은 사람들을 선동해서 예수님을 십자가에 못박았읍니다.

주 예수께서 무덤 속에 계실 때 사단은 자기가 승리했다고 생각했읍니다. 그러나, 삼일째 되던 날, 주 예수께서는 부활하셨읍니다. 모든 어둠의 권세로부터 승리하신 것입니다. 사단은 그 때에야 자신들이 패배했다는 것을 알았읍니다.

그리스도는 어둠의 권세를 물리치셨읍니다.

주 예수께서는 하늘과 땅의 모든 권세를 받으셨다

사단과 어둠의 권세자들은 그들의 권세를 빼앗겼읍니다. 주 예수께서는 다시 하늘나라로 승천하셨으며, 그 곳에서 "모든 정사와 권세와 권능과 지배권을 행사하시는" 아버지의 오른편에 앉으셨읍니다.

우리는 사단을 이기신 그리스도의 승리를 주장할 수 있읍니다.

사단은 패배하였다 !

사단과 우리들과의 전투에서 우리가 꼭 기억할 중요한 사실은 사단은 패배자라는 사실입니다! 그리스도께서 갈보리에서 이미 사단을 물리치셨기 때문에 우리는 사단에게 패배당해서는 안 됩니다.

비록 사단이 패배자이긴 하지만 그는 아직 불못에 던져지지는 않았읍니다. 당분간, 그는 자유로운 몸이므로, 일찌기 구원받지 못한 그의 왕국 사람들을 붙잡아 두기 위해 매우 열심히 일하고 있읍니다.

하나님의 종으로서, 당신과 나는 아직 구원받지 못한 사람들에게 복음을 전파하

여, 사단의 권세로부터 그들을 구출해야 합니다.

주 예수께서는 사람이 강한 자의 집에서 세간을 늑탈해 내려면 먼저 그 강한 자를 결박해야 한다고 말씀하셨읍니다. 사단은 "강한 자"이며, 세간이란 그의 세력에 억눌려 있는 사람들을 말합니다. 만일 우리가 사람들을 사단의 권세로부터 구출하기를 원한다면 먼저 사단의 권세를 "결박해야" 합니다.

사단의 권세를 어떻게 "결박할 수"있는가?

우리가 어떻게 사단의 권세를 "결박할 수" 있을까요? "갈보리에서의 승리"를 주장함으로써 그렇게 할 수 있읍니다.

그리스도의 승리를 어떻게 주장하는가?

지금 우리는 매우 중요한 질문을 하고 있읍니다. "어떻게 그리스도의 승리를 우리의 승리로 주장할 수 있을까요? 우리는 그리스도의 승리 그것을 **주장함으로써** 우리의 승리로 만드는 것입니다!

그리스도는 우리의 죄를 십자가 위에서 대신 치르셨지만, 당신이 이 사실을 주장하기 전까지는 구원받지 못합니다. 바로 그 때문에 당신은 사단을 이기신 그리스도의 승리를 주장해야 합니다. 당신은 기기도함으로써 그리스도의 승리를 주장할 수 있읍니다.
"갈보리가 의미하는 모든 것은, 주여! 갈보리에서의 능한 모든 승리입니다!"

당신이 이것을 기도할 때 "주님, 저는 도저히 이 문제를 처리할 수 없지만 당신은 하실 수 있읍니다. 주님은 모든 사단의 권세로부터 승리하셨읍니다. 나는 이 문제에 대해 당신의 승리를 주장하고 있읍니다"라고 당신은 말하십시오. 우리가 갈보리의 승리를 주장할 때, 그리스도께서 사단의 권세를 결박해 주십니다.

하나님이 당신에게 주신 무기를 사용하라

하나님이 당신에게 사단을 대적해서 사용하도록 막강한 무기를 주셨읍니다. 그러나, 당신이 이 무기를 사용치 않으면 무용지물입니다. 그러므로 갈보리의 승리를 주장하십시오.

사단이 당신의 가정을 공격한다고 생각해 보십시오. 아마 심한 말들이 오가고 괴로운 감정이 있게 될 것입니다. 당신은 어떻게 할 것입니까? 갈보리의 승리를 주장하십시오! 그리스도는 "강한 자인 사단을 내 이름으로 결박하라"고 말씀하십니다.

때때로, 우리에게 문제가 있을 때, 우리는 우리가 생각하는 문제를 야기시키는 사람을 상대하려고 합니다. 그러나, 성경은 실제 곤경은 이 문제들을 야기시키는 어둠의 권세들과 관계되어 있다고 말합니다. 사도 바울은 이렇게 말했읍니다.
"우리의 씨름은 혈과 육에 대한 것이 아니요 정사와 권세와 이 어두움의 세상 주관자들과 하늘에 있는 악의 영들에게 대함이라" (에베소서 6 : 12).

어두움의 권세들을 어떻게 대처해야 합니까? 그리스도의 갈보리에서의 승리를 주장함으로 그것들을 대처해야 합니다.
"갈보리에서의 능한 모든 승리를 기억하라. 예수님의 이름으로 승리하라."

모든 일들에 대해 기도하라

당신은 우리가 사단과 전쟁 중에 있다는 사실을 이해하게 될 때, 모든 일들에 대해서 기도할 것입니다. 이것이 당신이 하나님과 사람 앞에서 할 수 있는 가장 위대한 일인 것입니다.

당신의 가정과 교회 안에 있는 문제에 대하여 기도하십시오. 그리스도인들을 위하여 기도하십시오. 구원받지 못한 친구들과 친척들을 위해 기도하십시오. 복음 전하는 자들을 위하여 기도하십시오. 그리스도의 이름으로 기도하십시오. 열심히 기도하십시오. 믿음으로 기도하십시오. 갈보리의 승리로 기도하십시오.

포기하지 말라

기도에서 승리를 가져오는 자질은 지속성입니다. 이 말은 포기하지 말라는 뜻입니다. 응답이 올 때까지 기도하십시오.

하나님이 인간의 의지를 다루시는 데는 시간이 걸립니다. 상황을 변화시키는 데도 시간이 걸립니다. 하나님은 우리가 갈보리의 승리를 주장하며 기도를 계속하기를 바라십니다. 예수께서는 "항상 기도하되 낙망치 말라"고 말씀하셨읍니다.
하나님의 약속을 기억하십시오.

내 이름으로 무엇을 구하면 내가 이행하리라.

□ 확인 질문

1 하나님께서 사단을 대적하는 데 사용하도록 우리에게 주신 무기가 있는데, 곧 [1]□□입니다. 이 무기는 하나님의 [2]□□을 방출하게 합니다.

2 모든 사람이 [1]□□□로서의 하나님께 기도할 수는 없읍니다. 하나님께서는 구원받지 못한 사람들의 기도 중 단 한 가지만을 받으시는데, 그것은 [2]□□를 구하는 기도입니다.

3 기도는 하나님의 [1]□□하심에 영향을 미칩니다. 하나님의 [2]□□이 그렇다고 하시므로 우리는 그것이 사실임을 알 수가 있읍니다.

4 하나님께서는 항상 기도에 응답하시지는 않습니다. 하나님께서 기도에 응답하시는 데는 두 가지 조건이 맞아야 합니다. 즉, 하나님의 [1]□ [2]□□□ 기도해야 하며, "기도의 [3]□□ [4]□□"있어야 합니다. 이것은 우리의 생활이 하나님을 기쁘시게 해드린다는 뜻입니다.

5 우리가 하나님께 할 수 있는 가장 훌륭한 기도는 "[1]□□의 [2]□이 이루어지이다"라는 것입니다. 이것은 우리가 하나님의 [3]□□과 [4]□□를 신뢰한다는 것을 의미합니다.

6 우리의 기도를 방해하는 네 가지는 [1]□와 [2]□□□, 용서하지 않는 것과 [3]□□□입니다.

7 중보란 [1]□□ [2]□□을 위한 기도입니다. 중보 기도라는 한 형태는 기도를 통해 [3]□□하는 것인데, 이는 사단을 대적하여 싸우는 것입니다.

8 우리는 [1]□□□에서의 [2]□□□□의 [3]□□를 주장함으로써 사단의 권세를 결박할 수 있읍니다.

9 그리스도께서 사단과 [1]□□의 권세로부터 승리하셨으므로 그분의 승리는 곧 [2]□□의 승리가 됩니다. 우리가 그것을 [3]□□함으로써 그 일은 가능합니다.

10 기도하는 데 있어서 승리를 가져오는 자질은 [1]□□□입니다. 이것은 포기하지 말라는 뜻입니다. [2]□□받을 때까지 계속 기도하십시오.

● 당신이 이 장에서 배운 가장 중요한 교훈은 무엇입니까?

제 24 과

그리스도안에서 새로운 교회

"너희는 그리스도의 몸이요 지체의 각 부분이라" (고린도전서 12 : 27)

하나님의 위대한 계획은 죄악된 아담의 족속으로부터 사람들을 이끌어 내어 하나의 영적인 몸, 곧 그리스도의 몸 안으로 불러 내어 하나가 되게 하신 것입니다. 믿는 모든 성도들은 소위 "교회"라고 부르는 한 몸의 지체들입니다. 사도 바울은 말했읍니다.
"이 비밀이 크도다 내가 그리스도와 교회에 대하여 말하노라" (에베소서 5 : 32)

하나님께서는 그리스도의 몸인 영적인 교회를 이 땅 위에 나타내려는 목적을 가지고 계셨읍니다. 각 지역에는 성도들이 정규적으로 기도를 위하여, 예배, 교제, 그리고 하나님의 말씀을 가르치기 위하여 모이게 됩니다. 이들 성도들의 모임을 소위 "지역 교회"라고 부릅니다.

이와 같이 성경은 "교회"라는 단어를 두 가지 의미로 사용하고 있읍니다. 이것을 다음과 같이 말할 수 있읍니다.

1 영적인 교회(Heavenly Church)
이 교회는 오순절로부터 시대 마지막까지의 모든 신자들로 구성되는 교회를 말

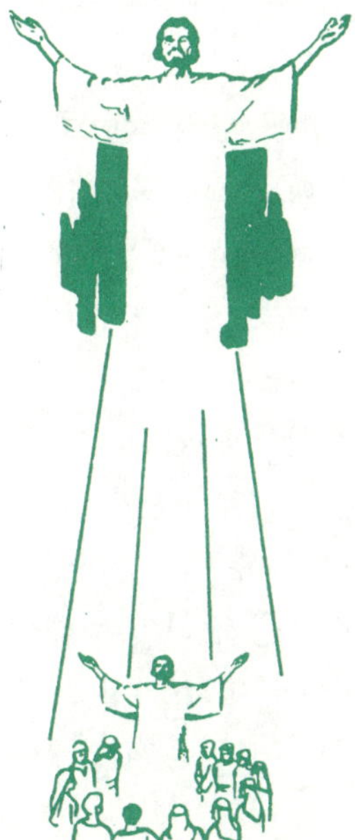

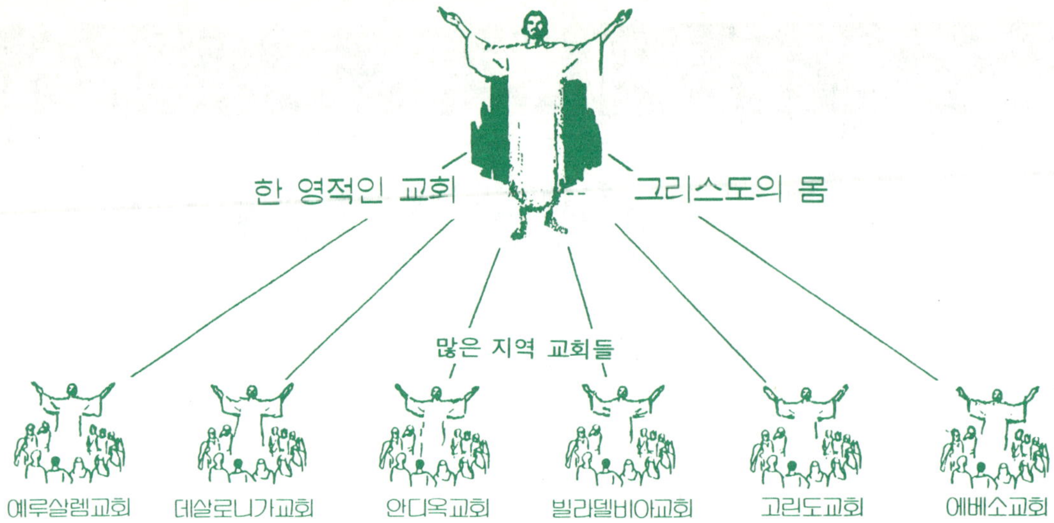

합니다.

2 **지역 교회(Local church)**
이 땅 위에서의 신자들이 모이는 교회를 말합니다.

그러면 성경이 말하는 최초의 지역 교회들에 대해 알아보도록 합시다.

최초의 지역 교회들

오순절에는 예루살렘에 오직 한 개의 지역 교회만이 있습니다. 그 후에, 우리는 많은 도시에서 교회가 생기는 것을 보게 됩니다.

박해로 인하여 예루살렘에 있던 성도들은 다른 도시와 다른 나라로 흩어졌읍니다. 그들도 가는 곳마다 복음을 전파했읍니다. 사도 바울은 복음을 전하기 위해서 여러 곳으로 전도 여행을 떠났읍니다. 그래서 복음이 전파되었으며 많은 사람들이 믿게 되었고 구원받았읍니다.

한 도시에서 많은 사람들이 구원을 얻자, 그들은 그 도시에서 교회가 되었읍니다. 그래서 성경에는 "안디옥 교회", "고린도 교회", 그리고 "에베소 교회" 등에 대하여 말하고 있읍니다.

이들 각 지역 교회들이 하나의 영적 교회를 그대로 나타내고 있는 것입니다. 그리스도께서 각 교회의 머리가 되시며, 그 신자들은 그리스도의 몸이 되었읍니다. 그래서, 이들 각 지역에서, 그리스도께서는 그곳에 위치한 교회들을 통해서 그분의 삶을 나타내시는 것입니다.

교회의 머리로서 예수께서는 그분의 지체들인 성도들에게 신령한 은사들을 주셨읍니다. 각 지역 교회 내에서 어떤 사람들은 영적 지도자로서 인정되었읍니다. 이들을 「장로」라고 부르며, 그들은 주님의 사람들의 영적인 감독이 되었읍니다. 그리하여 교회들을 강력하게 굳어지고 수가 더 많아지기 시작했읍니다.
"이에 여러 교회가 믿음이 더 굳어지고 수

가 날마다 더하니라" (사도행전 16 : 5).

● 성도들은 어디에서 모였는가?

그들은 서로 서로의 가정에서 만났읍니다. 그들이 만난 장소는 그렇게 중요시될 것이 못 되었는데, 그 이유는 주님께서 친히 그들과 함께 계신다는 것을 알았기 때문입니다. 주님은 약속하셨읍니다.
"두세 사람이 내 이름으로 모인 곳에는 나도 그들 중에 있느니라" (마태복음 18 : 20).

● 성도들은 언제 모였는가?

그들은 주 중의 첫날인 일요일에 모였읍니다. 성경은 말씀합니다.
"안식 후 첫날에 우리가 떡을 떼려 하여 모였더니…" (사도행전 20 : 7).

구약에서는 유대인들이 거룩한 날로서 제 7일째인 토요일에 모여 예배하도록 되어 있었읍니다. 신약성경에서는 그리스도인으로서 우리는 거룩한 날로서 매일 매일을 중시해야 한다고 말해 줍니다. 그러나 우리가 주 중의 첫날인 일요일(주일)에 모이는 이유는 주 예수께서 죽음 가운데서 이 날에 부활하셨기 때문입니다.

교회의 성례

주 예수께서는 교회에 두 가지 성례를 허락하셨는데, 곧 세례(침례)와 성찬입니다. 우리는 이 성례를 오늘날에도 준수해야 합니다. 세례(침례)와 성찬의 의미를 생각해 봅시다. 먼저, 성례란 무엇일까요?

성례는 영적인 진리를 묘사하는 그리스도에 의해 정해진 의식입니다. 이것은 영적인 진리를 상징하는, 우리가 보고 느끼고 할 수 있는 어떤 것입니다.

● 세례 (침례) 란 무엇인가?

세례(침례)는 그리스도의 죽음과, 장사됨과, 부활에서 그리스도와 함께 우리가 하나가 되는 것을 묘사하는 의식인 것입니다. 우리가 세례(침례)를 받기 위해 물 안에 서게 될 때, 우리는 그리스도와 함께 십자가에 못박혔다는 사실을 증언하게 되는 것이며, 물 안에 잠길 때는 그분과 함께 우리의 장사됨을 묘사하며, 물에서 올라올 때는 그분과 함께 우리의 부활을 묘사하게 되는 것입니다(로마서 6 : 4).

주 예수를 믿는 모든 성도들은 세례(침례)를 받도록 명령하셨읍니다. 세례(침례)를 받음으로 우리는 예수께 속하며 그분과

그리스도와 개인적으로 연합됨

함께 죽게 되고, 장사되고, 부활함으로써 그분과 연합된다는 사실을 공중 앞에 증시하게 되는 것입니다.

● 성찬은 무엇인가?

성찬은 십자가 위에서의 우리 구주의 죽으심을 기념하는 시간입니다. 우리가 마시는 잔은 우리의 죄를 위하여 흘리신 그분의 피를 나타내는 것입니다. 우리가 먹게 되는 떡은 우리를 위해 찢기신 그분의 몸을 나타내는 것입니다. 성경은 우리가 예수께서 다시 오실 때까지 성찬을 준수해야 한다고 말하고 있습니다.
"너희가 이 떡을 먹으며 이 잔을 마실 때마다 주의 죽으심을 오실 때까지 전하는 것이니라" (고린도전서 11 : 26).

다음엔, 모든 성도와 관계되는 또다른 위대한 진리에 대해 생각해 보도록 합시다.

모든 성도들은 "하나님께 제사장"이다

구약성경에서, 우리는 하나님의 제사장이 되도록 부름받은 사람들이 있었다는 것을 찾아볼 수 있습니다. 제사장들은 하나님께 출입하며 하나님을 섬기는 일을 하였읍니다.

제사장이 되는 것은 큰 영광이었으며, 오직 한 족속, 즉 레위 족속만이 제사장이 될 수 있었읍니다. 제사장이 아닌 사람들은 직접적으로는 하나님께 접근할 수 없었읍니다. 그들은 직접 하나님께 희생제물을 바칠 수가 없었으며, 하나님께 직접 제사를 드릴 수도 없었읍니다. 그들은 제사장들에 의해서만 이 모든 일을 할 수가 있었읍니다.

제사장 중에서도 대제사장이 있었으며 대제사장 혼자만이 하나님의 영광이 머무는 가장 거룩한 장소인 지성소에 들어갈 수 있었읍니다. 이와 같이 이스라엘의 자녀들도 두 계급으로 나뉘어지는 것을 볼 수 있읍니다. 즉, 하나님의 백성들과 하나님의 제사장들로 말입니다.

신약에서는, 모든 성도가 "하나님께 제사장"임을 알 수 있읍니다. 하나님의 백성들 사이에는 특별한 계급이 없읍니다. (마태복음 23 : 8, 9참조). 신약성경에서는 두 번이나 모든 그리스도인의 몸, 즉 모든 성도는 제사장이라고 선언되어 있읍니다. 성경은 말씀합니다.
"너희도 산 돌같이 신령한 집으로 세워지고 … 거룩한 제사장이 될지니라 …"
"오직 너희는 택하신 족속이요 왕 같은 제사장이요 …" (베드로전서 2 : 5, 9).

신약성경에서는 모든 신자가 하나님께 제사장입니다.

모든 신자가 "하나님께 제사장" 이라고

말할 때, 이것은 무엇을 의미합니까?

첫째로, 이것은 우리가 직접 하나님께 나아갈 수 있다는 것을 의미합니다. 우리는 우리를 위해 하나님께 말씀드려 줄 제사장이 필요하지 않습니다. 왜냐하면 모든 신자가 하나의 제사장이기 때문입니다. 주 예수께서는 우리의 대제사장이시므로 오직 그분만을 통해서 우리는 직접 하나님께 우리의 죄를 고백하며, 하나님으로부터 직접적으로 죄 용서를 받게 되는 것입니다. 성경은 말씀합니다.
"하나님은 한 분이시요 또 하나님과 사람 사이에 중보도 한 분이시니 곧 사람이신 예수라"(디모데전서 2:5).

둘째로, 이것은 모든 성도가 하나님께 섬기는 일을 할 수가 있다는 의미입니다. 주 예수께서 친히 우리를 택하셨고 우리가 그분을 섬기도록 정하셨습니다. 그분은 말씀하셨습니다.
"너희가 나를 택한 것이 아니요 내가 너희를 택하여 세웠나니 이는 너희로 가서 과실을 맺게 하고…"(요한복음 15:16).

그리스도인으로서 우리의 우선적인 책임은 주 예수님을 사랑하는 것이며, 순종하는 것이며, 섬기는 것입니다. 모든 성도는 주 예수 그리스도를 섬기는 사람으로서 예배자이며, 성경을 공부하는 학생들이며, 영혼을 건지는 사람들입니다.

다음엔 지역 교회에 관계되는 중요한 질문에 관하여 생각해 보도록 합시다.

교회의 기능

교회는 살아 있는 몸으로서의 기능을 다해야 합니다. 교회는 단순한 조직 기관이 아니라 그리스도의 살아 있는 몸(지체)입니다. 따라서, 그 기능은 몸으로서의 기능이어야 합니다. 고린도에 있는 성도들에게 편지하면서 사도 바울은 다음과 같이 말했읍니다.
"너희는 그리스도의 몸이요 지체의 각 부분이라"(고린도전서 12:27).

바울 사도가 이들 성도들에게 말하는 내용이 무엇인가요? 그는 "너희는 고린도에 있는 그리스도의 몸이다. 그리스도는 머리요, 너희는 그리스도께서 고린도라는 도시에서 그분의 삶을 나타내 보이는 그분의 몸이 되는 것이다. 너희는 그리스도의 몸이라는 진리를 인식하고서 그리스도의 몸의 자격으로서 함께 일해야 한다"고 말하고 있는 것입니다.

고린도에 있는 교회에서 사실이었던 것이 오늘날 모든 지역 교회에서도 사실이

"우리는 그 몸의 지체임이니라"(엡 5:30).

되어야 함에 틀림없읍니다. 어떤 도시에 있는 지역 교회는 그 도시에 있는 그리스도의 몸이며, 그것은 살아있는 몸으로서의 기능을 감당해야 합니다.

이제, 몸의 기능은 어떠한가에 관한 네가시 위대한 사실에 관하여 생각해 보도록 합시다. 우리는 이 기능들이 우리 인간의 몸에 있어서 사실임과, 그리스도의 몸으로서도 또한 사실임을 알게 될 것입니다.

1 몸은 많은 다른 지체들을 가지고 있으며 이들 모두는 다 필요한 것들이다

나의 몸을 보면, 나는 많은 다른 지체들을 가지고 있읍니다. 즉 눈, 귀, 코, 입, 손, 손가락, 무릎, 발 등이 있읍니다. 이들은 서로 다른 기관이지만 모두가 꼭 필요한 기관입니다.

그리스도의 몸도 또한 많은 다른 지체들을 가지고 있으며, 또한 모두가 꼭 필요한 지체들입니다. 성경은 말씀합니다.
"몸은 한 지체 뿐 아니요 여럿이니…"
"눈이 손더러 내가 너를 쓸데 없다 하거나 또한 머리가 발더러 내가 너를 쓸데 없다 하거나 하지 못하리라" (고린도전서 12 : 14, 21).

2 모든 지체가 작용해야 한다

만일 나의 눈이 작용하지 않는다면 나는 볼 수가 없으며, 만일 나의 귀가 기능을 발휘하지 않는다면 나는 들을 수가 없으며, 만일 나의 발이 일하지 않는다면 나는 걸을 수가 없읍니다. 몸의 어떤 지체가 기능을 발휘하지 않을 때, 몸 전체가 손실을 겪게 되는 것입니다.

마찬가지로, 그리스도의 몸의 어떤 지체가 작용을 하지 않을 때 그 몸은 장애를 받게 됩니다. 모든 성도는 그리스도의 몸의 지체이며 모든 성도는 적어도 하나의 신령한 은사(선물)를 가지고 있읍니다. 이 말은, 성도로서 우리는 그리스도의 몸으로서 필요한 특별한 가능성을 가지고 있다는 것을 뜻합니다. 각 성도들은 "주여, 교회인 당신의 몸 안에서 내가 섬겨야 할 곳은 어디입니까? 당신은 내가 무엇을 하기를 원하십니까?"라고 말할 수 있어야 합니다. 성경은, 그리스도의 몸은 모든 성도들이 공급하는 가운데 사랑 안에서 세워져야 한다고 말합니다.

3 모든 지체는 머리에게 순종해야 한다

내 몸이 기능을 발휘하기 위해서는 아마 모든 지체들은 그 머리를 따라야 할 것입니다.

이는 그리스도의 몸에서도 마찬가지입니다. 성경은 우리가 "머리에 굳게 붙어 있어야" 한다고 말하고 있읍니다. 이 말은 우리가 그리스도께 순종해야 한다는 말입니다. 성경은 말씀합니다.
"…그리스도께서 교회의 머리 됨과 같음이니…그러나…교회가 그리스도께 하듯

…"(에베소서 5 : 23, 24).

만일 우리가 그리스도께 복종하면, 우리는 하나님의 말씀에 순종하게 되는 것입니다. 우리는 또한 하나님이 교회 안에서 지도자의 위치로 정하신 사람들에게 순종하게 되는 것입니다. 성경은 말씀합니다.
"너희를 인도하는 자들에게 순종하고 복종하라 저희는 너희 영혼을 위하여 경성하기를 자기가 회계할 자인 것같이 하느니라"(히브리서 13 : 17).

4 모든 지체는 함께 일해야 한다

하나님은 한 몸을 원하시지, 많은 수가 홀로 되거나, 고립된 그리스도인이 되길 원치 않으십니다. 성경은 우리가 "그리스도 안에서 한 몸"이라고 말하고 있습니다. 혼자서는 효과적으로 하나님을 섬길 수가 없읍니다. 나는 그리스도의 몸의 다른 지체들과 함께 일해야 합니다.

지역 교회의 중요성

어떤 그리스도인들은 지역 교회 안에서의 결점을 보고서 지역 교회가 필요치 않다고 단정하게 됩니다. 이것은 심각한 잘못을 저지르는 것입니다.

지역 교회는, 당신과 내가 완전한 사람이 못되듯 불완전한 사람들로 이루어져 있기 때문에 완벽한 교회가 되지 못합니다. 그러나 이 지역 교회는 이 땅 위에서 하나님의 아들의 삶을 나타내기 위해서 그분이 택하여 세우신 기구입니다.

교회가 모일 때, 모든 그리스도의 몸의 지체들은 하나님께로부터 부여받은 교회 일에 출석하며 참여할 책임을 가지게 되는 것입니다. 이 일에는 어린이와 젊은 청년들과, 장년들까지도 다 포함됩니다. 각 지체들은 이 일을 하지 못했을 때, 그에 대해 하나님께 답변하지 않으면 안 됩니다.

성경은, 말세에는 사람들이 "하나님을 사랑하는 것보다 쾌락을 더 사랑한다"고 우리에게 말하고 있읍니다. 하나님의 사람들이 이 세상의 덧없이 지나가는 쾌락에 휩쓸림으로써 그들의 지역 교회로부터 떨어져 나가는 것은 참으로 슬픈 일입니다.

네가 어디 있느냐?

그리스도의 몸은 나를 필요로 할 뿐만 아니라 나는 또한 그리스도의 몸을 필요로 합니다. 내가 몸의 삶을 함께 나누지 않는다면 나는 강한 그리스도인이 될 수가 없읍니다. 내가 그리스도의 몸의 다른 지체들과 만나게 될 때, 나는 몸으로부터 오는 강한 힘과 생명을 받게 되는 것입니다.

지역 교회에 관한 하나님의 계획을 봤읍니까? 하나님은 한 몸, 즉 전체적인 몸을 원하시지 어디에서나 한 지체만의 교회를 원하지 않으신다는 사실도 알았읍니까?

하나님의 은혜로, 나는 내가 살고 있는 곳에서 그리스도의 몸의 지체임을 알아야 합니다. 몸이 모임을 가질 때, 나는 거기에 있을 뿐만 아니라 참여해야 됩니다. 이것은 큰 책임인 동시에 위대한 특권으로서, 가볍게 여길 수 없는 일입니다. 많은 그리스도인들은 자유로이 함께 만남을 갖는 특권을 누리지 못하고 있읍니다.
"모이기를 폐하는 어떤 사람들의 습관과 같이 하지 말고…" (히브리서 10 : 25).

● 깨달은 진리

나는 내가 살고 있는 지역 교회에서 그리스도의 몸의 지체이다. 몸과 나는 뗄래야 뗄 수 없는 관계이다.

□ 확인 질문

1 영적인 교회는 오순절 이래로 [1]□□ [2]□□□까지의 [3]□□ 신자들로 구성되어 있는 교회를 말합니다. [4]□□ 교회는 이 땅에서의 신자들이 모이는 교회입니다.

2 한 도시에서 많은 사람들이 구원을 받게 되면 그들은 그 도시에서 [1]□□가 됩니다. 그리스도께서는 각 지역 교회의 [2]□□가 되시고, 모든 신자들은 [3]□□를 이룹니다.

3 그리스도인들이 한 주간의 첫날인 일요일에 모이는 것은 주 예수께서 그 날에 □□하셨기 때문입니다.

4 성례란 영적인 [1]□□를 상징하여 지키도록 정해진 [2]□□입니다.

5 세례(침례)란 그리스도의 [1]□□과 [2]□□□과 [3]□□에서 그리스도와 함께 우리가 하나되는 것을 묘사하는 의식입니다.

6 □□은 십자가 위에서의 우리 구주의 죽으심을 기념하는 시간입니다.

7 모든 신자들은 "하나님께 □□□들" 입니다. 그래서 모든 신자는 하나님 앞에 직접 나아갈 수 있고 그분을 섬기는 일을 하게 됩니다.

8 그리스도인으로서의 우리의 우선적인 책임은 주 예수님을 [1]□□하고 [2]□□하며 섬기는 것입니다.

9 지역 교회의 기능은 살아 있는 □으로서의 기능을 다해야 합니다.

10 교회가 기능을 어떻게 수행하는가에 관한 네 가지 위대한 사실을 적어 보십시오.

(1) 몸은 다른 많은 [1]□□들을 가지고 있으며, 이들 모두는 다 필요한 것들이다.

(2) 모든 [1]□□가 [2]□□해야 한다.

(3) 모든 [1]□□는 머리에게 [2]□□ 해야 한다.

(4) 모든 [1]□□는 함께 일해야 한다.

● 당신이 이 장에서 깨달은 가장 중요한 교훈은 무엇입니까?

제 25 과

그리스도안에서 새로운 사명

"또 가라사대 너희는 온 천하에 다니며 만민에게 복음을 전파하라"
(마가복음 16 : 15)

우리는 교회에 대한 몇몇 놀라운 점들에 대해 배웠읍니다. 교회는 그리스도의 몸입니다. 그리스도께서 친히 교회의 머리가 되시며 모든 성도는 그분의 몸의 지체가 됩니다.

사단의 악한 세상 체제 속에서도 그리스도께서는 역사하시며 그분의 권능과 승리의 능력을 명백히 나타낼 수가 있는 몸을 가지고 계십니다. 그리스도께서는 교회를 통하여 세상에 그분의 생명을 나타내시고 그분의 사역을 행하십니다.

이 장에서는 교회의 임무, 즉 교회가 하기로 되어 있는 선교에 관하여 생각해 보고자 합니다.

교회의 사명은 무엇인가?

교회의 사명은 세상에 있는 모든 사람들에게 복음을 선포하는 일입니다. 모든 신자들 각자는 이 일의 일부를 담당하고 있읍니다. 주 예수께서는 "너희는 온 천하에 다니며 만민에게 복음을 전파하라" 고 하셨읍니다.

우리의 주님께서 그분의 제자들에게 이 명령을 하신 지가 거의 이천 년이 지났는데도, 오늘날 아직도 구원받지 못한 사람

수없이 많은 사람들이 여전히 사단의 권세 아래 있읍니다.

들은 헤아릴 수 없을 정도로 많습니다. 이들 구원받지 못한 사람들은 두 부류로 나누어집니다.

1. 복음을 들었으나 그 복음을 거절한 사람들
2. 아직까지 전혀 복음을 들어보지 못한 사람들

이 장에서는 두번째 부류의 사람들에 관하여 생각해 볼까 합니다. 즉, 복음을 듣지 못하여 하나님에 대해 아는 바가 없는 사람들말입니다. 우리는 그들의 영적인 상태가 어떠하며 하나님은 이것에 대하여 우리에게 무어라 말씀하시는지를 알아보고자 합니다.

복음을 들어보지 못한 사람들의 영적인 상태

그들은 영적인 흑암 상태에 있으며 사단의 권세 아래 있읍니다. 이 사실을 어떻게 알 수 있을까요? 그들은 무시무시한 죄를 범하고 있으며, 나무나 돌로 만든 우상을 섬기고, 악령들에 대한 두려움 속에 살고 있으며, 그들은 죽음을 두려워합니다. 어떤 나라에서는 어머니들이 그들의 갓난 아기를 악어에게 던진다고 하며, 어떤 사람들은 자신에게 상처를 입히며 못이 박힌 상 위를 걸어다닌다고도 합니다. 이와 같이 하는 이유는 이처럼 함으로 해서 그들의 죄가 용서받게 된다고 들어 왔기 때문입니다.

어떤 나라는, 사람들이 고도로 문명화되어 살고 있지만 그러나 아직 그들은 하나님을 모르고 있읍니다. 그들은 나무나 돌로 만든 우상을 섬기지 않습니다. 그럼에도 불구하고 그들 역시 영적으로는 어두운 가운데 살고 있으며 사단의 권세 아래 있읍니다. 성경은 그런 사람들을 가리켜 "그리스도가 없고 소망도 없고 세상에서 하나님도 없다"고 묘사합니다.

> 물론, 기독교 세계에 살면서도 복음을 거절한 사람들은 복음을 전혀 들어 보지 못한 사람들보다 더 나을 것이 없읍니다. 사실상, 그들은 복음을 거절했기 때문에 하나님으로부터 더 가혹한 심판을 받을 것입니다.

하나님께서는 사람들을 그분에 대해 무지하게 창조하셨을까요? 아닙니다. 사람은 하나님의 형상대로 지음받았지만 하나님에게서 떠나버렸읍니다.

로마서 1장에서 우리는 사람이 하나님으로부터 멀어지는 하락 단계에 관하여 읽어 볼 수가 있읍니다. 하나님을 알면서도 하나님을 영화롭게도 아니했고 감사치도 아니했읍니다. 그들의 마음이 어리석게 되었고, 어두워졌읍니다. 지혜있다고 주장하지만 그들은 우둔하여졌읍니다. 자신들을 지으신 창조주, 영광의 하나님을 섬기는 대신에 금수(birds, beasts)와 뱀의 형상을 만들었으며 이 우상들을 섬겼읍니다. 이리하여 그들은 사악하고 부도덕한 무시무시한 길로 빠졌읍니다. 그래서 사람들은 영적으로 밝던 데서 어두운

데로 가게 되었읍니다(로마서 1 : 21－32 참조).

복음을 듣지 못한 사람도 음부로 가는가?

물론, 그들도 음부로 갑니다. 그리스도가 없는 모든 사람은 음부로 갑니다. 자기 죄 가운데서 죽은 사람들은 영원히 하나님과 분리되어 불못에 있게 될 것입니다. 성경은 말씀합니다.
"악인이 음부로 돌아감이여 하나님을 잊어버린 모든 열방이 그리하리로다"(시편 9 : 17).

복음을 듣지 못한 사람이 왜 음부로 가는가?

두 가지 이유 때문입니다.

1 그들은 죄인이기 때문입니다.
2 구세주인 그리스도를 모르기 때문입니다.

비록 그들이 하나님의 말씀인 성경을 갖고 있지 못할지라도 그들은 그릇된 일을 행하고 있다는 것을 압니다. 어떻게 그것을 알 수 있을까요? 하나님께서 하나님의 법을 그들의 마음과 양심 속에 넣어 두셨기 때문입니다. 그들은 거짓말하는 것, 도적질, 살해, 간음, 강도, 기타 여러 가지 일들이 나쁜 일들임을 알지만 그들은 이와 같은 일들을 하고 있읍니다. 그러므로, 그들은 죄인이며 죄의 대가로 심판을 받아야 됩니다. 성경은 말씀합니다.
"모든 영혼이 다 내게 속한지라…범죄하는 그 영혼이 죽으리라"(에스겔 18 : 4).

그들의 종교가 그들을 구원할 수 있는가?

대체로 많은 수의 사람들이 만일 그들의 종교를 신실하게 믿는다면 하나님은 그들을 구원해 주실 것이라고 믿고 있읍니다. 이것이 사실일까요? 아니, 그렇지 않습니다.

성경은 다음 사실을 분명히하고 있읍니다. 즉, 사람이 만일 개인적으로 주 예수 그리스도를 자신의 구주로 영접하지 않는 한 그는 구원받을 수 없다는 사실입니다. 그리스도는 구세주, 오직 유일무이한 구세주이십니다. 주 예수께서 이렇게 말씀하셨읍니다.
"내가 곧 길이요 진리요 생명이니 나로 말미암지 않고는 아버지께로 올 자가 없느니라" (요한복음 14 : 6).

구원은 오직 그리스도 안에만 있읍니다. 성경은 말씀합니다.
"다른 이로써는 구원을 얻을 수 없나니 천하 인간에게 구원을 얻을 만한 다른 이름을 우리에게 주신 일이 없음이니라" (사도행전 4 : 12).

우상을 섬기는 사람들도 자기들의 종교에 온 정성을 다할지 모르지만, 그러나 그들의 숭배가 하나님의 마음에 들 리가 없읍니다. 성경은 사람들이 우상에게 제사할 때, 그들은 실제로는 사단과 그의 악한 영들을 섬기는 것이라고 말하고 있읍니다! 왜 하나님께서 잘못된 종교를 미워하시며, 우상을 섬기는 사람들을 용납하지 않으시는지를 이제 당신은 아실 것입니다.

이러한 사람들도 구원받을 수 있는가 ?

물론입니다! 복음은 모든 사람을 위한 것입니다. 성경은 그리스도의 복음을 가리켜 "**모든 믿는 자**에게 구원을 주시는 하나님의 능력"이라고 말하고 있읍니다.

네 가지 중요한 질문

성경은 "누구든지 주의 이름을 부르는 자는 구원을 얻으리라"고 말하고 있읍니다. 그러나, 성경은 복음을 듣지 못한 사람들에 대하여 이와 같은 질문을 던지고 있읍니다.

1. 저희가 믿지 아니하는 이를 어찌 부르겠는가?
2. 듣지 못한 이를 어찌 믿겠는가?
3. 전파하는 자가 없이 어찌 듣겠는가?
4. 보내심을 받지 아니하였으면 어찌 전파하겠는가? (로마서 10 : 14, 15 참조)

주 예수님을 믿지도 않는 사람들이 그분을 부를 수 있을까요? 그렇지 못합니다. 사람들이 그분에 관해 들어 본 적이 없는데도 그분을 믿을 수 있을까요? 그럴 수가 없읍니다. 그들에게 말해 주는 사람이 없는데도 그분에 관하여 들을 수 있을까요? 불가능합니다. 그러므로 만일 그들이 구원을 받으려면 누군가 그들에게 주 예수님에 관하여 전해 주는 사람이 반드시 있어야만 합니다. 누가 그들에게 가서 예수님에 대하여 말해 줄 수 있을까요? 구원받은 사람들이 해야 합니다. 성경은 말씀합니다.
"모든 것이 하나님께로 났나니 저가 그리스도로 말미암아 우리를 자기와 화목하게 하시고 또 우리에게 화목하게 하는 직책을 주셨으니"(고린도후서 5 : 18).

지상 명령은 우리 주님께서 그분의 제자들에게 주신 바, 온 세상에 나가서 모든 사람에게 복음을 전파하라는 명령이었읍니다. 그분은 말씀하셨읍니다.
"너희는 온 천하에 다니며 만민에게 복음을 전파하라"(마가복음 16 : 15).

지상 명령은 완수되었는가?

아직 그렇지 못합니다. 수많은 사람들이 여전히 영적 흑암 상태에 있으며, 사단의 권세 아래에 있읍니다. 세상의 대부분의 사람들이 성경을 보지 못했거나 예수님의 이름을 결코 들어 보지 못했읍니다. 그들은 그리스도가 없이 살고 있으며 소망이 없이 살고 있읍니다. 한 이교도 여인의 말은 우리의 마음을 분발시킬 것입니다. 그녀는 말했읍니다.
"우리가 얼마나 빨리 죽어가고 있는가를 당신의 백성들에게 말해 주세요. 그들이 좀더 빨리 복음을 전할 수는 없는지 그들에게 물어 보십시오."

이집트에서 한 선교사가 예수님의 사랑에 대한 이야기를 하고 있었읍니다. 멧세지가 끝나갈 무렵에 어떤 부인이 말했읍니다. "놀라운 이야기군요. 당신의 나라의 사람들은 그것을 믿고 있읍니까?"
『예』라고 선교사는 말했읍니다.
그 부인은 잠시 생각하고 나서는 말했읍니다.

지상 명령!

"너희는 온 천하에 다니며 만민에게 복음을 전파하라"(막 16 : 15).

"나는 그들이 그 얘길 믿는다고 생각하지 않습니다. 왜냐하면 그들이 그것을 믿는다면 왜 그토록 오랫동안 우리에게 와서 그것에 관하여 이야기를 해주는 사람이 없는가 말입니다."

온 세계가 복음을 들어야 한다

주 예수께서는 우리에게 모든 사람들에게 가서 복음을 전파하라고 명령하셨읍니다. 우리는 그분의 말씀에 순종해야 합니다. 만일 우리가 죽어가는 사람들에게 복음을 전할 수 있는데도 하지 않는다면, 하나님은 우리에게 책임이 있다고 하실 것입니다. 하나님은 말씀하셨읍니다.

"가령 내가 악인에게 말하기를 너는 꼭 죽으리라 할 때에 네가 깨우치지 아니하거나 말로 악인에게 일러서 그 악한 길을 떠나 생명을 구원케 하지 아니하면 그 악인은 그 죄악 중에서 죽으려니와 내가 그 피 값을 네 손에서 찾을 것이고"(에스겔 3 : 18).

우리는 잃어버린 자된 무시무시한 상태에 있는 사람들에게서부터 눈을 돌릴 수가 없으며 우리의 책임에서 달아날 수가 없읍니다. 우리 모든 그리스도인들은 어느 때엔가는 구원받은 이후부터의 삶을 회계하기 위해 그리스도의 심판대 앞에 서야 할 날이 있게 됩니다. 만일 우리가 모든 사람에게 복음을 전할 수 있는 일에 실패하게 된다면 우리는 그날에 주님께, 우리의 태만에 대해 대답해야 할 것입니다. 우리는 그들의 필요를 몰랐었다고 말할 수는 없읍니다. 주 예수께서 말씀하셨읍니다.

"너희가 넉달이 지나야 추수할 때가 이르겠다 하지 아니하였느냐 내가 너희에게 이르노니 눈을 들어 밭을 보라 희어져 추수하게 되었도다"(요한복음 4 : 35).

나는 무엇을 할 수 있는가?

만약 복음을 듣지 못했던 사람들이 구원받을 기회를 가졌다 한다면 모든 신자는 하나님의 지시 아래 그들이 복음을 접하도록 그가 할 수 있는 모든 일을 다 해야 합니다. 하나님께서는 지상 명령을 수

행하는 데 있어서 모든 그리스도인들을 위해 일하십니다. 당신은 "나는 무슨 일을 할 수 있읍니까?"라고 묻고 싶을 것입니다. 여기에 다섯 가지가 있읍니다.

1 증거

세상에 복음을 전하기 위한 하나님의 계획은 예수님 이야기를 아는 모든 사람들이 그것을 다른 사람에게 전하게 하려는 것인데, 단지 입술로만이 아니라 그들의 삶으로도 전하게 하려는 것입니다. 주 예수께서는 "내 증인이 되라"고 말씀하셨읍니다. 지금 시작하십시오. 당신이 있는 바로 그곳에서 주 예수의 증인이 되십시오.

2 기도

당신은 하나님께서 구원받지 못한 사람들을 향해 선교사들을 보내시도록 기도할 수 있고, 또 이미 파송된 선교사들을 위해 기도할 수도 있읍니다. 주 예수께서 이렇게 말씀하셨읍니다.
"이르시되 추수할 것은 많되 일군이 적으니 그러므로 추수하는 주인에게 청하여 추수할 일군들을 보내어 주소서 하라"(누가복음 10 : 2).

3 헌금

우리가 주님의 사역을 위하여 돈을 보내게 될 때, 우리는 그 사역에 동참하는 경우가 되며 언젠가는 그 보상을 같이 나누게 될 것입니다. 우리는 우리가 보내는 돈이 복음을 전하는 일에 정확하게 사용되고 있는지를 살펴보면서 현명하게 돈을 보내야 할 것입니다. 우리가 보내는 돈이 사람들이 영생을 얻는 데 사용되고 있는지를 알아보면서 즐거움으로 보내야 할 것입니다.

4 준비

만일 우리가 주님을 위한 유용한 종이 되기를 원한다면, 우리는 우리 자신을 준비해야 할 것입니다. 우리는 성경 공부와 기도와 성경 구절 암송을 위해 매일 시간을 할애함으로써 이 일을 할 수 있읍니다. 당신의 도구를 갖추십시오. 그러면 하나님께서 당신을 사용하실 것입니다!

5 가라

우리가 주님께 주님을 섬기기를 원하시는지 아닌지를 여쭈어 볼 필요가 없읍니다. 하나님께서는 자신의 모든 자녀들이 자신을 섬기도록 부르셨읍니다. 당신과 제가 할 오직 한 가지 질문은 "주님, 당신은 내가 무엇하시길 원하십니까?"입니다.

당신은 무엇을 할 것인가?

당신은 하나님을 알지 못하는 사람들이 겪어야 할 어떤 무시무시한 상태에 대하여 배웠읍니다. 당신은 그리스도인으로서 그들에게 복음을 전해 주어야 할 당신의 책임에 대해 배웠읍니다. 자, 문제는 "당신이 무엇을 할 것인가?" 입니다.

당신이 있는 위치에서 주 예수님을 위하여 충실한 증인이 되시겠읍니까? 당신은 하나님께서 일군들을 추수할 들판에 보내시도록 기도하시겠읍니까? 이 일을 위해 파송된 사람들에게 선교 헌금을 보내지 않겠읍니까? 좀더 효과적으로 주님을 섬기도록 당신 자신을 준비하지 않겠읍니까? 하나님이 부르시는 곳에 당신 자신이 직접 가지는 않겠읍니까?

"오직 한 번 뿐인 생은 살같이 곧 지나가 버렸지만 오직 주님을 위해 한 일은 영원히 지속되리라."

□ 확인 질문

1 교회의 사명은 세상에 있는 모든 사람들에게 ¹□□을 ²□□하는 것입니다.

2 세상의 구원받지 못한 사람들은 두 부류로 나누어지는데, 첫째는 복음을 듣고도 □□한 사람들이며 둘째는 아직까지 전혀 복음을 들어 보지 못한 사람들입니다.

3 복음을 들어보지 못한 사람들은 영적으로 ¹□□ 상태에 있으며 ²□□의 ³□□ 아래 있습니다.

4 하나님께서는 사람들을 그분에 대해 무지하게 창조하셨읍니까? **예 / 아니오**

5 복음을 전혀 들어 보지 못한 사람도 음부로 가는 두 가지 이유는, 그들이 ¹□□이기 때문이며, ²□□□인 ³□□□□를 모르기 때문입니다.

6 우상을 숭배하는 이들은 그들의 종교에 아무리 신실할지라도 하나님께서 용납하지 않으시는 이유는 사람이 주 예수를 개인적으로 자신의 □□로 영접하지 않는 한 구원받을 수 없기 때문입니다.

7 우상에게 제사를 드릴 때, 그들은 실상은 ¹□□과 그의 ²□□ ³□들을 숭배하는 것입니다.

8 주 예수를 믿지 않는 사람도 그분을 부를 수 있읍니까? ¹**예 / 아니오**
주 예수에 대해 들어 보지 못하고도 그분을 믿을 수 있읍니까? ²**예 / 아니오**
다른 사람이 말해 주지 않는데도 그분에 대해 들을 수 있읍니까? ³**예 / 아니오**

9 10 우리가 할 수 있는 일 다섯 가지는 ¹□□, ²□□, ³□□, ⁴□□와 직접 나서서 가는 것입니다.

● 당신이 이 장에서 배운 가장 중요한 교훈은 무엇입니까?

신앙이 더욱 성숙되는 계기가 되길 바라며

신앙의 옳고 그름은 하나님의 말씀에 따라 좌우됩니다. 기독교가 체험의 종교이긴 하지만 그 체험도 하나님의 말씀에 입각하지 않은 체험이라면 그것은 신앙의 참된 체험이 아닙니다. 어떤 사람이 올바른 믿음을 가지고 있으며 그가 참된 하나님의 자녀인가 아닌가를 구별할 때에도, 그가 하나님의 말씀에 입각한 확신을 가지고 있는가를 확인해보아야 합니다.

한국 교회는 양적으로 대단한 성장을 이루어 왔습니다. 그러나 많은 그리스도인들이 뭔가 흡족할 만한 성숙을 이루지 못해 안타까워하고 있습니다. 이러한 상황 속에서 오늘날 한국 교회가 하나님의 말씀을 사랑하고 말씀을 배우려는 열정을 가지고 있는 것은 매우 바람직하고 고무적인 현상입니다.

이 책은 그리스도를 믿지 않는 불신자들에게는 하나님과 세상을 이해하도록 도와주고 그리스도를 소개해주며, 이제 막 그리스도를 믿기 시작한 초신자들에게는 기독교의 근본 진리를 체계적으로 이해하도록 도와주며, 오랫동안 신앙생활을 해온 신자들에게는 지도자가 될 수 있도록 훈련시켜 주는 성경 공부 교재입니다.

그리고 교리와 생활을 균형 있게 다루었으며 기독교의 근본 진리를 체계적으로 이해할 수 있도록 마련되었습니다. 아무쪼록 극동방송과 이 책을 통하여 기독교의 진리가 체계화되고 많은 그리스도인의 신앙이 더욱 성숙하게 되는 계기가 되었으면 하는 마음 간절합니다.

SOURCE OF LIGHT – KOREA
대표 / 반만열 (Paul M. Bahn) 목사

SOURCE OF LIGHT 선교회 소개

S. O. L.은 찰스 길모어 (Charles Gilmore) 박사가 이제 막 그리스도를 믿기 시작한 초신자들을 복음 안에서 격려하고, 영적으로 더욱 성숙시키기 위하여 1952년 자마이카에서 시작한 선교사역이다. 처음에 아주 작은 모임으로 시작했던 이 사역은 현재 세계 100여 국에서 많은 활동을 하고 있다.

처음에는 성경통신 공과와 문서 선교에만 우리의 사역이 국한되어 있었다. 그러나 시간이 흐름에 따라 우리의 사역은 더 넓어졌다. 현재 우리는 복음 전도, 제자 훈련, 교회 개척, 성경 통신 공과, 그룹 성경 공부 지도, 서점, 인쇄, 저술, 방송 사역, 의료 선교 등 폭넓은 활동을 하고 있으며, 재난을 당한 사람들을 돕는 사역도 하고 있다. 하나님께서 더 많은 사람들과 물질을 공급하시면 우리는 또 다른 사역을 감당할 수 있을 것이다.

이 사역은 하나님께서 어떤 사람에게 특별한 마음의 부담을 주시면서 그를 부르시거나, 또는 주님께서 모든 필요한 것을 공급하신다는 확신이 있을 때 사역을 확장한다. 오래 전에 이미 한국의 사역에 대해 큰 관심이 있었으나 하나님께서 어떤 사람을 특별한 마음의 부담을 통하여 부르시기까지 우리는 어떤 사역도 확장하지 않았다. 그런데 오늘날 한국에서도 이 사역을 할 수 있도록 주님께서 사람을 세우시고 일하게 하심을 기쁘게 생각한다.

우리는 주님께서 한국에 있는 그리스도인들을 제자화시키고 훈련시키기 위하여 S.O.L. 성경공부 교재가 활용되기를 기도한다.

SOURCE OF LIGHT – KOREA

건전한 자아상을 가지라

프레드 레니크, 노먼 라이트 지음 4×6 변형양장

당신이 실제로는 두 사람이라는 사실을 알고 있는가?
겉으로 보이는 당신 / 속에 감춰진 당신!!
당신 속에 있는 참된 당신을 만나라!

공부도 잘하고 예수도 잘 믿게 하는 비결 12가지!

이한수 목사의 파워학습법

이한수 목사 지음 신국판(A5 신)

12년에 걸쳐 영어 영성세미나와 교육부흥회를 인도해 온 저자의 독특한 노하우!
파워학습법을 통해서 성공을 거둔 많은 학생들의 생생한 체험!

3년간 활용할 수 있는 기도 수첩!

오직 기도와 간구로 구할것을 하나님께 아뢰라!

김장환 목사 지음 4×6 배판 바인더

매일매일 기도 제목을 기록하면서 기도 응답을 점검할 수 있다. 아울러 성경 통독 지침과 기도에 관한 예화가 포함되어 있어 개인 경건 훈련에 아주 유익하다.

자녀를 위한 30일 작정 기도 교과서!

자식의 장래는 부모의 무릎에 달려있다

스토미 오마샨 지음 신국판(A5 신)

'완벽한 부모가 되기보다는 기도하는 부모가 되라.'
자녀들을 위해 기도하도록 이끄는 구체적인 지침서.

어떻게 믿고 섬겨야 하는가?

지 은 이 | SOURCE OF LIGHT
발 행 인 | 김용호
발 행 처 | 나침반출판사

발 행 일 | 2006년 1월 10일

등 록 | 1980년 3월 18일 / 제 2-32호
주 소 | 110-616 서울 광화문 사서함 1641호
전 화 | 본 사 (02)2279-6321~3
영업부 (031)932-3205
팩 스 | 본 사 (02)2275-6003
영업부 (031)932-3207

홈페이지 | www.nabook.net
이 메 일 | nabook@korea.com

값은 뒷표지에 있습니다.

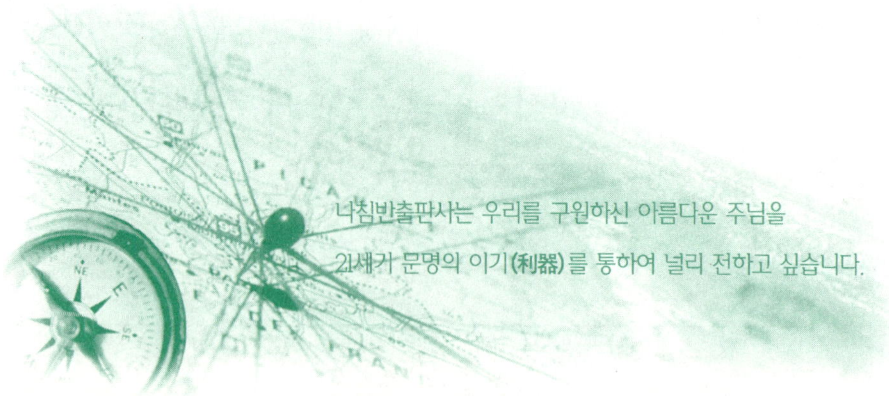

나침반출판사는 우리를 구원하신 아름다운 주님을
21세기 문명의 이기(利器)를 통하여 널리 전하고 싶습니다.